인간의 가면과 진실

LE PERSONNAGE ET LA PERSONNE

Paul Tournier

인간의
가면과 진실

———

폴 투르니에

주건성 옮김

문예출판사

차 례

1
가면의 인간

나는 누구인가

오늘 제네바는 축제일이다. 1602년 '사다리 사건'의 기념일인 것이다. 그해 11월, 어둠을 타고 사보이 공(公)은 몰래 제네바를 점령하려 했으나 신이 기적적으로 이 도시를 구출해주었다[사보이 가(家)는 2차 대전 직후까지 이탈리아에서 군림한 왕가로, 제네바 지방은 12세기 이후로 사보이 가의 지배와 영향을 받았으나 16세기 중엽에 독립했다].

매해 이 축제 때 제과점의 쇼윈도는 초콜릿이나 누가[nougat, 흰 빛깔의 무른 사탕]로 만든 냄비로 장식된다. 이것은 당시 전투에서 특히 유명했던 한 장면을 보여준다. 사보이 병사들이 창 밑으로 다가오는 것을 본 어떤 왕비가 불에 올려놓은 냄비를 집어 들고 한 병사의 머리 위로 집어던져서 죽였다는 이야기가 있는 것이다.

이것은 꾸며낸 이야기인가, 전설인가? 분명히 어젯밤 라디오는 이 이야기가 사실이냐고 물은 어떤 여성에게 역사가들이 검토를 거듭하고 있다고 대답했다. 가이젠돌프 교수는 그 왕비가 분명히 실존했다고 증언했다. 그녀의 한 자손이 남긴 유언에 이 유명한 냄비 이야기가 적혀 있다는 것이다. 그러나 이 이야기는 나중에 각색된 것일 수도 있다. '사다리 사건'에 대한 가장 오래된 기록에는 이 이야기가 없기 때문이다.

따라서 그 자세한 점까지 정확한지 아닌지는 아마도 잘 알 수 없을 것이다. 이것은 윌리엄 텔이나 크리스토퍼 콜럼버스 등 모든 역사적 인물의 경우와 같다. 확실한 일, 매우 잘 알려진 일조차도 전문가들의 의문을 받는 경우가 있다. 전설과 역사적 사실의 경계는 어디에 있을까? 학자들의 온갖 학식으로도 그 경계를 정확히 정하지는 못할 것이다.

전하는 말이나 평판, 열광이나 증오, 이러한 것들은 우리가 같은 시대 사람들에 대해 갖고 있는 이미지를 거의 당장에 바꿔놓는데, 사실은 이 이미지가 중요한 것이다. 이 이미지는 우리 마음속에 말을 걸고, 사람들의 마음속에서 실제로 작용하며, 칭찬이나 비난 등 현실적 감정을 일으킨다.

그뿐이 아니다. 우리 눈에 비치는 우리 자신의 모습에 대해서도 사정은 마찬가지다. 자신의 기억을 더듬어볼 때, 그것이 아무리 진지한 것이더라도, 거기에 착각이 조금도 섞여 있지 않다고 확신하지는 못한다. 정신에 호소하는 것은 사실 자체가 아니라 사실의 외관이고 사실을 보거나 느끼거나 하는 우리의 방식이다. 우리가 보거나 느끼거나 하는 모든 것, 즉 이미지나 감각은 크든 작든 간에 기억 속에서 형태를 바꾼다.

병자든 건강한 사람이든, 매일매일 남녀노소를 불문하고 많은 사람들이 자기 자신을 좀 더 잘 알고자 나를 찾아온다. 그들은 자기 생활을 내게 말한다. 그들은 조금도 틀리지 않게 말하려 무척 애쓴다. 그들은 참된 자기 자신을 알려고 하는 것이어서 만일 세심한 주의를 기울여서 진실을 말하지 않으면 나와 그, 즉 두 사람의 노력이 헛되이 되지 않을까 걱정하는 것이다.

다음 진찰 때 흔히 그들은 이전에 한 이야기의 세부를 정정한다. 다시 말해 내가 사실을 잘못 이해할까 봐 다른 일을 첨가하는 것이다. 물론 이렇게 날 배려해주는 건 옳은 일이다. 절대로 거짓말을 하지 않으려 하는 그러한 마음가짐이 없으면 참된 인간(인격)을 발견할 수 없기 때문이다.

그렇지만 나는 상담하러 온 이들을 안심시켜야 한다. 다행스럽게도 인간을 발견하는 데 중요한 것은 체험한 사실 자체가 아니라 우리가 사실을 어떻게 보고 느꼈는가 하는 것이다. 우리 기억에 잘못이 있더라도 그것은 결코 우연이 아니다. 잘못된 기억은 사실 자체에 못지않게 우리 자신을 말하는 것이다.

마찬가지로 전설도 역사적 사실에 못지않게 인간에 대해 말한다. 전설은 또 다른 현실이기는 하지만 그래도 현실임에는 변함이 없고, 아마 가장 뛰어난 역사책보다도 확실한 기록일 것이다. 인간을 이해하기 위해서는 철학, 사회학, 생리학, 심리학 논문뿐만 아니라《일리아드》,《오딧세이》,《바가바드 기타》또는 페로(Charles Perrault(1628~1703): 프랑스의 시인, 비평가, 동화 작가)의 콩트조차도 읽을 필요가 있을 것이다.

연극보다 약속에 바탕을 둔 것이 있을까? 그것은 정녕 극 중 인물을 연출하는 것이다. 그렇지만 소포클레스의 비극은 가장 정확한 전기처럼 인간적 진실을 포함하고 있다. 배우들은 한 역할을 연기하지만, 우리가 그의 동작이나 말에서 파악하는 것은 현실 생활 속에 살고 있는 한 인간에게서 보는 것과 마찬가지로 참된 인간적 면모다. 페르손(Personne, 가면)이라는 말 자체가 배우들이 목소리를 크게 하기 위해 가면을 쓰던 것에서 비롯되었다('sonare…… per'는 '……을 통해서 울린다'는 뜻).

또한 칼 구스타프 융도 라틴어의 '페르소나'라는 말로 프랑스어의 '페르손'이라는 말이 아니라 사실상 '페르소나즈(Personnage, 인물)'라는 말이 뜻하는 것을 나타내려고 한다. 이러한 언어상의 혼란은 우연이 아니다. 그것은 분명히 이 책에서 내가 말하려고 하는 문제의 복잡성, 즉 인격(페르손)과 겉보기 모습(페르소나즈)의 착잡한 관계를 보여주는 것이다. 하기야 우리는 전자를 우리가 연기하는 역할, 후자를 우리 자신의 실제 모습으로 직관적으로 대체시키고 있지만······.

교양 있는 사람을 길러내기 위해서 학문보다는 전설, 시, 음악을 존중하던 시대가 있었다. 그 시대는 지금보다는 분명히 인간적이었으리라. 물론 당시 사람들은 인간과 관련해 신체에 대해서뿐만 아니라 심리학적·사회학적 법칙에 대해서도 오늘날처럼 많이 알지는 못했을 것이다.

피란델로(Luigi Pirandello(1867~1936))의 《작가를 찾는 6명의 등장인물》 속 한 사람은 산초 반자 같은 상상적인 인물이 어떠한 현실적 인간보다도 현실적이라고 주장한다. 사실상 산초 반자는 완성된 존재라는 점에서 우리보다 뛰어나다. 그는 정녕 세르반테스가 말한 바와 같은 인물이고 그 이상의 아무것도 아니다. 이와는 반대로 우리는 자기 자신에 대해 자신과 다른 사람에게 끝없이 말하면서도 자신의 참된 모습을 그려내지 못한다. 어떤 사람에게나 자기 자신조차도 꿰뚫어볼 수 없는 신비가 각자의 마음속에 남아 있는 것이다.

그러므로 현재의 나와 장차 될 수 있는 나 사이의 경계선 따위는 어디에도 없다. 내일 새로운 사건에 직면해 지금까지 자신의 인간성에 대해 발견하고 있었던 모든 것보다도 중요한 한 면을 자기 자신에게서 발견하지 않게 되리라고 누가 보증하겠는가? 내일 내게 가능한 것이 오늘의 내게 간직되어 있는 것은 아닐까?

　그러나 산초 반자가 모두에게 동일하게 보일 것이라 말할 수는 없다. 내가 본 산초 반자는 당신이나 세르반테스가 본 산초 반자와 같지 않다. 내가 본 산초 반자는 세르반테스를 읽음으로써 내 마음속에 탄생했고, 나 자신의 인생 경험이나 관념 연합에 의해 다시 만들어진 개인적 이미지인 것이다. 그 이미지는 나의 산초 반자다. 따라서 그 이미지를 만들어내는 것은 나 자신의 인격, 나 자신의 체험, 세르반테스의 이야기에 의해 내 마음속에 일어난 의식적·무의식적 반응에 지나지 않는다.

　마찬가지로 내 진찰을 받으러 와서 가능한 한 정확하게 자기 자신을 말하려고 하는 사람들에 대해서도, 그들이 자기 자신에 대해서 갖는 것과는 다른, 내 나름의 이미지를 내가 갖게 되는 것도 피할 수 없는 일일 것이다. 그들이 내 동료 중 한 사람에게 갔다 하더라도, 그 동료는 내가 그들을 본 것과 같게 그들을 보지 않으리라는 것도 확실하다. 그들도 내게 보여준 것과 같은 자기 자신을 그 동료에게 보여줄 수는 없을 것이다.

　내가 인간의 문제에 대해 왜 20년 동안이나 열중해왔는지 짐작할 수 있을 것이다. 이 문제는 모든 사상과 문명에 대해 결정적으로 중요하고 넓은 의미를 지닌 큰 문제다. 이 문제는 바로 인간이란 무엇인가 하는 문제다. 그러나 이 문제에는 동시에 내 운명에 있어서도 마찬가지로 중요한 문제, 즉 '나는 무엇이며 누구인가?'라는 물음도 포함되어 있다.

　이 물음은 의식적이든 무의식적이든 간에 모든 사람을 괴롭히고 있다. 진찰할 때 언제나 문제가 되는 것이 바로 이것이다. 이것은 나를 만나러 오는 사람에 대해서나 나 자신에 대해서나 항상 문젯거리다. 진지하고도 생생한 이 접촉은 내 직업 생활의 중심을 이루고 있다. 이 접촉은 내 환자에게서와 마찬가지로 나 자신에게도 자기 자신을 발견하는 수단이 되는 것이다. 나는 이러한 접촉을 내 진찰실만이 아니라 가정에서도, 친구에 대해서도, 회의 중에도, 휴가 중에도, 하여튼 기회가 닿는 모든 상황에서 구하고 있다.

그러나 진찰을 받으러 오는 사람들은 이 문제를 더욱 강렬하게 자기 자신에게 부과한다. 그들은 자기 자신을 분명하게 꿰뚫어 보기를 바란다. 그들은 내가 도와주기를 바란다. 경험에 비추어 보더라도 인격이라고 하는 매혹적인 문제는 일반적으로 생각되는 것보다 복잡한 문제인 듯하다. 내가 이 책을 쓰는 것도 이 문제의 양상을 약간이나마 분명하게 만들려는 것에 지나지 않는다. 이미 알고 있든 모르고 있든 간에, 내 경우에 글을 쓴다는 것은 독자와 이야기를 나누는 것이고, 또한 인생과 접촉하면서 알게 된 문제들을 그대로 독자에게 제시하는 것이다.

나는 어느 정도 특권을 가진 관찰자의 위치에 서 있다. 내게 진찰을 받으러 오는 사람 대부분은 그 어느 때보다도 솔직하게 자기 자신을 보여주려 결심하고 있기 때문이다. 그들은 지금까지 어느 누구에게도 말하지 못한 사실을 내게는 말하는 것이다. 나는 여기서 그들 자신만이 아니라 그들 한 사람 한 사람의 인격을 발견하려 해야 한다. 습관적인 생활로 인해 실로 간단하게 몸에 붙어버린 위선의 껍질을 벗기고 인격의 순수한 모습을 찾아내야 하는 것이다.

그러나 관찰하는 내 위치가 아무리 특권적이라 하더라도 완전히 순수한 인격을 발견한다는 것은 불가능하지 않을까 하는 생각을 차츰 하게 되었다. 완전하게 순수한 인격은 어쩌면 신만이 알지도 모른다. 나는 어느 누구에 대해서도 나 자신에 대해서와 마찬가지로 참된 현실을 알 수 없다. 다만 하나의 이미지, 단편적으로 변형된 이미지, 겉보기, 즉 '역학'을 알 수 있을 뿐이다.

따라서 이 책의 목적은 내가 발견할 수 있는 것, 인간의 문제에 광명을 던져준다고 생각되는 것, 도저히 발견할 수 없는 것, 언제나 신비하고 애매한 세계에 남아 있는 듯한 것을 전하려고 하는 것이다. 겉보기 모습과 인격 사이에는 매우 이상한 관계가 있다. 이 둘은 서로 결부되어 있지만 혼합되는 경우는 결코 없다. 나는 겉보기 모습이라는 이미지를 통해서만 '인격'에 도달할 수 있다. 하지만 이 이미지는 때로는 한 인간을 돋보이게 하는가 하면, 때로는 한 인간을 조금쯤 가려버린다. 즉 드러내는가 하면, 속이기도 하는 것이다.

게다가 인간은 살아 있는 존재다. 그로 인해 진찰할 때마다 인간에 대해 새로운 이미지를 갖게 된다. 분명히 말할 수는 없지만, 나는 인간에게 강한 본능으로서 통일과 연속이 있음을 느낀다. 그렇지만 인간에 대해 내가 차례차례 그리는 이미지는 조금도 연속적이지 않고 다양하며 모순적이기까지 하다. 따라서 나는 어떻게 해서라도 이 모순을 없애고자 이러한 이미지에 공통되는 것을 찾는다. 말하자면 환등기의 슬라이드 영사에서 영화적 전개로 옮겨가려 한다. 즉 인간을 끊임없는 움직임으로 파악하려 하는 것이다.

그러나 영화는 분리된 이미지보다 많은 착각을 일으킨다. 인간을 종합할 수 있다고 생각하는 것보다 위험한 것은 없다. 이러한 종합은 기껏해야 하나의 약도이며 무한히 다양한 인생의 절단면이고 제멋대로인 추상화에 지나지 않는다. 내가 파악하는 것도 인격이 아니라 역시 하나의 이미지, 그것도 매우 부자연한 이미지에 지나지 않을 것이다. 그것은 내 마음이 만들어내는 것, 나라는 인간이 개인적으로 머리에 그리는 하나의 표상인 것이다. 즉 앞서 말한 왕비나 산초 반자를 예로 들어서 말한다면, 그들 자신의 본체가 아니라 내가 보고 내 나름으로 변형한 그들의 겉보기 모습인 것이다.

따라서 내가 전 생애를 건 '인간에 대한 탐구'는 열렬한 것이기는 하면서도 오히려 웬만해서는 결론 내리기 어려운 것이다. 나는 인간이 상호간에 내리는 판단이 항상 얼마나 엉성하고 잘못된 것인지 잘 알고 있다. 도덕적 판단만이 아니라 심리학적·철학적 판단도 마찬가지다. 어떤 한 사람을 다른 사람들보다 정확하게 알 수 있다면, 그것은 그 사람이 더 솔직하게 자기를 보여주었기 때문이다. 그러므로 그만큼 내 판단이 현실에서 얼마나 떨어져 있는지도 잘 알고 있다고 생각한다.

싸움을 한 부부가 상담을 하러 왔다. 남편이 아내에 대해 말하는 동안, 나는 그들이 약혼했을 무렵 남자가 여자에 대해 어떤 말을 했을지 생각해본다. 그 무렵을 생각해본다면 지금 여자는 분명히 변했을 것이다. 그러나 남편이 생각하는 만큼 변한 것은 아니다.

약혼했을 때 남자는 여자를 사랑의 눈길로 보았다. 즉 그녀에 대해 이상적인 이미지를 만들고 그 이미지를 사랑하며 그것을 현실이라 믿었던 것이다. 그는 현재 여러 가지로 타격을 받으면서도 아직 그 이미지에서 벗어나지 못했다. 그리고 지금 그가 물리치고 비난하고 있는 것 역시 아내 자신이 아니라 그 이미지인 것이다. 나는 그에게 '당신은 부인을 알고 싶지 않습니까?'라고 묻고 싶은 기분이다. 어쨌든 그가 아내를 아는 것을 방해하는 것은 바로 그가 아내에 대해 갖고 있는 판단 자체다.

아버지가 돌아가셨을 때 나는 태어난 지 2개월이었다. 그러므로 나는 아버지 친구 한 분이 쓴 전기, 고인에 대한 간략한 문장, 아버지가 남겨놓은 시, 글귀, 편지, 그리고 훨씬 후에 듣게 된 일화 등을 통해서만 아버지를 알고 있다. 내 마음은 이러한 모든 것으로 어떤 이미지를 형성했다. 그러므로 이 이미지가 내 심리적 콤플렉스 위에 놓이게 되는 것은 피할 수 없다. 나는 그 이미지에 내 이상을 투영한 것이다. 즉 내가 원하는 대로 이미지를 손질하고 변형한 것이다.

그렇다 하더라도 소년 시대부터 아버지와 줄곧 함께 살아온 누군가가 내게 말해주는 자기 아버지에 대한 초상이 내가 스스로 만들어낸 내 아버지의 초상보다 진실에 가깝다고는 결코 생각하지 않는다.

나는 오늘도 펜을 들었다. 오늘도 애국적인 축제일이다. 독자는 제네바에 이런 축제가 많기도 하다고 생각할 것이다. 오늘은 1813년 12월 31일 오스트리아가 프랑스의 점령에서 우리를 해방시켜준 날, 공화국 재건 기념일이다.

오늘 아침 새벽녘에 성벽에서는 대포가 울렸다. 해마다 나는 거기서 '오스트리아 만세, 공화국 만세'라는 예부터의 인사를 나누는 애국적인 사람들을 만난다. 그들은 제네바의 전통과 조국애를 가르치기 위해 아이들을 그곳으로 데리고 오지만, 아이들은 대포 옆에서 귀를 틀어막고 있다.

군중들은 곧 기념 기도를 올리기 위해 대성당으로 달려간다. 거기서 사람들은 도시의 수호자인 신에게 감사를 드리고, 역사적 사건에 관한 이야기를 듣고, 당국과 시민을 상대로 하는 교회의 설교에 귀 기울인다.

이러한 모든 일은 제네바 사람인 내 마음에 생생한 감동을 준다. 내 영혼에 새겨진 어린 시절의 온갖 추억이 현재의 인상과 어울려서 되살아나는 것이다. 그 인상에는 작은 나라에 고유한 어떤 것이 존재한다. 그것은 정치 방식과 정신적인 문제가 매우 긴밀히 관련된, 내가 태어난 작은 나라의 어떤 것이다.

그러나 비판적인 관찰자라면 이러한 모든 것을 인습적인 연출이라고 단언할지도 모른다. 특별석에 점잖게 앉아서 자신을 쳐다보는 군중의 시선을 때때로 의식하고 있는 정부의 고관들이 등장인물이라면, 이 분위기에 도취한 모든 사람도 등장인물이고, 강단에 서서 커다란 몸짓을 보이며 독특한 방식으로 연설하고 있는 설교자도 또 한 사람의 등장인물이다. 더구나 이 설교자는 비판받게 될지도 모를 너무 지나친 말은 피하려고 한다. 그래서 거리에서 나와 이야기할 때처럼 말하지는 못한다.

갑자기 교회 안의 완전한 침묵 속에서 어린아이의 목소리가 들린다.

"아빠, 저기서 이야기하는 사람은 누구야?" 아마 이 어린아이는 처음으로 교회에 온 것이리라. 아이는 아직 사회적 관습의 세례를 받지 않은 것이다. 아버지는 아주 당황해서 매우 자연스러운 그 질문에 대답하기는커녕 오히려 떠들지 말라고 귀에 대고 속삭인다. 그러나 주위에서는 이 어린아이의 자연스러움이 어떤 구원이기라도 한 것처럼 미소의 물결이 퍼진다. 격식에 눌려 있던 분위기에 창이 열린 것이다.

사회에 대해 격렬한 반항심을 가진 어떤 남자가 내 진찰실을 몇 번이나 찾아왔다. 그는 어떠한 정치적·종교적 표현도 허식에 지나지 않는다고 사납게 공격한다. 아무리 식견이 높은 사람이라도 청중의 박수갈채를 받으면 진부한 말을 얼마나 태연하게 하는가. 사회의 인습에 따르려 하지 않는 사람에게는 모든 의식이 불쾌한 희극으로 느껴지는 것이다. 모든 일이 미리 정해진 시나리오에 의해 진행되고, 강연자도 사제도 군중도 각기 자기 역할을 연기하는 것이다. 정치 혁명가들의 경우에는 시나리오가 다르지만, 그 또한 시나리오임에는 다름없다.

내 환자는 사회의 압박을 받고 있는 생명의 이름으로 항의하는 거라고 말했다. 생명이란 원래 자연스럽고 꾸밈없으며 순수한 것이 아닌가. 생명은 의식(儀式)에 나오는 인물들과는 관계가 없다. 이러한 인물은 이미 인격이 아니라 겉에 나타나지 않는 연출가가 조종하는 인형에 지나지 않는다는 것이다.

나는 뭐라고 변명할 길이 없었다. 모두 그가 말한 대로인 것이다. 특히 그의 신상 이야기를 들으면 그가 하는 말의 뜻을 더욱 잘 알 수 있다. 나나 다른 모든 사람의 경우와 마찬가지로, 그의 경우에도 그 주장의 근저에 있는 것은 그의 개인적인 생활환경인 것이다. 그의 아버지는 언제나 '사람들이 뭐라고 말할까' 하는 점에만 마음을 썼다. 그는 개구쟁이 친구들과 거리에서 놀고 싶었고, 그들과 같은 옷을 입고 싶었다. 그러나 그건 이루어질 수 없는 꿈이었다. "'우리 집 애'는 개구쟁이들과 어울려서 돌아다니면 못써요."

그의 형은 거꾸로 부모의 사랑을 받고 있었다. 형은 매우 현명한 소년으로 언제나 좋은 성적표를 갖고 돌아왔다. 내 환자도 부모가 형을 더 사랑한다는 것을 곧 알게 되었다. 형은 부모의 자랑이었으나 그는 부모의 수치에 지나지 않았기 때문이다. "너는 언제나 걱정거리다. 평생 제 구실을 하지 못할 게다. 형을 보고 배워라." 그래서 그는 지금 사회적으로 성공한 인물이 되어 있는 형을 몹시 싫어한다. 그는 형에게서 가정이나 사회에 나타나는 더러운 순응주의의 화신을 보는 것이다.

나는 의식이 진행되는 동안에 이런 일을 생각하고 있었다. 만일 같은 운명에 놓였다면, 나도 틀림없이 반역자가 되었으리라. 그러나 내 생활환경은 완전히 달랐다. 그것은 내 사고방식에 적지 않게 영향을 미치고 있다. 예를 들어 이곳에서 나가면 옛 친구들과 악수를 교환할 것이고 덜 친한 사람들과는 목례를 하거나 모자를 들어 올려서 인사를 할 것이다. 나는 의사이고 저술가다. 나는 외면상으로는 분명히 시민의 존경을 받고 있다. 당연한 일이지만 나도 '겉보기의 한 인간'에 지나지 않는 것이다.

누군가 나를 불러 세우고 내 최근 책을 재미있게 읽었다고 할지도 모른다. 그것은 인사치레에 지나지 않으리라. 또 어떤 사람은 내 생각을 비판하겠지만 그 또한 인사치레의 하나다. 이 사회는 반역자에 대해서는 배척하거나 아주 심한 경우에는 무시해버리지만, 나 같은 사람에 대해서는 사람들이 인간이나 나 자신의 허울을 충분히 알면서도 같은 사회의 동료로서 어울리는 것이다. 그러므로 내가 거기서 심하게 반대를 한다면, 오히려 용기 있고 개성적이라며 인정받지만, 반항아의 경우에는 못된 놈이라는 비난을 받는다.

이 반항아가 많은 잘못을 저질렀어도 나는 마음속으로 교회의 특별석에 점잖게 앉아 있는 그의 형보다는 반항아에게 훨씬 큰 공감을 느끼고 있다. 나는 예수 그리스도의 종이다. 그런데 그리스도는 당시의 강한 관습에 단호하게 반항했다. 그는 당시의 저명한 인물들을 비난하고 경멸받는 사람들을 자기의 친구로 삼았으며, 저명한 인물들이 의식 때 상석을 차지하는 것을 공격했다. 그래서 그들은 그리스도를 용납하지 않고 십자가에 매달았던 것이다.

그러나 충분히 인정해야 할 것은, 내 인생이 저 반항아의 인생보다는 그의 형 인생과 더욱 비슷하다는 점이다. 진찰실에서는 내 마음이 반항아의 마음과 통한다 하더라도, 이 축제에서 전통적인 사회질서를 따르고 있는 군중 속에서 나는 그의 형과 함께 있는 나 자신을 발견할 수밖에 없다. 그리고 군중과 나 사이에는 은밀한 일치가 있어서 나는 반항아가 간과하고 있는, 사태의 또 다른 면을 인식할 수 있다. 즉 반항아에게는 위선으로밖에 보이지 않는 이 연출 속에서 나는 눈에 보이지는 않지만 생생하게 존재하는 현실의 반영 또는 구현을 발견하는 것이다. 조국이란 전통에 의해 장중함을 지니게 된 하나의 인격이라고 할 수 있는데, 군중이 구하고 있는 것도 사실은 이러한 모습이다. 이 공식적인 인물들의 배후에서, 또한 몇 번이고 되풀이되면서 친숙한 형태를 갖게 된 축제 행사의 배후에서 어떤 하나의 인격이 우리를 끌어들이고 있는 것이다. 애국심이란 조국과의 인격적 일치에 지나지 않는다.

어떤 사람이든 하나의 얼굴을 갖고 있다. 조국도 얼굴을 갖고 있다. 어떤 사람에게는 가면으로 보이더라도 그것 역시 하나의 얼굴이다. 우리는 조국을 추상적으로 사랑하지는 못하고, 조국이 우리에게 보이는 모습대로 사랑한다. 조국의 모습은 풍경의 시(詩) 또는 호수나 언덕의 시이고 먼 산봉우리들이며 내 아버지가 노래하던 대성당이다. 조국의 모습은 또한 과거의 모든 것, 사다리 사건의 영웅들, 공화국 재건의 시민들이고, 칼뱅, 루소, 평화의 사도 뒤풀 장군〔스위스의 군인(1787~1875)〕, 적십자의 창립자 앙리 뒤낭〔Jean-Henri Dunant(1828~1910)〕 등 역사적 인물 전체다.

우리의 도시 제네바를 넘어서면 우리의 시골이 있다. 그것은 윌리엄 텔, 니콜라오 데 플뤼에〔Nicholas de Flue(1417~1487): 스위스의 신비사상가, 성자〕, 이 지방에 관해 쓴 작가나 예술가들, 축제일 저녁에 모든 산에서 타오르는 횃불, 데신의 유쾌한 노래, 그라우뷘덴의 장엄함, 그뤼토리의 작은 은신처, 모라의 성채, 레만 호반의 포도원 등이다. 그것은 내 고향의 자랑, 내 고향의 장식이다. 그렇다, 이 장식이 없이는 난 오늘의 내가 될 수 없었다. 그것은 내 인격과 연결되는 것이다. 그것은 나를 형성하는 것이다. 내 인격 자체가 그 장식에 구현되어 있다.

마찬가지로 프랑스인이나 핀란드인이나 그리스인이나 미국인을 이해하기 위해서는 그들을 그 생활환경 속에, 또는 그 국민의 역사 속에, 가족·직업·축제·습속 등의 틀 속에 자리 잡게 해야 한다는 것을 잘 알고 있다. 내 진찰실을 찾아오는 사람들은 단지 말로만 이야기하는 것은 아니다. 뺨이 말랐는지 통통한지, 손은 긴지 짧은지, 옷차림은 단정한지 흐트러졌는지, 앉음새는 어떤지, 악수하는 태도는 어떤지, 집을 어떻게 꾸미는지, 어떤 아내를 선택했는지, 아이들에게는 엄한지 다정한지, 즉 그의 겉보기 모습을 구성하고 있는 모든 것이, 책략이나 허세 때문에 일부러 첨가한 것까지 합쳐져서 참된 인격을 탐구하고 있는 사람의 눈에 그의 인격을 드러내는 것이다.

이렇게 해서 우리는 다시 출발점으로 되돌아왔다. 우리는 참된 인격을 단지 다양하게 변형된 이미지로서만 파악할 수 있다. 이러한 이미지는 그 사람 자신에 의해 만들어질 뿐 아니라 우리 자신에 의해서도, 또한 그가 살고 있는 환경에 의해서도 생기는 것이다. 그렇다면 도대체 어떻게 참된 인격을 발견할 수 있는가? 불확실한 이미지를 많이 겹쳐 놓음으로써 하나의 올바른 이미지를 발견하려 할 수도 있다. 그것은 한 장의 건판(乾板)에 한 인물의 여러 가지 상(像)을 현상함으로써 완전한 영상을 나타내려고 하는 것과 같다. 아무리 겹쳐놓아도 종합이 되지는 않는다.

그렇지만 나는 매일의 체험을 통해서 참된 인격에 대한 이러한 탐구가 결코 헛된 것이 아님을 알고 있다. 그 탐구에는 한 인격이 있어서 자신의 인생과 자기 자신에 대해서 이미 많은 것을 내게 말해준 것이다. 게다가 앞에서도 강조했지만, 그렇게 탐구할 때는 성실성에 대해 세심히 조심하게 된다. 나 자신도 보잘것없는 사실에 대해서까지 충분한 주의를 기울인다. 모든 사실은 그 나름의 중요성을 갖기 때문이다. '분명히 쓸데없는 것이라고 생각할 많은 이야기를 어떻게 참고 듣느냐?'라고 그들은 말하지만 이러한 지적은 나를 놀라게 한다. '참는다'는 말을 사용한 것은 내가 노력하고 있음을 알고 있다는 의미이기 때문이나. 괴롭기는커녕, 한 인간을 철저히 이해하는 것은 인간 100명을 표면상으로 지배하는 것보다도 흥미 있는 일이다.

그렇지만 세부적인 것 하나하나가 아무리 중요하다 하더라도 문제는 그것을 기록하는 데 있지 않다. 아무리 기록을 하고 관찰을 거듭하더라도, 그로 인해 인간이 파악되는 일은 결코 없을 것이다. 그러나 언뜻 보기에 객관적인 이러한 조사 때문에 거의 알아채지 못하는 사이에 완전히 다른 무언가가 생긴다. 즉 환자와 나 사이에 하나의 관계, 말하자면 공감과 애정이 확립되는 것이다. 이것은 다름 아니라 서로의 성실성이 일구어낸 결실인 것이다.

갑자기 내 내면에서는 이미 알고 있는 것 너머를 이해하고 있다는 확신이 생긴다. 이것은 완전히 다른 일이다. 이것은 내가 알고 있는 것을 모아놓은 것이 아니라 우리의 개인적인 접촉에서 갑자기 솟아오른 빛과 같은 것이다. 물론 그 사람은 자기 자신에 대한 많은 것을 끝없이 내게 말할 수 있다. 하지만 우리 사이에 인격적 접촉이 없다면, 이런 빛은 결코 솟아오르지 않았을 것이다. 그리고 나중에 어떤 말을 하든 이 빛이 가려지는 일은 결코 없으리라는 것을 말할 수 있다.

특기할 일은 이런 내면적 확신을 그도 나와 거의 동시에 느꼈다는 사실이다. 덧붙이자면 그는 자기가 자기 자신을 더 잘 이해하게 되었음을, 또한 그가 그 자신을 이해하듯 내가 그를 이해하고 있음을 느낀 것이다. 사람들은 다른 사람들에게 말함으로써만 참으로 자각하게 된다. 마음속으로 아무리 직관적으로 느끼고 있더라도 그것이 표현되지 않는 한, 언제까지나 애매한 것으로 남아 있게 되는 것이다. 그러므로 이 순간, 우리 두 사람은 '인격'으로서 만난 것이다. 거기에는 인간적인 접촉이 있었다. 말하자면 그것은 내가 밖에서가 아니라 안에서 이미 그를 발견한 것과 같았다.

그에 대해 지금까지 알아낸 모든 것에서 그의 체질, 성격, 인간성 등의 일람표를 만들 수도 있다. 다시 말해 관상학자들이 말하는 '인물상'을 만들 수도 있는 것이다. 또한 심리학에서 배운 것을 응용한다면, 이 일람표를 해석하고 그 사람의 행위를 상세하게 설명할 수도 있을 것이다. 내가 프로이트 학파라면, 이것을 본능과 본능에 대립하는 사회와의 갈등이라는 형식으로 설명할 수도 있을 것이다. 또한 내가 융 학파라면, 개성화와 집단화의 과정으로 설명할 수도 있을 것이다. 또는 아들러(Alfred Adler(1870~1937))나 파블로프(Ivan Pavlov(1849~1936))나 또 다른 심리학자의 제자라고 한다면, 그 일람표에서 자기 스승의 이론이 지닌 정당성을 인정하기에 알맞은 좋은 자료를 발견할 수 있을 것이다.

나로서는 이러한 학설들을 서로 대립시키는 것은 삼가고 싶다. 이러한 학설들은 어느 것이나 흥미 있고 정당한 견해 및 인간 이해에 도움이 되는 여러 가지 요소를 제공해준다는 것을 충분히 알고 있기 때문이다. 그러나 그것은 영혼의 메커니즘을 설명하는 데 지나지 않다. 마찬가지로 신체에 대한 생리학적 메커니즘을 아무리 연구하더라도 그것만으로는 결코 참된 인격을 파악할 수 없을 것이다. 인간의 내면에 있는 메커닉한 모든 것, 즉 생리학적 또는 심리학적 현상은 모두 겉보기 영역에 속하는 것으로서 참된 인격과는 관계가 없다.

과학적·객관적 방법이 의미를 갖는 것은 그 방법이 우리에게 한 가지 이미지를 제공하기 때문이다. 이미 말한 것처럼, 우리는 아무리 객관적으로 되려고 노력하더라도 자기 자신의 이론에 바탕을 둔 이미지를 형성하기 쉽다. 게다가 이런 경우, 파악하기 어려운 생명의 생생한 흐름을 연구 가능한 도식(圖式)으로 만들어버리게 된다. 이것은 연구이고 설명이며 해석이지 결코 이해는 아니다. 심리학적 학설의 수와 맞먹는 정당하고 흥미 있는 해석이 있다는 것은 무엇보다도 좋은 증거다.

앞에서 말한 직관적 이해, 즉 나와 상담자가 둘 사이에서 동시에 느끼고 서로 나누어 갖고 있다고 확신하게 된 인간적 접촉은 처음에는 매우 주관적인 것으로 보인다. 그것은 과학적인 것이 아니기 때문이다. 그러나 그렇기 때문에 우리가 생각해낼 수 있는 어떠한 심리학적 이론의 속박도 받지 않는다.

프로이트 학파나 융 학파도 나와 마찬가지로 환자와 갑자기 인간적 접촉을 하게 되는 경우가 있을 것이다. 그들도 지금까지 그들의 기술로 열심히 과학적인 작업을 진행해왔으므로 이것 모두 인간적 접촉으로서 꽃피게 될 것이다. 이는 이미 말한 것처럼 내 경우에도 오랜 노력 끝에 꽃피게 된 것과 같은 것이다. 그러나 인간적 접촉의 상대가 환자라면 내 경우보다 훨씬 엄밀한 기술이 불가결함은 분명하리라.

따라서 참된 인격에 대한 이해란 단순한 이론적 설명이 아니라 새로운 영역에 속한 사실이라 생각된다. 다시 말해 이러한 이해는 우리가 어떤 사람에 대해 각자의 개인적 이론에 따라 마음대로 형성한 이미지에 의해 생기는 것도 아니고, 또한 그 사람이 말하는 신상 이야기의 사실적인 정확성에서 생기는 것도 아니다. 이미 말한 것처럼 어떤 기술에서나 불가결한 것은, 인간적인 접촉을 통해 이해의 꽃을 피우는 데 결정적인 역할을 하는 성실한 마음가짐이다.

나는 얼마 전에 이 점을 매우 날카롭게 느낀 적이 있다. 어떤 여성이 어린 시절의 매우 가슴 아픈 일화를 내게 이야기하고 있었다. 그 이야기를 하기 전에 그녀는 걱정이 되어서 다음과 같이 말했다. "그때 어린 마음에 느낀 것을 그대로 말하면 선생님께서 오해하시지 않을까 걱정스러워요. 분명히 저는 그 일을 있는 그대로 보지 못했을 테고, 그러니 선생님께서는 제 어머니를 올바르게 판단하지 못하실 거예요."

나는 그녀에게 걱정하지 말라고 했다. 의사의 진찰실은 판사의 방도 아니고 역사가의 연구실도 아니다. 내가 그녀를 이해하기 위해서 그녀는 자신이 느낀 것을 그대로 말해주어야 한다. 그녀의 어머니를 이해하고자 한다면, 그녀 어머니의 말을 들어야 할 것이다. 딸의 이야기를 듣고 그녀의 어머니에 대해 판단을 내린다면, 내 판단이 몹시 왜곡되리라는 것을 나는 잘 알고 있다.

그런데 그녀는 대단히 감동해서 어떻게 해서라도 진실을 전하려 애쓰는 듯했다. 그녀는 아주 천천히 이야기했다. 애처로울 만큼 힘들어서 적확한 말을 찾아내려 노력하고 있었다. 그때, 갑자기 나는 내 몸속에 전율이 흐르는 것을 느꼈다. '절대적으로 진실하려고 노력하는 영혼은 얼마나 위대한가'라고 생각했다. 거기에 나를 근본적으로 동요시키는 뭔가 초자연적인 것이 있음을 느낀 것이다.

그때 나는 그녀의 어머니에 대해 판단할 처지가 아니었다. 사실로서의 진실은 지적 인식이나 판단의 대상은 될 수 있지만, 여기서는 전혀 다른 것이 문제다. 그러나 그녀의 영혼을 사로잡고 있는 이 사실에 대한 극단적인 관심이 다른 영역의 진실, 즉 역사나 시대와는 관계없이 그 자체로서 존재하는 진실에 접근하게 한 것만은 틀림없다. 내가 이해라고 부르는 게 이것이다.

바로 이러한 이해가 지료적·인간적 가치를 지닌다. 물론 어떤 인생을 지적으로 아는 것도 인간의 이야기를 쓰는 데는 도움이 될 것이다. 그러나 이미 말한 것처럼 참된 인간을 파악하기 위해서는 이야기에만 의존할 수 없다. 또한 어떤 영혼의 심리학적 메커니즘을 아는 것도 인간의 영혼을 매우 깊고 면밀히 해석하는 데는 도움이 될 것이다. 그러나 참된 이해의 순간에는 이미 지적으로도 역사 기술적으로도 심리 묘사적으로도 표현되지 않는 하나의 사건이 일어난다. 나는 이 여성이 말한 사실의 많은 부분을 잊을 것이다. 그러나 그때 느낀 전율은 결코 잊지 못할 것이다. 결국 그 순간 나는 정보를 듣는 것을 넘어서 교감에 이른 것이다. 정보를 듣는 것은 지적인 움직임이고, 교감은 정신적인 것이다. 정보는 교감으로 이끌어가는 길목이었다. 정보는 겉보기의 인간을 보여주고, 교감은 참된 인간과 접촉하게 한다. 정보는 한 상황을 이해하게 할 뿐이지만, 교감은 참된 인간에 대한 이해를 가능하게 한다. 인간은 남들이 자신의 상황을 파악해주기를 바라면서 동시에 자신의 인간을 이해해주기도 바라고 있다.

따라서 인간을 인식하는 길에는 두 갈래가 있다. 하나는 객관적·과학적 방법이고, 또 하나는 주관적·직관적 방법인데, 이 방법들은 서로 교체할 수 없는 것이다. 이 방법들은 정신의 절대적으로 다른 기능에 호소하기 때문이다. 한편은 논리적 분석이나 정확한 규정에 따라 이루어지고, 또 한편은 전체적인 이해에 의해 이루어진다. 한편을 점진적이고 무한한 과정이라고 본다면, 다른 한편은 급격하면서도 완전한 발견이다.

그렇지만 이 두 길은 서로 엇갈린다. 앞에서 본 것처럼, 객관적인 조사는 인간적인 만남을 준비하는 반면 인간적인 접촉은 더욱 깊은 객관적 관찰의 길을 여는 것이다. 나는 매일 이러한 경험을 한다. 그리고 절대적으로 과학적 입장에만 선다고 주장하는 동료들도, 언제나 스스로 인정하려 하지는 않지만, 나와 똑같은 경험을 하고 있는 것이다. 그들과 그들의 환자 사이에 생기는 인간적인 교류는 환자 쪽의 심리학적

'검열감'〔정신분석학 용어로 도덕적 의미를 지니는 억압〕을 제거하고 의사가 심리적 메커니즘을 더 깊이 관찰하게 하는 문을 연다.

어떤 여성 환자가 꾼 꿈이 있다. 그녀는 나를 찾아오려고 외출복을 찾았지만 보이지 않았다. 그런데 꿈속에서는 나를 만나러 가는 데 외출복이 필요하지 않다는 생각이 들었다. 이것이야말로 겉보기 인간으로부터의 해방을 상징한다. 이제 그녀는 내게 친근감을 느끼는 것이다. 교감이 생기고 있기 때문이다. 그녀는 일상생활에서도 필요한 허식 없이 있는 그대로의 자기를 보여줄 수 있는 것이다.

그런데 지적인 정보 청취와 정신적 교감이라는 두 가지 방법은 분명히 상보적인 것이지만 이를 통합하는 것은 쉽지 않다. 정신은 인간을 현상의 총체로서 파악하면서 동시에 참된 인간으로서 파악하는 데는 적합하지 않은 것 같다. 현상을 바라보고 있노라면 인격은 사라져버리고, 인격을 파악하고 있을 때 현상은 희미해지는 것이다.

지난 세기에 결정론과 자유의지에 대한 많은 논의가 있었지만, 그때는 아직 물리화학적 결정론과 생리학적 결정론만이 알려져 있을 뿐이었다. 그 후 인간에 대한 과학적 이미지는 완성되어갔고 매우 엄격한 결정론의 테두리 안에 들어갔다. 정신분석학자, 파블로프, 현대사회학자 들의 연구는 인간이 단지 육체에 있어서만이 아니라 감정이나 사상에 있어서도 결정되어 있음을 보여준다. "인간은 움직이는 자동기계에 지나지 않는다"[1]고 장 로스탕〔Jean Rostand(1894~1977)〕은 말하고 있다.

페르디낭 곤세트〔Ferdinand Gonseth(1890~1975)〕 교수는 취리히에서 이 주제에 대해 좌담회를 열었다.[2] 수학자, 물리학자, 생물학자, 심리학자가 연달아 인간과 세계에 대한 견해를 피력하기 위해 모였다. 그 견해는 정녕 과학의 참된 귀결이었고, 어떠한 우연이나 자유도 허용하지 않는 '인과적 설명'의 이론이었다. 그런데 갑자기 어떤 대화자가 새로이 토론에 가담했다. 그는 직관적으로 항의한 '개성론자'였다. "우리가 마음으로 받아들일 수 있는 인간상은 결코 완전한 자동인형이 아닙니다. (…) 내 항의를 한마디로 말한다면, 나는 살아 있다는 것입니다." 그리고 이 철학자는 "인과론적 설명으로 환원할 수 없는 경험이 존재합니다"라고 덧붙였다.

경험─그렇다, 인생, 인격, 자유, 개인적인 접촉, 인간적 교감 등은 차례차례 전개되는 현상이 결코 아니며, '무리를 이루어' 직관에 호소해오는 경험인 것이다. 그렇지만 과학과 기술로 가득 찬 시대에 의사는 인격이라는 의식을 상실할 위험이 있다. 특히 죽음이 가까워졌을 때─트로폰테느 박사는 죽음이야말로 '뛰어나게 인간적인' 경험이라는 정당한 말을 하고 있지만[3]─환자는 의사가 자기를 자동인형이 아니라 인격으로 봐주기를 바란다.

비인간적 사회

"제가 선생님을 찾아온 건 참된 인생을 찾기 위해서입니다." 어떤 남자가 진찰실에 들어서자마자 이렇게 말했다. 나는 그를 바라보았고, 무엇보다도 그의 얼굴에 한없는 우애가 빛나고 있어서 감동을 받았다.

그의 이야기에 따르면, 국제연합에서 그의 나라를 대표하고 있는 외교관 친구의 집에서 바로 내게로 왔다는 것이었다. 거기에는 멋진 연회가 열려서 제네바의 국제적인 사교계 인물들이 모여 있었다. 그는 이 연회에 대해 참으로 열심히 이야기했다. 경의와 미소를 교환하면서 우호적이고 재치 있는 말을 나누고, 또는 매우 평범한 기호를 교환하면서, 아니 때로는 침묵과 무관심 속에서조차도, 사람들은 한 치의 틈도 없이 각자의 역할을 연기하고 있었다. 각기 저의와 숨겨진 의도를 품고 타인의 가면을 벗기려 하면서 자기 마음속은 숨기려 하고 있었다.

외교적인 음모가 있다는 이야기는 아니었다. 심리적인 흥정이라고나 할까, 언제나 자신의 매력을 강화해서 다른 사람에게 좋은 인상을 주려 하는 우리의 미묘한 술수가 있었던 것이다. 자신의 목적을 달성하기 위해 이렇게 저렇게 생각해서 짜낸 모두의 음모가 빈틈없이 엇갈리고 있었던 것이다.

모든 것이, 화장도, 악수도, 대화의 화제도, 보석도 계산된 것이었다. 연회에 고용된 사람들은 무표정하게 맡겨진 역할을 수행하고 있었다. 이 집의 주인공들은 나무랄 데 없이 처신하고 있었다. 여러 살롱에서 사람들은 몇 번이나 얼굴을 마주치며, 파티는 계속되고 새로운 전개를 보인다. 그들 사이에는 충분히 짜인 암묵의 요해(了解)가 있었다.

"얼마나 연극 냄새가 났는지요"라고 나를 찾아온 그가 말했다. 그러나 그가 이렇게 명석하게 연극이라 지적할 수 있었던 것은, 그 자신이 언제나 자신에 대해서나 타인에 대해서나 연극을 하고 있다고 의식한 때문이었고, 그는 이 일에 마음을 쓰다가 마침내 강박관념을 품기에 이른 것이다. "저는 참된 인생을 구하고 있습니다"라고 말한 그는 "제 존재는 영원한 알리바이에 지나지 않습니다"라고 덧붙여 말했다. 몇 년 동안 어디를 가나 이 고뇌가 따라다녔다. 어느 것이나 표면적이고 희화적이며 단지 겉보기의 인생뿐이었다. 그는 차례차례 생각나는 일을 이야기했는데, 그것은 참된 인간은 만나지 못하고 다소간에 가면을 쓴 인간만을 만났다는 원망, 또한 자기 자신도 이 연기에 끌려들어서 자연스럽고 단순하며 진실한 모습을 결코 나타낼 수 없었다는 기분으로 가득 차 있었다.

"아주 드물게 잘될 때도 있었습니다. 그것은 사랑을 할 때였지요"라고 그는 말했다. "그러나 그때도 기쁨은 곧 사라지고 말았습니다. 제가 참으로 구하는 것은 참된 인간인데, 전 단지 사랑을 구하는 척하고 있음에 지나지 않는다는 것을 잘 알고 있었기 때문입니다. 사랑은 역시 기교에 지나지 않았습니다. 사랑을 유지하기 위해서도 저는 말을 가려서 쓰고 태도를 계산하지 않으면 안 되었습니다. 여성이 기대하고 있는 대로 사랑을 연기하고 그녀의 마음에 들도록 비위를 맞추어야 했습니다. 물론 이 여자도 절 잃지 않기 위해서 제 비위를 맞추어야 했습니다. 이 같은 인생은 붙잡았다고 생각하는 순간에는 이미 달아나버렸습니다."

갑자기 그는 말을 더듬으면서 "선생님의 태도가 마음에 걸립니다"라고 말했다.―"왜 그러십니까?"―"글쎄요, 조금 아까부터 뭔가 선생님께 정말로 말하고 싶었던 것과는 완전히 다른 것을 말하기 시작했거든요." 도대체 어떤 감정이 내 마음을 스쳐갔을까? 아마도 무의식의 감정임에 틀림없을 것이다. 나는 참된 인생을 구하는 이 사람에게 충심으로 공감을 느꼈고 그의 말에 열심히 귀를 기울였기 때문이다. 다만 어쩌면 여러 가지 일을 너무나 능숙하게 말하는 이 사람에게 내가 마음속으로 약간의 부러움을 느꼈기 때문이 아닐까.

어쨌든 매우 직관적인 그는 앞에서 말한 인생, 자연스러움, 공감의 조건인 인간적 접촉을 상실했다고 느낀 것이다. 그러나 그가 내가 마음에 걸린다고 솔직하게 말했을 때, 이 접촉은 다시 회복되었다. 그러나 참된 교감이란 얼마나 부서지기 쉬운 것인가. 일상생활에서 마음을 적나라하게 보인다는 것은 불가능한 일이기 때문이다. 일상생활에서 마음은 흉갑으로 단단히 보호해주어야 하는 것이다.

외국의 어떤 동료가 언젠가 내게 자기는 '집단정신분석학회'에 잘 나가는데, 거기서는 각자가 다음과 같은 규칙을 엄격히 지키지 않으면 안 된다고 말했다. 즉 누구든 어떤 거짓이나 주저함도 없이 자기가 생각하고 있는 것을 말해야 한다는 것이다. 솔직히 말해, 나는 웃음을 터

뜨렸다. 아주 미안한 일이라고 생각한다. 이 사람들은 자신들이 진지하게 그 규칙을 지키고 있다고 믿기 때문이다. 그러나 나는 그들이 모두 동일한 정신분석의 일파에 조직되어 있어서 자기들도 모르는 사이에 뭔가 암묵의 약속을 따르고 있는 것은 아닐까 하는 생각이 들었던 것이다. 정신분석은 그들을 어떤 사회적 관습에서 해방시키기는 했지만, 다른 관습을 만들어냈고 이는 당연한 것이다. 모든 사회와 운동은 마침내는 자기들에게만 통하는 언어, 자기들만의 방식을 갖게 되지만, 내부에서는 그것을 알지 못한다. 그 언어와 방식은 외부에서 보아야만 알 수 있는 것이다. 제복이 없는 군대는 없다. 우리가 하는 말 자체가 우리 자신을 표현하는 데 적합한 틀을 만들어낸다는 것은 부정할 수 없다.

예의와 절도(節度)가 사회생활을 지배하고 있기 때문에 이것 없이는 사회생활이 거의 불가능하다고 말해도 좋으리라. 내가 정신분석학회에 들어가서 그들의 규칙에 따르려 한다면, 처음에 어떤 말을 어떻게 하게 될 것인가를 생각해보기만 해도 내가 얼마나 짓궂고 화를 잘 내고 예의를 모르고 오만하고 부정직한지 충분히 알 수 있게 된다. 절대적인 친밀함과 신이라는 신비한 존재가 없다면, 마음의 참된 교류는 꿈속의 이야기에 지나지 않는다고 생각한다.

그러나 나를 찾아온 손님이 내게 말한 것처럼 고뇌에서 해방된 사람이 우리 사이에 있을까? 다른 사람에 대해서나 자기 자신에 대해서나 한번 눈을 돌리기만 하면, 모든 사람이 예외 없이 서로 연극을 하고 있는 것을 보게 되고 말 것이다. 누구나 특권을 구사해서 자신의 목적—이타적인 것이든 이기적인 것이든—을 추구한다. 누구나 자신의 목적을 달성하기 위해 체스를 두고 있다. 인간은 한꺼번에 백 명을 상대로 게임을 하고 있는 체스 선수와 비슷하다고 말할 수 있으리라.

여성의 사랑도 받고 싶고, 돈도 벌고 싶고, 쾌락도 누리고 싶고, 명예도, 존경도 얻고 싶다. 자기와 자기가 사랑하는 사람들을 지키고 싶고, 자기의 의견이나 신앙을 옹호해야 한다. 이러한 기분이 우리의 태도나 말에 언제나 영향을 미쳐서 겉보기 자기를 만들어낸다. 이것은 어느 사무실에서도, 공장에서도, 협회에서도, 위원회에서도 볼 수 있는 일이고 가정에서조차도 그러하다. 어느 정도라도 자신이 있는 사람은 위협함으로써, 또 어떤 사람은 감정에 호소하거나 책략을 사용함으로써 그렇게 한다. 손을 맞잡았는가 하면 곧 헤어지고 복수가 준비된다. 재치 있는 한마디로 슬쩍 빠져나가기도 한다. 그러고 보면 인간은 의견을 말하기보다는 번지르르한 말을 하기 위해서, 또는 자신을 정당화하기 위해서 말하는 경우가 많다.

며칠 전, 어떤 사람에게서 매우 인상 깊은 이야기를 들었다. 그는 자기 생애의 결정적 순간—그때 그는 나를 찾아왔던 사람이 구하고 있던 참된 인생을 발견한 것이다—을 이야기해주었다. 그 무렵 그는 즐겁고 풍요한 청춘을 전쟁에 빼앗기고 자신의 조국에 침입한 나치에 쫓기며 부랑자처럼 떠돌고 있었다. 길거리에서 빵을 파는 행상인을 만났지만 그에게는 빵을 살 돈도 없었다. 한 가엾은 거지가 와서 빵 하나를 샀다. 그런데 거지는 뒤를 돌아보고 그를 보게 되자 빵을 먹지 않고 그에게 내밀었다.

아주 자연스러운 이 태도가 그에게 큰 감동을 주었다. 이것이야말로 그에게는 하늘의 계시였다. 그는 이 일 때문에 다른 사람이 된 것이다. 그 후로 그는 나를 찾아왔던 사람과 마찬가지로, 문명화된 인간이 손쉽게 받아들이는 끊임없는 위장에 신경을 쓰기 시작했다. "트롤 버스를 탔을 때, 통조림이 된 사람 모두가 서로 힐끔힐끔 바라보면서 겉보기에 의해 판단을 하고 자신의 기회를 노리면서 점잔을 빼고 있는 것을 보면, 정말로 마음속 깊은 곳에서 기도라도 드리고 싶은 심정입니다"라고 그는 말했다.

이때 사회 전체는 말 그대로 하나의 게임처럼 보인다. 우선 오락이라는 뜻에서 그렇다. 이 경우는 파스칼이 말하는 기분 풀이가 문제로, 사람들은 인간으로서 지니는 고뇌를 오락과 혼동하는 것이다. 솔직히 고백해야 할 일이지만, 우리는 게임에 빠져서 참가하고 있는 것에서만 만족할 뿐, 이 게임에서 밀려나 전체에 대해 위화감을 느끼는 것은 견디지 못한다.

거의 같은 뜻이지만, 게임이라는 말에는 또 한 가지 뜻, 즉 스포츠, 또는 경쟁이라는 의미가 있다. 몸이 별로 건강하지 못해서 언제나 건강을 걱정하고 있는 사업가가 있다. 그는 언제나 자기는 한계에 이르렀다고 생각한다. 여행이나 사무실에서 돌아오면, 대단히 피로해져서 휴식을 취해야 한다. 따라서 이것은 가족생활을 상당히 제약한다. 그러면서도 그는 인간적 감각을 상실하지는 않았다. 사업이 커지면 커질수록, 불행하게도 협력자들과의 인간적 접촉이 더욱 멀어진다는 것을 그는 알고 있다. 그렇지만 이것이 몇 년 동안 그의 사업을 크게 확장하는 데 방해가 되지는 않았다. 그는 여전히 사업을 발전시키는 데 열심히 노력을 기울였다.

게임이라는 말에는 또 한 가지 다른 뜻이 있다. 그것은 무대의 연극이라는 뜻이다. 즉 인생이란 바로 우리가 각기 배우로서 역할을 맡는 어떤 연극인 것이다. 무대에는 불이 켜져 있다. 자기 혼자 무대에서 내려오면, 동료들의 노력은 반드시 헛된 노력이 되고 만다. 게임이라는 말에는 또한 관습이라는 뜻도 포함되어 있다. 게임의 규칙은 강력한 관습으로서, 비순응주의자―그는 이미 간파당해서 사람들이 상대하지 않는 예외적 존재이지만―를 포함해 누구든지 이에 따르지 않으면 안 된다. 그리고 끝으로 게임이라는 말에는 노예라는 뜻도 있다. 게임에 빠진 사람들은 웬만해서는 이 악습에서 벗어나지 못하기 때문이다.

우리는 스스로 만들었거나 다른 사람이 만들어놓은 겉보기 인간의 노예다. 사르트르는 이 점에 대해 날카로운 글을 썼다.[4] 잉크병은 그 자체 잉크병으로서 그 밖의 아무것도 아니다. 한편 우리 눈에 인간은 항상 '표상으로서' 존재한다. 레스토랑의 웨이터가 웨이터인 데 지나지 않는 것은 그가 자신의 역할에 알맞은 동작이나 제스처로써 웨이터 역할을 연기하기 때문이다. 나는 아랑디 박사의 《병든 의사의 일기》를 상기한다. 그는 이 일기에서 놀라울 만큼 투철한 눈으로 자신의 마지막 병상에 문병을 온 동료나 친구들의 일을 묘사하고 있다. 모든 사람의 말이나 태도의 배후에서 그는 의식적이든 무의식적이든 은밀하면서도 끊이지 않는 자기방어의 마음, 자기평가에 대한 배려를 간파한다. "우리는 끊임없이 스스로의 상상으로 만들어낸 존재를 미화하고 보존하려고 하며 참된 자기를 돌보지 않는다"고 파스칼은 말한다.

우리는 아무리 노력하더라도 이 끊임없는 가면의 자세에서 벗어나지 못할 것이다. 그것은 단지 사회생활을 하는 데 필요해서 외부에서 강요된 것에 그치지 않고 이미 제2의 천성이 되어버렸기 때문이다. 오랜 훈련에 의해 가면은 마침내 인격에 착 달라붙게 되는데, 이 오랜 훈련에 의해서 우리는 현재의 우리가 되었다고 할 수도 있다. 이 훈련은 생애의 이른 시기에 시작되며 학교에서 더욱 엄격해진다. 학교는 인간을 획일화하는 전형적인 거푸집이기 때문이다. 그래서 학교에 좀처럼 복종하지 않는 독창적인 어린이는 이윽고 말썽꾸러기 취급을 받고, 그후로는 다른 어린이들이 착한 아이 역할을 연기하도록 계속 말썽꾸러기 역할을 연기하는 것이다.

학생들은 구두시험의 경우, 각 선생에게 대답하는 방식에 대해 서로 '정보'를 교환할 것이다. 목적은 개인적인 의견을 말하는 데 있는 것이 아니라 졸업장을 얻는 데 있다. 졸업장이 없으면 사회에서 지위를 찾아내지도 못하기 때문이다. 이윽고 그들은 동료들 사이에서 환영을 받고 사무소장의 인정을 받으며 경쟁자의 존경을 받는다. 또한 고객의 호의를 얻기 위해서는 어떻게 행동하면 좋은지, 사귀어서 해가 되는 사람은 피하고 도움이 되는 사람과만 교제하려면 어떻게 하면 되는지를 배울 것이다.

우리가 획득한 모든 교양, 지위, 상장, 훈장뿐만 아니라 그날그날 살아온 경험, 나아가 교제, 우정, 친척에서 재산에 이르는 모든 것이 합쳐져서 우리의 겉보기 인간을 만들어내고 우리의 특징이 되어 여러 사람과의 교제를 강화하거나 망치거나 한다. 이는 너무나 교묘하게 이루어지기 때문에 이미 우리의 새로운 본성이 되어버렸다. 그러므로 우리를 순수한 상황에서 파악하려 한다면 이러한 모든 것을 벗겨내야 한다. 그러나 이것은 꿈에 지나지 않는다. 가령 내가 면허장을 불태워버린다 하더라도, 세상에서는 여전히 투르니에 박사로 통할 것이다. 내가 쓴 책을 모두 불태워버린다 하더라도, 이러한 책을 쓴 사람이라는 사실에는 변함이 없을 것이다.

또한 여기에다 싫든 좋든 간에 다른 사람들이 우리에게 준 것을 첨가할 수밖에 없다. 우리는 필연적으로 다른 사람의 영향을 받기 때문이다. 서른 살이 지나 아버지와 함께 여행을 갔을 때의 친밀감을 통해서 아버지의 참모습을 처음으로 발견했다는 사람도 있다. 그때까지 그의 아버지는 그에게 '매를 드는 아버지'에 지나지 않았다. "얌전하게 굴지 않으면 아버지에게 이를 테다"라고 어머니는 늘 말했다. 아버지는 자식에게 깊은 애정을 가졌음에도 알지 못하는 사이에 적으로 연기하고 있었다. 이처럼 각 가정에서 구성원 사이의 상호 관계는 고정되어 있다. 나는 이 점을 환자 중 한 사람이 치료를 받아 자기 자신을 충분히 자각하고 행동과 생활을 통해 훨씬 큰 자유를 보이게 될 때 분명히 인정할 수 있었다. 그는 거의 언제나 강한 저항에 부딪쳤다. 그가 기성의 질서를 문란하게 했다는 이유로 가족은 내가 그에게 나쁜 영향을 미쳤다고 생각했다. 그들은 그를 내게 맡길 때 이러한 예기치 못한 결과를 조금도 고려하지 않았다. 그때는 생각하지 못했던 알력이 생긴 것이다.

가족 사이에서 신데렐라 역할을 연기하고 있던 딸이 있었다. 그녀는 언니가 밖으로 나갈 때도 언제나 집에 남아서 어머니의 가사를 도왔다. 그런데 갑자기 이 딸이 오늘 밤은 초대를 받았다고 하며 외출을 하려고 했다. 가족 모두가 이의를 제기했다. "너는 오늘 밤 나가서는 안 돼. 언니가 모임에 나가야 한다는 것을 알지 않니? 언니 생각 좀 해라. 왜 그렇게 이기적이니?"

부부 사이에서조차도 완전한 이해에 도달하고 특히 그 이해를 유지해가는 데는 기적이 필요하다. 이해받지 못하지 않을까 하는 걱정, 비판받고 재판받고 경멸받지 않을까 하는 두려움 때문에 그들은 웬만해서는 마음을 터놓고 말하거나 고백하지 못한다. 상대의 반응을 보고는 여러 가지로 걱정하고 가능한 한 마찰을 피하려 행동한다. 서로 양보하는 것은 분명히 옳다. 그러나 버젓이 당당하게 양보하는 것과 마지못해서 작위적으로 양보하는 것에는 큰 차이가 있다.

그런데 한편으로 내가 이미 지적한 적이 있는 한 부부는 언제나 감동을 주는 대조적인 짝이다. 한편이 말이 많으면 많을수록, 또 한편은 말이 없고, 이 말없는 사람을 보충하기 위해 한쪽은 점점 더 말이 많아진다. 또 한쪽이 신중하고 소심하면 다른 쪽은 대담무쌍한 체하고, 한쪽이 아이들에게 엄격하면 다른 쪽은 그만큼 몰래 아이들에게 부드러움을 보여주려 한다. 남편이 인색할수록 아내는 돈을 거칠게 쓴다. 그러면 남편은 모범을 보이기 위해서 자신의 자연스러운 기분을 극단적으로 억제하게 된다. 나도 이것저것 사고 싶다고 그가 말하면 어떻게 될지 생각해보라. 이것이 아내의 바람직하지 못한 성향에 얼마나 박차를 가할 것인가.

이처럼 각자는 상대의 경향과 균형을 맞추기 위해 자기 자신의 경향을 강조하는 경우가 많다. 자신의 역할을 연기하면서 그 역할의 포로가 되는 것이다. 내 진찰실에서 마음을 터놓고 말하게 되면, 부부는 어느 쪽이나 상대가 생각하는 인간과는 완전히 다르다고 내게 고백한다. 많은 가족이 틀에 박힌 매우 강력한 습관 속에 고정되고, 그 때문에 참된 인생은 질식하고 만다. 정해놓은 것처럼 동일한 주제에 대해 의논을 벌이고 정해진 논법을 전개한다. 남편이 어느 날 어떤 요리가 맛있었다고 말하면, 아내는 매일 그 요리를 만들고 '우리 주인은 이것만 좋아해요'라고 거침없이 말할 것이다.

언젠가 결혼 문제의 전문가인 레오도르 보베 박사에게서 들은 말인데, 결혼의 최악의 적은 단순 명쾌하게 말해서 권태라는 것이다. 이 말은 사실이다. 권태는 참된 인간의 미묘한 유동성이 어느 틈엔지 응결하고 겉보기 모양만이 남았을 때 불가피하게 나타난다. 그렇게 되면 성생활도 그 끝을 모르는 환상성을 상실하고 습관적인 의식(儀式)으로 변하고 만다.

어느 날, 내가 존경하는 동료 중 한 사람이 자세한 설명서와 함께 어떤 여성 환자를 내게로 보냈다. 우리는 몇 주일 동안이나 상당한 노력을 기울였지만 바람직한 진찰 결과가 나오는 것 같지 않았다. 그래서 나는 충분히 반성해보았다. 그 결과 문제는 내 쪽에 있음을 알게 되었다. 즉 내 동료가 내게 보여준 신뢰에 반드시 보답하지 않으면 안 된다는 것을 지나치게 의식하고 있었던 것이다. 나는 그를 몹시 존경했기 때문에 그의 존경에 보답하고 그를 절망시키고 싶지 않았다.

그래서 그날 곧 나는 그 사실을 환자에게 말했다. 그러자 진찰 분위기는 일변했다. 실패하는 것은 아닐까 너무나 걱정하다가 내가 그만 부자연스러워지고 만 것이다. 그러므로 실패는 당연했고, 그 걱정 때문에 다시 악순환이 거듭되었다. 나는 가면의 인간이 되었던 것이다. 분명히 환자를 위해서이기도 했지만, 동시에 내 동료가 내게 보여준 기대에 보답하기 위해서 나는 유효한 역할을 연출하려고 했던 것이다. 여기서 우리는 매우 곤란한 문제, 즉 '좋은 역할을 연기하려 하는' 인간의 마음이라는 문제에 부딪치게 된다.

우리의 겉보기 모습을 만들어내는 것은 단지 본능이나 이기주의나 허영심만은 아니다. 매우 정당하고 얼핏 보기에 공평무사한 우리의 소망도 거기에 한 역할을 담당한다. 다른 사람들이 우리에게 도움을 기대하고 있다고 느끼는 것은 우리 마음을 우쭐하게 만든다. 그리고 자백하지만, 나도 이 우쭐한 마음에서 예외는 아니다. 어떤 환자는 내게 오기 훨씬 전부터 내게 한 가지 관념을 갖고 있었다. 내가 대합실 문을 열었을 때 그 사람이 날 보고 놀란 것을 나는 아직도 기억하고 있다. 그는 나중에 나를 흰 수염을 기른 노인으로 상상하고 있었다고 고백했다. 나는 수염을 기를 생각은 없고, 더구나 수염을 일찍 희게 만들려 해도 그건 마음대로 되는 일이 아니다.

그러나 독자 여러분이 알아차렸으리라 생각되는 것은 내 마음속에는 언제나 미묘한 유혹이 숨겨져 있다는 것이다. 즉 사람들이 내게 기대하고 있는 바와 같은 인물이 되려고 하는 마음이 그것이다. 이러한 마음이 내 천직에 충실하다는 매우 성실한 외관을 이용해서 얼굴을 내민다. 참된 인생을 찾고자 내게 오는 사람들에게는 참된 인생을 쟁반에 바쳐서 주고 싶은 마음이 얼마나 간절한가. 나를 찾아오는 사람이 결정적인 경험을 한다는 것은 있음 직한 일일 것이다. 그러나 내가 그러한 경험을 하게 하려고 아무리 노력하더라도, 또한 그를 감동시킬 말을 아무리 찾아내더라도, 그런 경험이 절대로 생기지 않는다는 것만은 분명하다. 참으로 생기 있는 일은 모두 어떻게 일어났는지 모르는 중에 일어난다.

    사람들에게 자기 자신을 발견시키고 그들 인생의 곤란을 해결하는데 도움이 되려고 하는 나의 일은 얼마나 보람 있는 것인가. 그러나 그것이 직업이 되면 어떻게 되는가? 인간적인 접촉, 인간성, 사랑에 대한 직업이 되면? 나는 이렇게 될 위험을 강하게 느끼는 나머지, 환자들이 그런 문제에 대한 비책, 기술, 처치법 등을 기대하고 있음을 알게 되면 몸도 마음도 나른해질 정도다. 게다가 환자는 내가 그 방면의 명인이라고 생각하고 있다. 때때로 내가 그런 인간적 접촉을 성공적으로 발견한다 하더라도, 그것은 그 접촉이 바로 쉽지 않은 일이기 때문이고, 내가 태어나면서부터 심리적 콤플렉스로 인해 내성적이고 마음이 약하고 순수하게 되었기 때문이며, 또한 다른 사람의 요구에 자유롭게 응하도록 우선 내가 나 자신에게서 해방되기를 매일매일 하나님께 기도하기 때문이라고 생각한다.

    또한 나는 삼중(三重)의 천직을 갖고 있다. 즉 의학과 심리학과 신의 세계다. 의사나 심리학자로서 기술적인 관습에 빠지는 것은 우려할 만한 일이지만, 더욱 나쁜 것은 영혼의 치료를 직업으로 삼는 것이다. 솔직히 말하면, 내가 가장 정열을 느끼는 것은 신의 세계라고 하는 천직이다. 지금까지의 경력을 통해 의학과 심리학의 한계를 깨달았기 때문이고, 인간의 숭고하고 보편적인 욕구는 신을 발견하고 싶어 하는 것임을 알았기 때문이다.

    많은 사람이 이것을 이해하고 있고, 그 때문에 나를 만나러 오는 사람도 적지 않다. '아, 당신처럼 흔들리지 않는 신앙심이 내게도 있다면' 하는 사람도 그중에 있다. 그러므로 이러한 사람을 실망시키지 않으려면 나는 내 경험의 긍정적인 면만을 말할 수밖에 없을 것이다. 사실상 내가 빠진 곤란, 의혹, 또는 과실에 관한 이야기를 하면, 그들은 누구할 것 없이 실망한 표정을 보인다. 그러나 곧 그들은 진실을 거짓 없이 보이는 이러한 태도야말로 우리를 접근시키고 결합시키는 것임을 깨닫고, 나를 그들과는 전혀 다른 사람이라 믿고 있었을 때보다도 더욱 절실하게 내 체험담을 받아들인다.

그런데 친밀한 관계에서라면 자기 자신의 곤란을 이야기할 수 있어도, 사회생활에서는 훨씬 많은 제한이 있을 거라는 점은 분명하다. 설교자는 아무리 개인 생활에서 고뇌를 느끼고 있더라도, 강단에 서면 자기 자신의 영혼의 동요와는 관계없이 굳은 신앙에 대해 말하지 않으면 안 된다.

종교가라는 천직도 다른 직업과 마찬가지로 전문 직업적인 왜곡, 일로서 고정되는 것을 피할 수 없다. 어떤 목사의 딸이 아버지에게서 온 편지를 들고 나를 찾아왔다. 이 목사는 자기 딸에게 마치 교구 목사와 같은 투로 편지를 썼다. 그것은 훌륭한, 너무나 훌륭한 편지였지만, 그녀는 너무나 자주 들어서 이제는 별로 감동을 받지 못했다. 어느 날, 은퇴한 노목사를 만난 전차의 차장이 "저분은 목사였을 때 언제나 우리에게 고개를 숙였지요"라고 말한 적이 있다.

이런 일은 모두 피할 수 없다. 따라서 많은 신자가 이 때문에 괴로워하기도 한다. 그러므로 이것이 바로 교회의 평의회나 종교 사업의 위원회에서 자주 느끼게 되는 긴장감의 숨겨진 원인이 아닐까 하는 생각이 든다. 나는 많은 사람이 이런 모임에서 뭔가 알 수 없는 불쾌감에 사로잡혀 퇴장하고, 이윽고 몇 년 후에는 의욕을 잃고 나오게 되는 것을 여러 번 보았다. 사람들이 공동의 일을 하면서 의견의 차이나 고집이나 질투나 원한을 느끼지 않는 경우는 거의 없다. 그러나 종교적인 모임에서는 웬만해서 이런 것을 표현하지 못한다. 기독교인들끼리 어울렸으므로 누구보다도 성실하게 사람을 용서하고 사랑하고 뒷받침해주는 마음을 보이려 노력해야 하는 것이다. 그러므로 공격적인 심정은 억제되고 결국은 고뇌의 형태를 취하게 된다.

나는 환자들에게 사랑을 가득 기울이기를 바란다. 이것이야말로 내가 바라는 일이고 예수 그리스도가 내게 가장 바라는 일임을 잘 알고 있기 때문이다. 그런데 나는 이렇게 사랑을 갖고 있는 것 이상으로 보이려 하거나 화가 나고 비판하려는 마음이 들끓는 것을 부드러운 가면 속에 숨기려 하는 경향을 억제하기 어렵다. 게다가 민감한 사람들은 이처럼 속마음이 다르다는 것을 곧 간파하고 만다. 이렇게 보면 이것은 고귀한 천직 모두에 공통되는 대가가 아닐까. '고귀함은 그 이름에 부끄럽지 않은 행동을 해야만 하기' 때문이다. 선생은 학생에게 자기가 모르는 것도 있다는 사실을 숨겨야 한다. 변호사는 성공을 확신하고 있는 것처럼 행동해야 한다. 의사가 진단과 예후에 자신 없다는 것을 환자들이 알게 된다면, 환자의 정신은 얼마나 심한 충격을 받을 것인가. 교수는 수많은 업적을 보이지 않으면, 진지한 학자라는 인정을 받지 못할 것이다.

우리는 때로는 매우 서두르는 체하는가 하면, 때로는 초조해하면서 시간이 충분히 있는 체한다. 또한 선물을 요구받아도 요구하는 사람에 따라서는 거부하려 하지도 않는다. 또한 훨씬 소박하고 은밀한 허영심을 갖고 있기도 하다. 나 자신의 경우를 보더라도, 박사 학위를 받기 조금 전에 언젠가는 사용할 생각으로 새로운 사인을 연습한 일이 있었다.

하기야 너무나 부자연스럽고 복잡해서 곧 그만두기는 했지만.

앞에서 예를 든 외국 손님이 말한 외교적 연기와 관련해서 솔직히 말하면, 어느 자선 모임이나 학회에서도 그와 똑같은 것을 느끼게 마련이다. 의학회, 학자들의 모임, 예술가 단체, 스포츠 위원회 등에서는 당연한 일이지만, 그곳에 있는 사람들의 수만큼 여러 갈래로 의견이 충돌하는 것을 볼 수 있다. 이 사람들은 모두 자기가 하는 일에서 자신의 개인적인 활동, 자기 자신의 체험, 독창적인 의견을 살리고 싶어 하는 사람들인 것이다. 사람은 누구나 하나의 조직에 헌신하며 오랫동안 이 조직을 위해 일을 한다. 그러면 반드시 그 조직과 일체감을 느끼고 조직을 지키기 위해 여러 가지 노력을 아끼지 않게 된다. 자기 나라를 위해 이바지하는 외교관과 위원회의 위원장, 조합의 서기, 어느 종파에 귀의한 자 사이에 대단한 차이는 없다. 그러므로 조직이나 사조를 창설하는 것이 이를 금지하거나 병합하는 것보다 훨씬 쉬운 것이다.

사업의 목적이 고귀하고 유용하다면, 이를 발전시키려 노력하는 것은 더욱 정당하게 생각되기 마련이다. 어떤 종교 단체에 강하게 매혹된 한 여성이 있었다. 그녀는 그 단체가 그녀에게 보여준 성의에, 그녀라는 인간 자체에게 보여준 배려에 대단히 감동했다. 그런 것을 그녀는 얼마나 바라고 있었던가! 그런데 그 단체의 제복을 입자, 그녀는 사람들이 그녀에게 기대하고 있는 것이 그녀가 그 단체에 바치는 봉사이고, 그 반대는 아님을 깨달았다. 그것이 불가피하고 당연한 일이긴 하지만 말이다. "저는 교단에 대한 배려가 개인에 대한 배려보다 우선적임을 느꼈어요"라고 그녀는 말했다.

지금 내가 소개한 일들은 분명 우리 시대에 특유한 것이 아니라 훨씬 옛날부터 집단의 존재 자체에 따르는 성격이었다. 오늘날 '겉보기' 인간의 배후에 '참된 인간'이 숨겨져 있다는 사실이 새삼스레 문제가 된다면, 그것은 문명의 기술적 발전, 대중의 집중화, 생활의 기계화 때문이라고 해야 한다. 옛날 백성이나 직공 들은 상당한 정도로 자기 자신일 수 있었지만, 현재 우리 중 대부분은 그렇게 되기를 기대할 수 없다.

'참된 인간'은 독창적인 창조이고, '겉보기 인간'은 관습이자 자동적 현상이다. 생활의 획일화와 인간의 밀집화는 많은 사람에게 표준적인 형태를 강요한다. 군중이 지나가는 것을 바라보면서 나는 때때로 전율을 느낄 때가 있다. 이 사람들 모두는 매일 같은 시각에 같은 사무소, 같은 공장으로 가기 위해 같은 버스를 탄다. 게다가 그들이 하는 일은 로봇처럼 동일한 움직임을 요구하는, 극단적으로 특수화된 일이다.

그들은 이미 생산을 위한 톱니바퀴, 도구, 기능에 지나지 않는다. 그들이 한 일만이 문제이고, 그들이 생각하거나 느낀 것은 문제되지 않는다. 그런데 그들의 생각이나 느낌조차도 신문, 영화, 라디오 등 선전에 의해 만들어진 것이다. 그들은 매일 같은 신문을 보고, 같은 노래를 듣고, 같은 광고를 보고 듣는다.

물론 문명에만 책임이 있는 것은 아니다. 약간 편안해지려고 오랫동안 열심히 일해온 사람들을 보면 알 수 있다. 이제 약간의 꿈을 전개할 만한 여유는 생겼다. 그런데도 그들은 여전히 같은 다방에 가고, 같은 대화를 나누며, 같은 장소로 피서를 즐기러 간다. 이것은 정말이지 자동적인 생활이라 할 수밖에 없다.

그들 중에는 인간적 생활을 지향하는 사람들도 있었지만, 그들 역시 이윽고 대중사회의 톱니바퀴 속에 휘말려 들어간다. 이에 저항하는 개성은 오래가지 못하며 언젠가는 지쳐서 소멸해버린다. 사람들이 무리를 이루면 이룰수록 부화뇌동성이 강해진다. 대기업은 결국 자동 장치를 사용할 수밖에 없게 된다. 내가 잘 인용하는 말이지만, 지베크 교수는 "천직이야말로 참된 인간을 만드는 것"이라 말하고 있다. 현대의 직업, 합리화된 직업은 '겉보기 인간'을 만들어낼 뿐이다. 현대의 직업은 인간을 비인간화하고 비개성화한다. 이것을 내가 특히 강조할 필요는 없다. 너무나 많은 현대 사상가가 강조하고 있기 때문이다.

위에서 말한 것에 국가권력의 점진적인 증대 현상도 덧붙여야 한다. 국가권력은 개인 생활에 제한을 가하고, 독창적인 개성의 세계에 서서히 익명으로 간섭하기 시작했다. 규칙과 법령집이 두터워지고, 관청이 늘어난다. 이 세계에서 인간은 각기 하나의 사례이고 자료이며 숫자에 지나지 않는다. 국가라는 비인간적인 권위의 말단을 담당하는 공무원들은 그들 나름의 선의를 충분히 가지면서도, 그들의 한정된 권한을 넘어서서 인간적 책임을 지지는 못한다.

많은 기업에서는 이에 대해 대책을 세우지 않고 공장을 인간적으로 만들기 위해 심리학을 도입했다. 그러나 아이러니하게도 이야말로 표준화된 정신공학적 검사라든가, 카드 유별법(類別法)이라든가, 통계조사를 이용해 실시하는 것이다. 이때 계산되고 탐색되고 분류표에 기재되는 것은 겉보기 인간에 지나지 않는다. 과학은 참된 인간을 알지 못하기 때문이다.

과학은 기술을 발달시키고 기계 수를 늘리고 생기 없는 인공적인 틀을 만들어낸다. 최근 국제인간의학회에서 내 동료 중 한 사람이자 큰 정신병원의 부장으로 있는 사람이 그의 병원에서 소를 기르는 일에 대해 말해주었다. 그의 말에 따르면, 그의 병원에는 농장이 딸려 있는데 이 농장의 축사 책임자가 사표를 냈다. 그래서 부장이 그를 불러 그만두는 까닭을 물었다. "전기 착유기가 구입된 다음부터 저는 소와 인간적인 교섭을 할 수 없게 되었습니다. 이런 상태로는 일을 계속할 수 없습니다"라고 그는 대답했다.

생활의 이러한 기계화는 모든 영역에서 찾아볼 수 있고, 문명의 인간적 의미를 침해하고 있다. 내 아들 중에 건축기사가 있는데, 가장 인간적인 세계를 추구하고 있는 이러한 젊은이들의 마음을 사로잡는 문제를 나는 잘 알고 있다. 겨우 백 년 전만 해도 대성당 앞 광장이나 번화가의 쇼핑 도로나 작고 아름다운 공원은 사람들이 일을 마치고 모이는 장소였다. 그들은 거기서 정말 인간적으로 만나고 산보를 하고 조용히 이야기를 나누고 악수를 나누고 무리를 이루어 거리로 몰려 나갔다.

이제 거리는 자동차의 침략을 받고 있다. 자동차는 빨강, 노랑, 초록의 신호등 리듬에 맞추어 춤을 추고, 주차장을 찾아서 보도 위마저 기웃거린다. 전에는 도시의 심장이 고동치던 광장, 말하자면 친구들을 소개하고 대화를 나누며 자유로이 여론을 형성하던 광장을 사람들은 이제 분주하게 지나친다. 교통 체증으로 어쩔 수 없이 멈춰 섰을 때야 겨우 멀리서 차창 너머로 인사할 뿐이다. 걷고 있는 중이라면, 잠시 신호가 바뀐 사이에 급히 건너가기에 바쁘다.

지금 미국에서는 자동차에서 내리지 않은 채로 영화 구경도 한다. 거대한 주차장 앞에 쳐놓은 커다란 스크린 위에 비치는 영상을 요란한 스피커 소리에 귀 기울이면서 바라보는 것이다. 이처럼 기계는 일터에도 오락 장소에도 비인간화의 물결을 몰고 온다.

자기의 참된 인간성, 마음에 품고 있는 걱정, 생활 속에 있는 드라마, 은밀한 소망에 조금이라도 흥미를 지니지 못한 채 한 기업에서만 오래도록 일해온 노동자나 종업원도 있을 수 있다. 일상생활의 강한 속박에 시대의 풍조조차 덧붙여져서 그들은 자기가 참으로 모르고 있는, 그리고 자기를 참으로 알고 있지도 못한 친구와 어깨를 나란히 하고 지내며, 그 사람의 표면만을 보고 또한 그 사람에게 자신의 겉보기 모양만을 보이려고 하는 것이다.

현대인의 대부분은 군중 속에 매몰된 틀에 갇힌 채 속도의 소용돌이에 휘말려서 믿을 수 없을 만큼 마음의 고독을 느끼고 있다. 그들은 누구에게 마음을 열면 되는지 알지 못하고 비밀을 간직한 채 답답한 마음으로 살아간다. 누구나 마음이 쓸쓸하고, 누구나 기계화된 사회의 표면적 움직임에 사로잡혀 있다.

이러한 현대사회에서 오로지 의사만이 간신히 개인적 접촉의 기회를 제공한다는 말을 흔히 듣게 된다. 사람들은 의사에게서만은 이해되기를 바라는 것이다. 의사는 인간이나 인생의 경험이 풍부하고 직업상 일반적인 개념보다는 개별적인 경우에 관심을 가질 것이며 또한 이론가라기보다는 관찰자이기 때문이다. 그러므로 사람들은 자진해 의사들에게 자신의 적나라한 모습을 보이려 한다. 의사 앞에서 옷을 벗는 동작 자체가 겉보기 모습을 벗어버리려는 움직임의 상징이라 할 수 있다. 이 예는 쥘 로맹(Jules Romains(1885~1972): 현대 프랑스의 시인, 작가, 극작가)의 희곡 《크노크》 중 마을에서 제일가는 건달이 크노크를 놀리기 위해 진찰을 받으러 오는 장면에서 볼 수 있다. 옷을 벗자 사내는 갑자기 자신을 잃고 만다.

나는 자기에게 맡겨진, 어디에도 비길 데 없는 인간적 사명을 충분히 의식하고 있는 동료들, 특히 공장이나 노동자들이 살고 있는 거리에 있는 의사를 많이 만난다. 그들의 진찰실에는 남몰래 마음을 터놓고 이야기할 곳이 없는 사람들이 찾아온다. 아주 단순한 추억담이라도 의사가 마음의 미세한 움직임에까지 주의를 기울인다면, 그것을 계기로 너무나 오랫동안 마음에 간직해두었던 고백을 이끌어낼 수 있게 된다. 병에 걸린다든가 죽을지도 모른다는 예감이 들게 되면, 악착같은 일상생활에서는 생각할 수조차 없었던 여러 가지 문제가 생기는 것이다.

그러나 의사들은 바람직하지 못한 상황과 끊임없이 투쟁해야 한다. 의학의 진보는 오히려 의학을 비인간적인 것으로 만드는 경향이 있다. 의학 분야에서도 언제나 전기 착유기를 상기시키는 기계류가 증가하고 있는 것이다.

마크 교수는 지난해 제네바에서 열린 국제회의에서 이 문제에 관한 토론을 주재했을 때 실로 교묘하게 이 점을 표현했다. "전에는 의사의 섬세하고 민감한 손이 환자의 피부 위에 직접 놓였지만 지금은 전기 탐색기의 번쩍번쩍하는 니크롬 동(銅) 표면이 의사의 손을 대신하고 있다."[5]

과학은 인간의 정신에 복잡한 문제를 제시하는 동시에 인생에 포함되어 있는 단순한 문제에서는 시선을 돌리게 한다. 의사가 받는 교육은 언제나 육체나 영혼의 메커니즘을 인격 자체보다도 중요시하는 경향이 있다. 과학은 의사의 위엄을 더욱 빛나게 한다. 이 장의 첫머리에서 말한 외국의 방문자는 매일 메모한 것을 주고 갔는데, 그중에는 그가 최근에 방문한 사람이자 높은 평가를 받고 있는 내 동료 중 한 사람에 대한 생생한 묘사가 있었다. 위엄에 찬 흰옷, 냉정한 전문적 문진, 점잖은 태도, '요컨대 그는 대가의 위엄을 갖추고 있었다'고 하는 것이 그 의사에 대한 묘사의 결론이다.

또한 어쩔 수 없는 일이라곤 하지만, 전문화가 진행됨에 따라 살아 있는 인체보다는 각 장기들 자체를 더 중요시하게 되었고, 의학은 그 세부까지 자동화된 빛나는 기술로 변해버렸다. 내 생각에 인간의학이 어떤 한정된 소수의 의사에게 맡겨진 보충적인 전문 영역이라 생각하는 것만큼 위험한 일은 없다.

결국, 의료 법규 제정과 사회보장 발달은 우리 눈앞에서 모든 나라의 의학 성격을 급속히 바꾸어놓았다. 의료는 이제 가능한 한 빨리 끝내는 진찰의 황급한 연속이라는, 반복적인 작업 형식을 취하고 있다.

최근 제네바에서 열린 기관지염에 대한 국제회의 개회식에서 스위스 연방 대통령이자 회의 고문인 로돌프 뤼바텔은 이 문제를 언급했다.[6] 그는 의사들에게 "신속, 자동화, 생산성, 능률 등을 비롯해 이와 마찬가지로 무서운 말로 표현되는 그 밖의 현대의 위협"에 대해 말하고, 계속해서 "의료는 신분이나 재산과 관계없이 모든 사람에게 베풀어지는 인술이기 때문에 사회적인 것으로 지칭됨에도, 접촉이라든가 공감이라든가 하는 인간적 본질과 관련된 인술을 포기하기에 이른 것은 이상한 일이다. 의사들은 이윽고 알지 못하는 사이에 눈에 보이는 병의 징후, 분석, 진단표, 뢴트겐 사진 등을 조사하는 일종의 고급 검사원이 될 위험에 놓인 것이 아닐까? 눈에 보이는 이러한 징후에, 더 인간적인 해석을 할 수 있는 다른 징후, 반세기 전의 의사들이라면 우선적으로 문제로 삼았을 징후를 진실로 덧붙여야 한다"라고 말한다.

이 문제는 오늘날 많은 의사의 마음을 사로잡고 있지만, 해결하기는 쉽지 않다. 전문화나 근대 기술을 피할 수 없는 것은 분명하고, 또한 현대사회의 움직임에 반대한다는 것도 생각할 수 없는 일이다. 우리가 인간과 그 고뇌를 생각하는 한, 이 움직임에 반대할 수는 없기 때문이다.

그러나 신중히 생각해보면, 제도보다는 오히려 의사들의 마음가짐으로 이 문제를 해결할 수 있다는 것을 이해할 수 있다. 아무리 전문가가 되고 학자가 되더라도, 그가 스스로의 개인적·정신적 생활에서 참된 인간의 의미에 눈뜬다면 끝까지 인간적인 사람으로 남을 수 있을 것이다. 그때 그는 인간의 가장 폭넓고 깊은 고뇌는 사람의 마음속 깊은 곳에 숨어서 전 생애를 걸쳐 그의 육체와 정신을 좀먹는다는 것을 알게 될 것이다. 이러한 고뇌는 기계화된 분위기에서 순간적으로 알아볼 수 있는 것이 아니며 따라서 황급한 처방으로 해소되는 것도 아니다.

의학 회의 등에서 의사들 대부분은 자유 시간을 가질 틈이 없다는 이유로 내게 반론을 제기한다. 물론 그들 모두가 정신과 의사가 환자에게 할당하는 것만큼의 시간을 자신의 환자에게 주지 못한다는 것은 확실하다. 그러나 나는 내 생애의 방향을 바꾸어놓은 경험들 ─ 이에 대해서는 내 최초의 저서 《인간의학》(1940)에서 말한 바 있다 ─ 을 시골에서 의사로 있을 때 겪었다. 인간의학과 기술적인 정신요법을 혼동해서는 안 된다. 후자에 인간성이 상실되는 경우는 있더라도, 현대의학에는 인간성이 충분히 있어야 한다. 때때로 무심하게 내뱉는 말로 인해 환자는 자기가 단순한 사례로서가 아니라 참된 인간으로서 다루어지고 있음을 이해할 수 있다.

우리는 언제나 자기가 열중할 일을 위해서는 시간을 찾아내기 마련이다. 참된 인간을 이해하려고 노력하는 것만큼 흥미 있는 일은 다시없을 것이다.

모순된 존재

이처럼 참된 인간을 발견하려면 여러 가지 장애에 직면하게 된다. 현대에 들어와 이상할 만큼 커진 외부 세계의 장애에 대해서는 이미 말한 바 있지만, 이러한 장애는 인간 자신의 내면에서도 발견된다. 그리고 인간 내면에 있는 장애를 극복하는 것이 더 어려울 것이다. 지금 어떤 이가 눈앞에 있고 그에게 조심스럽게 귀를 기울인다면 그 사람의 참된 본성을 알 수 있을까? 그 자신도 자신의 참된 본성을 알지 못한다. 그가 느끼고 있는 것은 자신에 대한 판단이 언제나 너무나 쉽게 잘못되고 있다는 것이다. 사회나 친척이나 심지어 아내까지도 그를 인색하다, 씀씀이가 좋다, 부지런하다, 게으르다, 용감하다, 비겁하다 등 한마디로 결정해버린다.

우리가 앞에서 말한, 매우 드문 인간적 접촉에 성공했다고 하자. 이 접촉은 참된 인간적 만남이라는 깊은 체험으로서, 이 경우에 두 대화자는 참된 인간을 발견하는 데 이르렀다고 느끼게 된다. 그렇지만 인간의 인식은 그 너머의 것을 요구한다. 그의 참된 본성이 무엇인가 하는 문제는 아직 해결되지 않았다. 나는 그의 여러 가지 가면 뒤에서 그 인격에 잠시 닿았을 뿐 그의 참된 인간을 충분히 알았다고 말할 수는 없다.

그가 내게 자기 자신을 열어서 보여줄수록 그의 참된 인간은 더욱 복잡해지고 모순되는 것으로 보이기조차 한다. 우리는 모두 내적 모순으로 가득 차 있다. 이를 고백하는 것은 불가능하고, 따라서 가능한 한 이를 다른 사람들에게 숨기려고 한다. 우리가 참된 인간보다는 단순한 가면을 쓰는 것도 헤아릴 길 없는 이 복잡성을 분명히 인식하게 될 때 생기는 현기증을 피하기 위해서이리라. 무의식의 세계를 특별히 탐구하지 않더라도, 사람들이 자기 자신을 숨기지 않고 내보이려 하면 이 모순은 곧 누구의 눈에나 띄게 된다.

여기에 빛나는 경력을 가진 정치가가 있다. 대단히 인기가 좋아서 여러 해에 걸쳐 몇 번씩 재선된 그는 자신감을 갖고 민중과 접촉하며 민중에게 강력한 영향을 미치고 있다. 그런데 그는 밀폐된 진찰실에서는 믿을 수 없을 만큼 수줍음이 많다고 고백했다. 그는 어제 차 한잔 마시자는 친한 친구들의 초대를 거절했다고 한다. 그것은 차를 든 손이 떨려서 자신의 수줍음이 폭로될까 봐 두려웠기 때문이다.

반대로 처음 진찰을 받으러 올 때는 혼자 오지 못했던 마흔 살가량의 한 남자가 있다. 그의 어머니가 마치 열 살짜리 애처럼 그를 진찰실로 데리고 와서 그의 증세를 이야기해주었다. 그동안 그는 당황한 하급 공무원처럼 의자 한쪽에 겁을 먹고 멍청하게 앉아 있었다. 그런데 인간적 접촉이 이루어지자 그에게 모험가의 영혼이 있음을 알 수 있었다. 그는 영웅적 행동, 대담함, 먼 지방으로의 여행을 꿈꾸고 있었다. 어머니의 치맛자락을 한 번도 놓아본 적이 없는 이 사내가. 그는 모험담이나 탐정소설을 탐독하고 가장 대담무쌍한 작중인물과 자신을 동일시하고 있었다.

　이것은 단순히 꿈에 지나지 않는, 말하자면 실제로는 존재하지 않는 비밀스러운 생활의 한 부분이다. 그의 참된 본성이 그가 지금 보여주고 있는 소심함이라고 할 사람도 있으리라. 그렇지만 나는 그렇게 생각하지 않는다. 꿈으로의 도피에 대해 글을 쓴 사람은 많다. 나도 다른 심리학자들처럼 그런 글을 썼다. 그러나 경험을 쌓는 동안에 좀 더 깊이 생각해야 한다는 것을 알았다. 예컨대 어떤 사람들은 평범한 현실 생활에 만족하고 있는데, 꿈속으로 도피하려 하는 사람들이 있는 까닭은 무엇인가? 그것은 그들로서는 도저히 대답할 수 없었던 내적인 부름이 그들 내면에 있었기 때문이 아니겠는가? 그리고 이러한 부름이야말로 그들의 '참된 인간'이 따로 있다는 것을 증명해주고 있는 것은 아닐까? 그들의 꿈을 모두 도피나 덧없는 환영으로 다루는 것은 그들의 내면에서 벌어지고 있는 드라마를 이해하지 못하고 있음을 고백하는 것과 같다. 아니 땐 굴뚝에서 연기는 나오지 않는 법이니까.

　이 사람은 소심하지만 소유욕이 강한 어머니의 희생자라 생각된다. 그녀는 병원에 와서까지도 아들을 대신해서 말했다. 그녀는 아들을 철저히 보호하면서 아들이 스스로의 희망에 따라 자기 자신을 발전시키는 걸 결코 허용하지 않았다. 그녀는 외아들과 과부 생활을 하면서 하나밖에 없는 이 보물을 잃지나 않을까 언제나 전전긍긍했던 것이다. 그녀는 언제나 아들을 자기 감시 밑에 두었다. 아들에게 위험하다고 보이는 일은 어떤 것이든 금지시켰다. 아들의 직업을 선택할 때도 오직 하나, 아들의 안전만을 염두에 두었다.

　분명히 문제는 더욱 미묘했을 것이다. 그러므로 나는 이 섬세한 부분을 이해하도록 노력하려 한다. 교육은 단지 외적인 것만을 강요하지는 않는다. 교육은 어린이의 인격 깊숙이까지도 스며든다. 그로써 어린이의 인격 밑바닥에 강력한 반사작용을 남긴다. 따라서 도저히 억제할 수 없는 자연적인 본성과 그 표출을 방해하려 하는 이 반사작용 사이에 내적 갈등이 생긴다. 그리고 이 갈등 자체가 서로 대립되는 두 힘을 무력하게 만들고 자연스러운 표현을 경직시킨다.

어머니의 감시가 아무리 엄격했더라도, 아이는 때때로 어머니의 눈을 피할 수 있었을 것이다. 그는 내게 대담한 행동을 하려고 한 순간이 여러 번 있었다고 말했다. 그 순간 그의 마음속에서 용기가 용솟음쳐 오르는 듯했다. 하지만 그의 내부에 갇혀서 언제나 파열할 수 있는 용기로 인해 두려움을 느꼈고, 어머니가 쳐놓은 반작용의 브레이크가 작동하고 마는 것이었다. 우리가 제동을 걸려고 할 때는 반드시 자신의 내면에서 위험한 힘을 느낄 때다. 따라서 그가 전 생애에 걸쳐 제동을 걸어왔다는 것은, 많은 점에서 그가 참으로 대담한 충동을 느껴왔다는 증거처럼 생각된다.

어떤 순간에 자기 자신에게, 또는 자기의 내면에 잠재한 힘에, 또는 자신의 본능이나 욕망이나 감정에 두려움을 느끼고, 자기가 어떤 행동을 할지 모른다는 불안에 사로잡혔다고 얼마나 많은 사람이 내게 고백했던가. 그 힘이 좀 더 약했더라면, 그들은 좀 더 마음 편하게 그 힘이 나타나는 대로 놓아두었을 것이 틀림없다. 극단적인 억제는 오히려 과도한 정열의 나타남처럼 생각된다.

이 '……처럼 생각한다'는 말을 나는 가끔 사용했다. 이것은 참된 인간의 본성이 무엇인가를 물을 때 직면하게 되는 곤란을 보여주는 것에 지나지 않는다. 적어도 우리가 말할 수 있는 것은, 의심의 그림자는 언제나 남는 것이어서, 공무원의 양순한 생활 방식과 그의 내적인 모험가적 생활 중에 어느 것이 그의 참된 본성인지 아무도 확신을 갖고 말할 수 없다는 것이다.

전자가 표면에 나타나 있다고 해서 그것을 단 하나의 참된 것이라 생각하는 반면, 후자를 무시하고 내용 없는 신화처럼 다루려 한다면, 이 사람의 성격을 아주 잘못 알게 될 것이다. 아무리 숨겨져 있더라도, 그의 상상 속에서 펼쳐지는 대담한 생활은 그에게 역시 무시할 수 없는 것이고, 매일매일 되풀이되는 비참한 생활보다 중요한 것이기도 하다. 그가 참으로 자신의 심정을 인정하는 것은 꿈속에서이고, 완전히 자동적으로 보이는 외면의 모습은 오히려 강요된 것이다. 그렇지만 모험을 꿈꾸는 그의 모습만을 참된 인간이라 생각하고, 겁을 먹은 그의 외면은 그의 본질과는 관계없는, 단지 교육에 의해 몸에 걸치게 된 의상에 지나지 않는다고 보는 것 또한 잘못이다. 외부의 영향은 우리 내면이 그 외부에 응할 때 비로소 효력을 발휘한다. 이는 마치 침략자가 자신의 편이 되어 나라를 내놓으려 하는 배신자에게 기대를 거는 것과 같다.

문제를 명확히 하기 위해 다른 경우를 생각해보기로 하자. 이것도 한 공무원에 관한 이야기다. 그는 자기 인생의 가련한 외면과 자기 마음속에서 활활 타오르는 것처럼 느껴지는 풍요함 사이의 불균형을 통렬히 느끼고 있다. 마치 자기를 표현하지 못하는 예술가처럼 사실상 그는 참된 예술가다. 나는 그가 결국은 완성하지 못하고 공표도 하지 못한 채 몰래 서랍에 숨겨두었던 노트를 보았는데 여기에는 틀림없이 그의 예술가적 자질이 드러나 있었다. 이렇게 해서 나는 모든 사람이 간과했던 그라는 인간의 일면을 알게 된 것이다.

나는 사르트르가 이 혼돈한 내적 세계를 완전히 부정함으로써 인간의 문제를 부당하게 단순화했다고 생각한다. 사실 아직 드러나지 않았을 뿐 내적 세계에서 하나의 작품이 충분히 가다듬어지고 있는데도 말이다. "라신의 천재성은 그의 일련의 비극에 있을 뿐 그 밖의 아무것도 아니다"[7]라고 그는 말한다. 그러나 지금 내가 쓰고 있는 이 책은 적어도 5년이 넘도록 마음속에서 가다듬어져온 것이다. 2개월 전에 내가 죽었다면, 이 책 속의 한 줄조차도 빛을 보지 못했을 것이다. 설령 그렇다 하더라도 다만 나의 참된 인간을 알고자 하는 것이라면 이 책을 쓴 것은 가치 있는 일이라 하겠다. 한 작품에 있어서는 실제적인 제작 과정보다는 제작 과정을 생각해낸 것이 더 결정적인 의미를 갖기 때문이다.

나는 내 첫 번째 책을 출판하기 전에 친구들에게 원고를 보여주었다. 그들의 의견은 매우 호의적이었으나, 그럼에도 몇 가지 의견은 무척 당혹스러웠다. 그래서 그 후로는 한 줄을 쓰고 나면 곧 보잘것없는 것처럼 생각되었고 결국은 반년 동안이나 그대로 내버려두고 말았다. 자칫하면 완전히 단념할 뻔했다.

내가 불모로 보이는 생활 속에서 외적 조건이나 내적 회의로 인해 표출되지 못하고 있는 어떤 작품의 밑그림을 발견하고 얼마나 감동했는지 독자 여러분은 알 수 있으리라고 믿는다. 가능성으로서 숨겨져 있는 존재가 사르트르가 말하는 의미의 '실존'으로 변하는 과정에서 어디까지가 그의 인간의 내면에 바탕을 두고 어디까지가 외적인 사건에 의거하는지는 분명하게 구별하기 어려운 것이다.

내 친구인 그 공무원 ─ 한편으로는 예술가인 ─ 은 이제 부모가 자신에 대해 만든 이미지대로 겉보기 모습을 형성했음을 이해했다. 부모는 그의 형제들을 자랑하면서 그는 안 좋은 아이로 취급했던 것이다. 우리가 앞에서 언급한 내부의 적이란, 바로 프로이트 학파에 의해 밝혀진, 사랑에 대한 유아의 강한 욕구다. 그는 이 욕구에 쫓겨서 자기 자신을 부모가 원하는 모습으로 만들려 했던 것이다. 그런데 비극적인 것은 그의 부모가 그보다 다른 형제들을 좋아한 데는 완전히 다른 차원이 있었다는 사실이다. 따라서 그는 부모가 원하는 모습으로 되려고 시도함으로써 바라고 있던 사랑을 받게 된 것이 아니라 오히려 자신의 본질을 왜곡시키고 말았던 것이다. 또한 내부의 적이란 심층심리학이 밝힌 보다 무의식적인 요인, 즉 유죄 망상이기도 했다.

그러나 더 깊게 분석하지 않더라도 암시의 힘이 지닌 믿을 수 없을 만큼의 강도를 생각해보면 된다. 어떤 아이를 언제나 거짓말쟁이로 다루면, 그 아이가 정직해지려 해도 언젠가는 거짓말쟁이가 된다. 어린아이일 때는 허구의 이야기와 현실의 경계를 확정하지 못한다. 아이는 모든 사람에게서 옛날이야기를 듣는다. 그리고 자기도 이야기를 꾸며내는데, 그 이야기를 마치 사실인 것처럼 이야기하는 동안 어느 틈에 거짓말쟁이라고 불리게 되는 것이다.

어떤 아이는 무능하다는 말을 듣는 동안 자기 마음속에 있는 것도 표현하지 못하는 무능한 자가 된다. 아주 귀엽게 생긴 한 여자아이가 있었는데, 그녀의 어머니는 언제나 딸을 보고 못생겼다고 말했다. 그것은 딸이 자만심을 갖지 않도록 하기 위해서였을 것이다. 또는 무의식중에 흔히 있는 일이지만 어머니는 이 아이가 자리를 무색하게 만들지도 모른다고 걱정했을지도 모른다. 어쨌든 이 아가씨는 자신의 외모에 자신을 가질 수 없었다. 그로 인해 남자가 자신을 찬탄의 눈빛으로 찬찬히 바라보면 자기를 경멸하는 것이라 생각하게 되었다.

다른 사람들이 붙인 이름표는 상당한 암시의 힘을 미친다. 그것은 특히 유아기에서 볼 수 있지만, 전 생애에 걸쳐서도 마찬가지다. 유약한 어떤 소년을 예로 들자. 소년이 열두 살 때 아버지가 돌아가셨다. 어머니는 그를 여자아이처럼 다루고, 아버지가 쓰던 면도기를 "너에겐 이런 건 소용없어" 하며 다른 사람에게 줄 정도였다. 참으로 유감스러운 일이지만, 의사들도 부지중에 환자들에게 이렇게 위험한 암시를 줄 때가 흔히 있다. 그것은 의사들이 과학적이라는 신뢰를 얻고 있는 만큼 더 강력할지도 모른다. 어떤 환자가 무슨 장애로 담즙을 토했을 때, '당신은 간장이 약하군요'라고 말하면, 환자의 마음속에 그 말은 언제까지나 남아서 그의 건강이 정말로 나빠지는 경우가 있는 것이다.

암시의 힘은 국내외를 불문하고 정치 문제에서 일어나는 일을 보면 쉽게 이해할 수 있다. 어떤 정당이나 정부든 암시의 힘을 얼마나 이용하려고 하는가. 미국의 통계에 나타난 것을 보면, 참으로 독립적인 정신을 소유한 사람은 7%를 넘지 못한다. 그렇기 때문에 대다수 속에서 여론이 형성되는 것이겠지만. 이것은 정반대되는 선전을 듣고 있는 다른 국민들에게는 어처구니없을 만큼 바보스러워서 믿을 수 없는 일이지만, 그들에게는 성실성이 모자란다고 할 수밖에 없다. 이렇게 해서 어떤 국민이든 다른 국민을 볼 때는 얼마나 편협한 동기가 여론을 지배하고 있는지 알 수 있다. 그러므로 심리학은 다른 나라의 민중의 움직임에 비추어 보았을 때만 비로소 민중의 심리를 해명할 수 있다.

이러한 암시의 힘에 습관의 힘도 덧붙여서 생각해야 할 것이다. 파스칼은 이미 습관을 인간의 제2의 천성이라고 말했고, 우리도 습관을 인격의 일부로 본다. 나는 어제 신문에서 다음과 같은 스페인 속담을 보았다. "습관은 처음에는 거미줄 같으나 마침내는 굵은 밧줄이 된다." 환자 중에 생활 조건 때문에 언제나 체념과 포기의 태도를 취할 수밖에 없었던 한 젊은 아가씨가 있었다. 우리는 몇 달 동안 치료에 정성을 기울였고 그녀의 마음속에서 좋은 변화가 일어나는 것처럼 보였다. 그러나 그녀가 고백한 바에 따르면, 고정된 습관에서 도저히 벗어날 수 없다는 것이다. 그녀는 마치 너무나 오랫동안 개집에 묶여 있었던 나머지 풀려난 다음에도 습관적으로 정해진 범위를 벗어나지 못하는 개 같았다.

아주 이상한 말처럼 생각되겠지만, 인간은 고통에도 익숙해지는 것이다. 가령 그 고통에 저항하는 경우에도 그렇다. 어떤 사람들은 몹시 괴로워하던 곤란한 문제가 해결된 순간에 오히려 기묘한 낙담을 경험한다. 마치 그들의 존재가 이미 고통 없이는 존재할 수 없게 된 것 같고, 마치 이 고통으로 인해 생긴 인내력에 익숙해진 것처럼. 오랜 장마철에는 푸른 하늘을 갈망하지만 푸른 하늘이 다시 나타나면 허망하다고 생각하는 것이다. 우리 영혼의 기상학도 사정은 다르지 않다.

이와 같이 보상 메커니즘에 의해, 또한 암시나 습관의 작용에 의해 모순되는 여러 경향이 마음속에 발달하는 것을 볼 수 있다. 그런데 이 경향은 이윽고 고정되고 강화된다. 그리고 모순이 크면 클수록 생명이나 자연적 감정은 억압된다. 한 켤레의 스키를 평행으로 유지하지 못해서 쓰러지고 마는 스키 초보자처럼, 이 경우 스키는 두 다리를 더욱 벌어지게 할 뿐이다. 이 모순되는 힘 사이에서 찢기고 있는 인간의 모습을 내 진찰실을 찾아오는 사람들에게서 매일 발견한다. 겉보기에는 매우 내성적인 사람이 사실은 가장 강렬하게 사람들과의 사귐을 바라고 있는 사람이거나, 외견상으로는 가장 사교적인 사람이 사실은 참을 수 없는 마음의 고독을 사람들과의 눈부신 접촉을 통해 잊으려고 하는 사람인 경우도 있다. 또는 자신에 넘쳐 보이는 사람은 다른 사람 앞에서 그러한 태도를 보임으로써 오히려 자기 자신을 침착하게 만들려고 한다. 그러나 이 연기는 그를 부러워하고 그에게 열등감을 느끼는 사람들의 직감까지도 속이지는 못해서 '그의 자신 있는 태도는 연극에 지나지 않아'라는 말을 듣게 되는 것이다.

어느 날 군대에서 공포심에 관한 연설을 한 적이 있다. 거기에는 친선 방문차 우리 나라를 찾아온 외국인 장교도 있었다. 그는 대전 때 보여준 용감한 행동으로 훈장까지 받았지만, 매우 성실한 태도로 토론에 가담해 도대체 자기가 용기에 의해 행동했는지 또는 공포에 의해 행동했는지 알 수 없다고 고백했다. 내게는 그가 그렇게 말함으로써 참된 용기에 대한 최선의 증거를 보여준 것이라 생각되었다. 그러나 우리 자신이 그처럼 성실하려고 한다면, 자기 행위의 참된 동기에 헤아릴 수 없는 불확실성이 있음을 인정해야 한다. 동기는 겉으로 보이는 것과 완전히 다른 경우가 많다. 어느 대담한 등산가가 내게 고백한 바에 따르면, 사람들은 모두 자기를 칭찬하지만 자신은 언제나 공포에 사로잡혀 있음을 잘 알고 있다. 그 등산가의 모험심은 이런 공포에 어떤 대상을 부여하는 한 수단인데, 구체적인 공포가 막연한 불안보다는 참기 쉽기 때문이다.

스스로는 별로 자신이 없고 열등감의 포로가 되어 있는데, 사람들은 정작 그를 자신만만한 사람으로 생각하는 경우가 있다. 이 경우 그의 허세는 자신을 갖지 못하는 데 대한 보상작용이지만, 실제로는 잘되고 있지 않은 것이다. 한편으로는 솔직히 드러내고 숨기지 않으려 함으로써 허세를 부리는 사람도 있다. 어떤 사람은 스스로를 확신에 찬 출세욕의 화신으로 생각하면서도 사실은 단순한 걱정꾼에 지나지 않는 경우도 있다. 또 어떤 사람은 일에 대한 헌신적인 노력과 능력을 평가받으면서도 사실 자신의 활동이 단순하고 비근하고 유쾌하지 못한 일을 피하기 위한 것에 지나지 않는다고 고백하기도 한다. 그는 "사실 전제 자신을 게으름뱅이라고 생각합니다"라고 내게 말했다. 또 언제나 철저하게 정확성을 지키면서도 자신의 그늘진 행동을 웬만해서는 고백하지 못하는 사람이 있는가 하면, 언제나 대단히 진지한 사람이 어린아이 같은 버릇을 갖고 있으면서도 교묘하게 숨기고 있기도 하다. 어떤 종교가는 자기 인생의 견딜 수 없는 비극을 내게 털어놓았다. 모든 사람이 그를 마음이 맑은 신앙인의 표본처럼 생각하지만 그 자신은 언제나 성적 망상에 사로잡혀 있다는 것이다.

집 안과 밖에서 하는 행동이 완전히 다른 사람은 또 얼마나 많은가. 집에서는 왕자처럼 군림하면서 밖에 나가서는 다른 사람을 위해 몸을 아끼지 않는 사람도 있다. 집에서는 권위적이고 독선적이어서 곧 분란을 일으키는데 밖에서는 참을성이 많고 사람들과 잘 어울리는 사람도 있다. 집에서는 말도 안 하고 가족과 가까이 하지 않으면서 밖에 나가면 말이 많고 상냥하기도 하다. 이런 일은 얼마든지 있다. 전도에 열심이고 높은 평가를 받는 목사가 아내와 둘이 있게 되면 기도조차도 할 수 없다고 고백한다. 누구를 막론하고 마음속에서는 신앙과 의혹, 사랑과 미움이 얼크러져 있다. 그렇지만 나는 인간의 마음속에 있는 이러한 모순을 여기서는 단지 심리학적 관점에서만 다루어왔다. 성 바오로가 로마인에게 보낸 편지에서 말한 의미에서의 도덕적인 비극에 대해서는 언급하지 않은 것이다. "내가 해야겠다고 생각하는 선은 행하지 않고, 해서는 안 되겠다고 생각하는 악을 행하고 있습니다."[8]

이러한 인간 감정의 비논리적이고 모순된 성질을 깨닫는 것은 대단히 어렵다. 아버지에게 깊은 애정과 더불어 격렬한 증오를 느끼고 있는 한 청년이 있었다. 자기가 느끼는 대로 내게 말하게 되기까지 나는 그와 상당히 깊게 사귀어야 했다. 그런데도 그는 만일 아버지에 대한 증오를 내게 고백하면, 내가 아버지에 대한 그의 애정―이것은 틀림없이 진실이지만―을 의심하지 않을까 걱정했다. 메다 박사의 환자 중 한 사람이 주인에 대한 깊은 존경심을 부정한 일이 있다. 주인이 그에게 큰 상처를 주었기 때문이다. 의사는 이럴 때 그의 마음속에서 꿈틀거리는 모순된 감정을 정직하게 고백하도록 도와주어야 한다. '인간의 마음속에 존경과 사랑이 있더라도, 동시에 증오도 품을 수 있지 않겠습니까?'라고 환자에게 물어야 한다.[9]

분명히 인간의 마음속에는 희망과 절망, 환희와 비애, 고뇌와 신앙과 같이 완전히 모순된 감정이 공존한다. 내 마음속에서는 씻어버릴 수 없는 의혹을 감동적으로 말해준 신앙심 깊은 한 여성의 모습이 떠오른다. 그녀는 내게 오기 전에 목사를 만나러 갔다. 그런데 목사는 "당신이 의심을 한다고? 당신과 같은 훌륭한 독신자가!"라고 하며 이야기를 들으려고도 하지 않았다고 했다.

아이가 병들었을 때 어머니가 걱정하는 것은 당연한 일이다. 그러나 아이의 간병을 할 수 있다는 사실로 인해 무의식 속에서는 무척 기뻐할지도 모른다. 아이는 건강할 때면 항상 그녀 곁을 떠나 있다. 그러나 병에 걸리면 응석받이로 되돌아오고 그녀가 아이 옆에서 어머니로서의 역할을 수행하게 함으로써 본능적인 만족을 느끼게 해준다. 그런데 아이들은 매우 직관적이어서 자기가 어머니를 기쁘게 하고 있음을 느끼고, 그 결과 병이 좀처럼 낫지 않아 마침내는 병약한 어린아이가 되는 것이다.

수용과 반항에 대해서도 사정은 마찬가지다. 나는 전에 반항이 어떤 점에서 생명력을 약화하고 치료를 방해하는지 밝힌 적이 있다. 하지만 자기의 병과 나약함, 인간의 본성이나 생활환경 때문에 생기는 한계를 그대로 받아들임으로써 육체적·정신적 건강에서 결정적인 역할을 하는 내적 조화의 세계에 들어설 수 있다. 독신 생활을 결심한 여성을 예로 들어보자. 독신 생활을 더 풍요하고 건강한 생활의 조건으로, 또는 하나님의 소명으로 받아들인 그녀조차도 이에 반항하는 기분이 자기 마음속에 남아 있는 것을 곧 깨닫고, 매일 그 기분에 맞서서 극복해야 한다는 것을 알고 있다. 이처럼 자신을 명확하게 알고 있는 여성은 아무런 반발 없이 독신 생활을 받아들였다고 자랑하는 여성보다도 훨씬 순수한 자기 포기에 도달할 수 있으리라고 생각된다.

마찬가지로 어머니는 자녀가 자기를 떠나서 인생 속으로 뛰어드는 것을 보고 슬퍼하는 동시에 매우 기뻐하기도 할 것이다.

우리는 언제나 이성의 인도를 받고 있다고 믿지만, 실제로 우리를 인도하는 것은 감정이지 이론이 아니다. 분명히 이성은 행동을 정당화하는 논거를 제공한다. 그래서 우리는 논리적으로 보이지만, 사실은 매우 비논리적이다. 여기서 새로운 모순이 생긴다.

부인들의 뜨개질 모임, 신사들의 동호회, 각종 위원회 등에서 이루어지는 친구들끼리의 극히 단순한 대화에서 학자들의 회합이나 국제적인 정치적 대회의에 이르기까지 이 세상 모든 만남에서 이루어지는 논의는 분명히 객관적이고 논리적인 형태로 진행된다. 그러나 실제로 사람들은 자신의 본능, 감정, 타고난 경향이 명령하는 태도를 취하고 이 태도를 옹호하는 것에 지나지 않는다. 공포나 질투나 어린아이 같은 찬탄이나 무의식적 의도가 지적인 논의의 밑바닥에서 꿈틀거리고 있는 것이다.

정신적 또는 지적 경험에는 언제나 감정적 경험이 따른다. 우리는 자기와 같은 신념을 지닌 사람들과 어울렸다고 생각하면 기쁨을 느끼고, 함께 논쟁을 했다는 것만으로 그를 사랑하고 또한 그 사람도 우리를 사랑한다. 교단이나 정당에서 또는 칼 마르크스, 성 토마스 아퀴나스, 칼 발트, 루돌프 슈타이너, 프로이트, 베르그송, 키르케고르 등을 읽으면서 그런 경험을 한 사람은 스승보다도 더욱 정열적으로 스승의 체계를 끊임없이 순수하게 옹호하려 한다. 모든 논의에서 논쟁자 사이에 어느 정도로 참된 접촉, 즉 순수한 대화가 오갈 것인가? 오히려 오가는 것은 독백의 엇갈림에 지나지 않는다. 그리고 서로 확신을 갖고 전개한 논리적인 논의가 상대를 설득하는 데 얼마나 도움이 되지 않는지 알고 놀랄 뿐이다.

한편 우리가 자신의 의견을 지배하고 있는 감정적이며 전적으로 개인적인 동기를 서로 고백한다면, 논의는 얼마나 다른 양상을 띠게 될 것인가? 부모에 대한 원한이 있는 청년이 무정부주의자가 되거나 돈을 잃을까 걱정하는 부자가 공산주의 반대자가 되기도 한다. 어떤 위원회에서 동료들의 모든 제안에 빠짐없이 반대하는 회원이 있다면 질투 때문일 공산이 크고, 여성 참정론자가 되는 여성은 어머니를 학대하는 아버지에게 복수하려는 의도가 있을 수 있으며, 어떤 남성이 여성권 확장 반대론자가 되는 것은 아내에게 눌려 사는 것의 한을 풀기 위해서인 경우도 있다.

나는 방금 국제인간의학회의 지도원 회의에서 돌아온 길이다. 우리는 참된 인간은 무엇인가 하는 문제에 관심을 갖고 있다. 그러므로 각자의 관념이나 의견이 일반적으로 생각하는 것처럼 객관적인 것이 아니라 각자의 개인적 체험에 굳게 연결되어 있음을 이해하고 있다. 저녁에 나는 분명히 전날 우리의 논의에 대한 나의 깊은 반응이라 생각되는 꿈을 꾸었다. 아침에 나는 이 꿈을 친구들에게 이야기했다. 정신분석학자인 친구는 곧 나의 관념 연합에 대해 질문을 시작하고, 나의 꿈을 분석하고, 그렇게 함으로써 우리의 논의에서 내가 취한 태도를 다시금 밝히려고 했다. 데카르트적 합리주의자인 외과의로서 이러한 천착에는 별로 익숙하지 않은 한 친구는 우리가 근거도 없이 의심스러운 해석을 날조하는 것은 아닌가 하는 태도를 취했다. 그러나 나는 이를 통해 우리가 어제의 논쟁 때보다도 훨씬 확실하게 현실과 접촉할 수 있었다고 분명히 느꼈다.

다만 이 꿈에서 한 가지만은 애매하게 남아 있다. 그것은 어떤 옷이 선명한 적색을 띠었다는 것인데 이 점에 정신분석학자인 친구는 큰 흥미를 보였다. 설왕설래하는 중에 이 일에 대해서는 아무것도 모르는 내 아내가 다가왔다. 그래서 친구는 곧 아내에게 물었다. "남편이 꾼 꿈속의 붉은색이 무엇을 의미한다고 생각하나요?" "화가 난 것을 참고 있는 게 아닐까요?"라고 아내는 대답했다. "그렇게도 화가 많이 났을까요?" "물론이죠. 무언가 불만을 가질 때 나는 당장 발산해버리는데, 이분은 내색도 하지 않아요. 그런데 후에 그 일에 대해 말하면, 이분은 자기도 나만큼 화가 났지만 그걸 나타내지 않았을 뿐이라고 털어놓지요."

이렇게 해서 아침은 지나갔다. 그러나 이것이 지적인 논의보다도 얼마나 우리의 상호 이해와 위원회의 의견 일치에 도움이 되었던가. 돌아오는 길에 나는 어떤 모임에서든, 가령 그것이 정신분석학자의 모임이라 하더라도 회원의 꿈을 분석하기 시작하면 얼마나 도움이 될지 생각했다. 그렇게 하면 이전부터 벌어진 성격상의 대립 따위는 곧 해명되고 훨씬 쉽게 해결될 것이다.

나는 지금까지 인간의 모습을 자신이나 다른 사람의 마음속에서 전개되고 분명히 눈에 보이는 모습 그대로 제시해왔다. 만약 무의식 전문가에게 붓을 넘겨준다면, 어떻게 될까? 그가 거기서 발견하는 것은 환자가 그때까지 자기 자신에 대해 그려온 이미지와는 훨씬 다를 것이리라. 우선 프로이트는 교묘하게 숨겨져 있기는 하지만 인간의 모든 행위를 모르는 와중에 지배하고 꿈이나 무의식적 행동에 나타나는 은밀한 욕망, 또는 근원적이고 매우 강력한 충동의 세계를 분명히 제시했다. 아들러는 인간 존재에게 있어서 모든 일이 어느 정도로 열등 콤플렉스에 대한 보상작용에 의거하고 있는지 증명했다. 그리고 융은 다채로운 뉘앙스를 갖고 이러한 무의식의 세계가 지닌 메커니즘에 대한 인식을 더욱 확대했다. 그는 이 세계에 선조전래적(先祖傳來的)·집합적 요소나 고태형〔古態型, 선조 때부터 이어져 내려오는 무의식적 사고나 심상. 신·영웅·아니마 따위〕이라고 불리는 정신적 인자가 있음을 증명했다.

우리는 프로이트에 대해 다음과 같이 비난할 수는 있다. 즉 그 당시까지 생각해온 것보다 인간은 훨씬 복잡한 존재임을 밝히면서도 그 극도의 다양성을 기준화된 도식에 환원시킴으로써 간단히 설명할 수 있다고 한 점이다.[10] 융에게는 이러한 불만을 말할 수 없다. 융이 말한 바에 따르면,[11] 어느 날 그는 인간이 서로 얼마나 다른 존재이고 그 차이 속에 인간의 풍요성이 얼마나 나타나 있는지 알았을 때 거의 신비하다고 할 만한 감동을 느꼈다고 한다. 융이 그런 사실을 이미 알고 있었던 것은 분명하다. 그러나 그것을 느낀다는 것은 완전히 다른 일이고, 그 때문에 그는 독단적인 개괄을 피할 수 있었다.

그러나 여기서 문제로 삼고 있는 '참된 인간'이란 더욱더 복잡한 문제다. 융의 심리학이 밝힌 것은 인간의 모습에 아주 모순된 경향의 대립이 있다는 것이다. 예컨대 지성과 감정의 대립, 직관과 실제 감각의 대립, 또는 남성적인 논리의 원리인 '아니무스'와 여성적 감정의 원리인 '아니마'의 대립〔융 자신이 사용한 언어로서, 아니마는 남성이 갖는 무의식적인 여성적인 감정을 일컬으며, 아니무스는 여성이 갖는 무의식적인 남성적 감정을 일컬음〕, 의식과 무의식의 대립 등이다. "일반적인 규칙으로서 무의식의 내용은 의식적 상태와 대조를 이루고 있다"고 그는 말했다.

이런 일은 우리가 매일매일 확인할 수 있는 일이다. 우선 프로이트가 지적한 본능의 반도덕적 충동과 환자가 분명히 표현하는 의식적인 도덕, 교육과 사회에 의해 강요된 도덕의 대립이다. "제 진짜 마음은 아주 순수합니다"라고 어떤 여성 환자는 진지하게 말했다. "전 지금까지

성적 본능에서 탈피한 줄 알았습니다"라고 말한 또 다른 여성도 있다. 또는 언젠가 전혀 다른 일로 고민하던 어떤 여성이 "제 경우에는 성이 문제가 된 적이 한 번도 없었습니다"라고 말했다. 그래서 당연한 일이지만 나는 그녀를 프로이트 학파의 동료에게 보냈다. 이러한 환자들은 그와의 접촉을 통해서 자기가 생각하고 있던 것과는 아주 다른 자기를 발견하기 때문이다. 우리가 어른이라고 생각하는 사람들에게 유아적인 태도나 반응이 얼마나 남아 있는지 보여준 것도 프로이트 학파였다. 분명하고 냉정하며 자기에게 엄격한 한 여성이 마음 깊숙이 완전히 억압당한 채로 남아 있는, 놀라울 정도로 응석을 부리고 싶어 하는 기분을 발견할 때도 있다. 또 어떤 불능증 환자는 자기가 약한 것이 자기 기질을 숨기기 위한 가면임을 인정하기도 한다. 자기 기질이 너무나 강한 나머지 기질에 두려움을 느끼고 있는 것이다. 또 그는 여성에 대해 느끼는 무관심이 첫 번째 가면을 숨기기 위한 두 번째 가면임을 인정한다.

그러나 인간의 마음속에는 융이 가르쳐준 다른 모순이 많이 있다. 한 지식인을 예로 들자. 그는 겉으로 보기에 아주 지적으로 보이고 종교조차도 그에게는 추론의 결과로 보이는 것 같다. 도박이나 운동도 그에게서는 모든 환상이나 쾌락이 사라지는 과학, 계산, 방법적 연구로 모습을 바꾼다. 그렇지만 그는 스스로는 의식하지 못하는 감상주의자다. 그는 연극을 보러가는 것을 주저한다. 연극을 보다 보면 너무 일찍 눈물이 나와 부끄럽기 때문이다.

한편 어떤 실증주의자의 경우 온갖 형이상학적 선입관에 사로잡혀 있지 않다고 스스로 믿고 있으나, 사실은 종교적 불안에 쫓기고 있음이 분명한 때도 있다. 다만 그가 의식하지 못했을 뿐인 것이다.

몇 년 동안 이 의사 저 의사를 찾아다닌 의기소침한 남자가 있다. 그는 자기가 암에 걸렸다고 믿고 있는데 의사는 이를 알아내지 못하기 때문에 곧 죽을 것이라며 겁을 내고 있었기 때문이었다. 고뇌와 절망이 그의 마음속에 가득 차서 마침내는 이를 표현할 말조차도 없게 된 것이다. 그럼에도 그의 마음속에는 분명히 희망이 숨겨져 있을 것이다. 왜냐하면 그는 마차나 자동차로 곤란한 여행을 하는 꿈을 아주 자주 꾸는데, 이 여행에서 차바퀴는 진흙에 빠지거나 여러 장애를 만나거나 펑크가 나거나 아주 가파른 언덕을 오르거나 하지만, 마침내는 진흙에서 빠져나오고 장애를 극복하고 고장을 고치고 언덕 위에 도달할 수 있는 것이다. 그는 자기가 너무나 지쳤다고 생각하고 무력감에 사로잡혀서 단지 약이나 외과 수술 등 외부의 원조만을 기대하고 있다. 실은 그는 가게로 물건을 사러 가는 꿈도 꾸는데, 그 꿈에서 아무리 찾아도 찾는 물건이 없어서 다시 생각해보면 집에 있다는 것이 퍼뜩 떠오른다.

'자기의 그림자를 거둬들인', 즉 자기 마음속에서 자기 마음에 들지 않는 모든 것에 정신의 눈을 감아버린 이상주의자의 경우를 생각해보자. 그는 분명히 자연스러운 마음으로 "나는 죄가 없다"고 말한다. 그러나 물론 그의 아내가 지닌 의견은 다르다. 그가 정의 실현이라는 매우 고귀한 싸움에 전념하고 있는 동안 그녀에게 어떤 고통을 주었는지 그는 전혀 깨닫지 못한다. 여기에 바뤼크 교수가 생생하게 말한 도덕적 의식의 억압이 있다.[12] 그는 여기서 공격성의 숨은 원천을 발견하지만, 프로이트 학파는 거꾸로 공격성을 원초적인 것으로 생각한다.

주지하다시피 반세기 동안 심리학적 인식은 놀라운 진보를 이루었 그러는 사이 문제를 해결했다기보다 오히려 더 많은 문제를 제기했다.

인간은 더욱 복잡해지고 모순을 보이고 파악할 수 없는 존재로 보인다. 참된 것은 무엇인가? 틀림없는 것은 무엇인가? 모든 위장을 벗어버린 참된 인간이란 무엇인가? 환자의 경우나 건강한 사람의 경우나 이것이 분명하지 않다는 것은 이미 고찰한 바와 같다. 이런 정신분석학적 전망에 따르면, 그들이 자기 자신에 대해 알고 있다고 생각하던 것은 모두 무너져버리는 것으로 느껴진다. 그들은 선이나 악, 진리 또는 어떤 확실성이라는 것이 과연 존재하는지 스스로 의심하는 것이다.

게다가 정신분석이 인간 영혼의 모순을 감소하는 일은 결코 없다. 정신분석학자는 이를 인정할 만한 성실함과 겸양은 지니고 있다. 그들의 방법은 중증의 정신적 폐쇄나 고뇌를 치료하는 한 수단, 그들의 환자들에게 행복, 정상적인 활동, 사회생활을 어느 정도 가능하게 하는 한 방법에 지나지 않는다. 그러나 몇 달 몇 해를 분석해보더라도, 이 환자들은 당신이나 나와 마찬가지로 콤플렉스, 내적 갈등, 상반성으로 가득 차 있다. 상반성이라는 인간만의 운명을 더듬어보면, 인간이란 연구하면 할수록 더욱더 모순된 감정이나 갈망 사이에서 찢기고 있음을 분명히 알 수 있다.

융이 '통합'[정신적 요소가 조화를 이룬 구조가 되는 것]이라 부르는 것이 결코 영혼의 단순화는 아니다. 반대로 통합은 마음의 숨겨진 경향을 서서히 인식하는 것이고 자아의 총체, 즉 무한히 착삽하고 모순된 총체를 명석하고 용감하게 받아들이는 것이다. 따라서 이것은 매우 흥미 있고 실제적인 가치를 갖고 있지만, 인간 자체의 문제는 여전히 애매하게 남아 있다.

사실상 중대한 문제가 제기된다. 정신분석을 하면, 영혼의 무의식적인 움직임은 의식적인 생활의 움직임과는 완전히 다르다는 것을 알게 된다. 하지만 그렇다고 해서 참된 인격은 무의식의 충동에 의해 구성된 것이고 의식적인 생활은 교육이나 위장된 심리적 메커니즘에 의해 옷처럼 입힌 가면에 지나지 않는다고 말할 수 있는지 하는 것이다. 정신분석학자의 책을 읽으면, 그들은 그렇게 생각하려고 하는 것 같다. 나 자신도 앞에서 보기에는 허영심이 강한 사람이 실제로 자기 자신에 대한 의혹과 열등감에 사로잡혀 있는 예를 들었다.

이 '실제로'라는 표현은 외적인 현실을 설명할 수 있는 숨겨진 사실을 발견하고 감명을 받았을 때, 자연히 나오는 말이다. 그러나 그것은 무의식적 생활만이 진실하다고 생각하게 함으로써 혼란을 일으킬지도 모른다. '영혼의 기능'의 일람표를 작성하는 데만 전념했던 고전심리학은 심층심리학이 발견한 무의식적 인자는 인식하지 못했다. 하지만 지금 심층심리학은 의식적 생활의 중요성을 과소평가할 위험이 있다. 예컨대 여기에 평생 실패만 거듭해온 남자가 있다. 고전심리학은 그에게 의지가 부족하다고 생각하겠지만, 심층심리학은 이 경우 더 깊고 정연한 해석을 제공한다.

그렇지만 그를 실패로 밀어붙인 무의식의 메커니즘이 아무리 발견된다 하더라도, 그것이 그를 치료하는 데 불충분하다는 것은 이미 잘 알려진 사실이다. 이 경우에는 참된 재교육이 필요할 것이다. 그래서 나는 조만간에, 또한 의식하든 못하든 간에, 환자의 의식적 에네르기에 호소하지 않는 정신적 요법은 있을 수 없다고 생각한다. 보두앙 교수는 심리 현상 중에서 '관념의 힘이나 심정의 힘'이 우선적인 역할을 한다고 다시금 인정하려 하고 있다. 그러나 그는 곧 "참으로 의지적인 행동은 그 가치를 완전히 상실하지는 않았다"[13]고 덧붙인다.

다시 한번 말하지만, 인간에 대해 우리가 형성한 이미지를 쓸데없이 단순화하지 않도록, 다시 말해 무의식적 생활이든 의식적 생활이든 어느 한쪽을 경시함으로써 단순화하지 않도록 신중해야 한다. 우리는 인간의 모순 모두를 의식적이든 무의식적이든 간에 인간의 마음속에서 움직여야 하고, 현실적인 힘을 다른 것 못지않게 그대로 받아들여야 한다. 과학이 연구하는 모든 힘과 메커니즘은 겉보기 인간의 영역에 속한다. 참된 인간은 무의식적인 메커니즘에도 의식적인 기능의 작용에도 환원되지 않는다. 참된 인간은 우리의 객관적인 관찰에는 언제나 숨겨져 있다.

현대심리학자 중 많은 사람은 무의식적 인자가 더 중요하다고 보고 다소간에 그것을 참된 인간과 같게 보는 경향이 있지만 그것은 무의식적 인자가 변화하지 않는 성격을 갖고 있기 때문이다. "무의식의 세계는 결코 변하지 않는다"[14]고 융은 말한다. 그렇다고 해서 내 사진을 요구하는 사람에게 내 표정은 시시각각으로 변하지만 이것만은 변하지 않는다고 해서 내 두개골의 뢴트겐 사진을 줄 것인가? 오히려 표정이 쉽게 변하는 바로 그 이유 때문에 내 표정은 얼굴의 골격보다 개인적인 특색을 더 유동적으로 잘 나타낸다. 반면 내 얼굴의 골격은 다른 모든 사람의 골격과 매우 흡사하나.

게다가 무의식에서 발견되는 것이 더 객관적이라는 것도 결코 확실한 것이 아니다. 어떤 청년은 내게 '위대한' 꿈, 멋있는 꿈, '융이 말한 바와 같은' 꿈을 이야기해서 아마도 융을 기쁘게 했을 것처럼 나를 기쁘게 했지만, 그의 고백을 잘 들으면 그는 그 전날에 융의 책을 읽고 자신도 그 책에 나오는 것과 같은 아름다운 꿈을 꾸고 싶다고 열렬히 바랐던 것이다. 그는 나한테 이야기하고 싶다고 생각한 것을 무의식중에서 얼마나 꾸몄을 것인가. 여기서 내가 아이들에 대해 말했던 것을 다시 발견할 수 있다. 부모를 기쁘게 하기 위해서 부모가 바라는 대로 자기 자신이 겉보기의 인간을 바꾸는 어린아이의 예를.

정신분석이 제대로 되어갈 때 환자들은 다시 꿈을 꾸기 시작하다가 정신분석자와 싸움이 일어나면 다시는 꿈을 꾸지 않는다는 것은 잘 알려져 있다. 내가 특히 환자의 프로이트적 메커니즘에 흥미를 가지면, 그는 성적 억압과 '유아 퇴행'〔어른이 어린아이에게서 볼 수 있는 태도를 갖는 것〕의 징후를 보이게 된다. 이 환자에게 그의 증상을 융(Jung)적으로 해석해 더 큰 흥미를 보이면, 그는 그 여러 요소를 내게 제공해줄 것이다.

이렇게 해서 우리는 다시 내가 이 책 첫머리에서 제시한 문제로 되돌아왔다. 즉 관찰 결과에 대해서는 관찰자의 인격이 피관찰자의 인격에 못지않게 문제가 된다. 이 점을 충분히 고려해야 한다. 치료 효과가 있었다고 해서 그것이 확실한 기준이 되지는 않는다. 왜냐하면 환자가 의사에게 그의 학설의 자료를 제공하는 데서 기쁨을 느낀다면, 치료에 도움을 주는 요인인 전이에 성공할 조건을 만들어낼 것이라는 점은 분명하다. 그 환자는 의사와 대면할 때, 그의 아버지가 자기에게 만족하고 자랑을 느끼고 있다는 것을 알았을 때 어린아이에게 전개되는 것과 같은 상황에 놓이게 되기 때문이다.

2
생명

유토피아

지금까지 한 고찰을 통해서, 독자들은 귀스도르프 교수가 최근 저서[1]에서 자기관찰이 참된 인간을 발견하는 데 아무 도움이 되지 않는다는 것을 확증했다고 한 것에 놀라지 않을 것이다. 이미 예상했겠지만, 나는 그 책을 열심히 읽었다. 그 책은 한 철학자가 논증할 수 있는 최대한의 박식함과 명석함으로 내가 매일 진찰실에서 실제 경험해서 확인한 일을 완벽하게 설명해준다.

귀스도르프는 우선 그리스·로마인들이 개인을 문제 삼지 않고 오직 인간의 전형적 개념만을 밝히려 한 점을 상기시킨다. 소크라테스가 대화 속에서 '상대방에게 그들이 생각해보지도 않았던 갈등을 지적하려고' 노력했을 때조차도, 그의 목적은 갈등을 그 '특수성'에 있어서 파악하려 한 것이 아니라 오히려 인간에 대해 미리 생각된 '규범적 개념'을 밝히려 한 것이다. 플라톤의 대화편인 《크라튈로스》는 소크라테스가 분석의 한없는 심연을 엿보았음을 보여주고 있지만, 사실 소크라테스는 이 심연을 애써 피하려고 했다.

이와는 반대로 몽테뉴와 함께 역사에 새로운 태도가 나타난다. 그것은 자기관찰이라는 태도다. 인간은 있는 그대로의 자기를 발견하려 하고, 정말이지 어떠한 선입관이나 편견에 사로잡히지 않고 자기를 검증하려고 한다. "나는 아무것도 가르치지 않는다. 다만 말할 뿐이다"라고 몽테뉴는 말했다. 그리고 다음과 같이 덧붙인다. "당신이 비겁하고 잔인한지, 또는 성실하고 경건한지 하는 것은 오직 당신만이 알 수 있다. 다른 사람들은 당신을 보고 있지 않다. 그들은 단지 당신에 대해 불확실하게 추측하고 있을 뿐이다. 그들은 당신의 본성도 당신의 외면적 행위도, 그 어느 것도 보지 않는다."[2]

이 새로운 태도는 장 자크 루소에 이르러 완성된다. 그는 《참회록》 서문에서 자기 자신에 이르러 역사상 처음으로 "자연 그대로 정말로 진실하고 정확하게 그려진 인간상"을 보이게 되었다고 자부한다. 그 후로 성실이야말로 자기 발견을 위한 필요충분조건으로 생각되었다. "누구나 알고 있다시피, 자기 자신에 대한 성실성이 우리 시대의 덕"[3] 이라고 모리아크(François Mauriac(1885~1970))는 말했다.

현대에 들어와 상당히 보편적인 특징이 된 내적 일기의 시도도 이러한 태도에서 탄생한 것이지만, 나와 같은 나라 사람인 아미엘(Henri Frederic Amiel(1821~1881): 스위스의 문학자, 모럴리스트)은 세심한 주의를 기울여 이 일에 전 생애를 바쳤다.[4] 그런데 이 시도는 아미엘 자신도 고백했을뿐더러, 또한 그에 못지않은 성실성을 갖고 자신의 참된 인간을 파악하려고 한 모든 사람이 인정하듯, 결국은 헛된 일이 될 수밖에 없었다. 언제나 핵심적인 것이 빠져버리는 것이다. "이 일기를 본 사람은 누구나 나에 대해 극히 부정확한 관념만을 가질 것이다. (…) 나는 참으로 내게 중요한 것을 일기로 기록하는 데 끝내 성공하지 못했다"[5]고 쥘리

앵 그린〔Julien Green(1900~1998): 현대 프랑스 소설가〕은 말하고 있다.

자기 성찰은 자기 자신을 명확히 해석하게 하지는 못한다. 지드는 "36세가 되었어도 나는 아직도 내가 인색한 사람인지 낭비하는 사람인지, 많이 먹는 사람인지 조금 먹는 사람인지 알지 못한다"[6]고 쓰고 있다. 앞에서 인용한 몽테뉴의 말에 비해 얼마나 비극적인 대답인가. 그뿐 아니라 자기 성찰은 인간 자체를 변질시킨다. 클라우델〔Paul Claudel (1868~1955): 프랑스의 시인, 극작가, 외교관〕도 말하고 있는 것처럼, "사람은 관찰을 통해 자기 자신을 왜곡하고 있는 것"[7]이다. 자기 검증은 인간을 소모시킨다. 정신은 점점 자기 검증에 사로잡혀 세계와 신과의 연결이라는 정상적인 기능을 수행하지 못하게 된다. 정신은 불모일 뿐인 분석의 좁은 원환에 갇히게 되는데, 이때 인간은 편협해지고 왜곡되며 거짓된다는 문제가 끝없이 발생할 뿐이다.

인간의 본성에 대해 뛰어난 지식을 가졌던 성 프랑수아 드 살〔Saint François de Sales(1567~1622): 프랑스의 가톨릭 신비주의자〕은 이미 다음과 같이 말한 바 있다. "자기 마음속에서 일어나는 일을 너무나 알고 싶어 하는 정신 속에 신의 마음이 깃든다는 것은 있을 수 없는 일이다. (…) 당신이 두려움에 두려움을 품으면, 두려움에 두려움을 품은 것을 또한 두려워하게 된다. 당신이 불쾌를 불쾌하게 생각하면, 이번에는 그 불쾌에 불쾌감을 가진 것 때문에 불쾌해진다. 그것은 화를 내고서 나중에 화를 냈다는 것 때문에 화를 내는 사람과 같다. 그리고 이러한 일은 모두 수면에 돌을 던졌을 때 생기는 파문과 같은 것이다. 그것은 처음에는 작은 동그라미지만, 점점 커지고 또다시 차례차례 퍼져나간다."[8]

이제 "도대체 무슨 일이 일어났는가. 나는 내 마음속에서 청춘, 소박한 자발성을 죽여버린 것이다"라는 지드의 외침을 이해할 수 있다. 또한 그는 "일기의 문장을 잘 썼다는 기분이 모든 가치와 더불어 성실성마저 빼앗아간다"[9]고 쓰고 있다. 항상 자신의 참된 인간을 지치지 않고 추구했던 아미엘도 마침내는 "신중하지 못한 사고는 우리를 비인간화한다"[10]고 인정하기에 이르렀다. "자기 자신 이상으로 자신에게 인연이 없는 것은 없다"[11]는 니체의 말도 있다. 귀스도르프 교수는 "성실성은 접근하기 어려운 이상을 나타내는 것 같다"[12]고 결론을 내리고 있다.

청춘은 내적 일기를 쓸 나이다. 전 생애에 걸쳐서 내적 일기를 쓰려 한다면, 그들이 바라는 원숙에 도달하기는커녕 오히려 영원히 젊은이로 남게 될 것이다. 그런데 융은 청춘이 이상주의의 연대, '그늘을 죽여버리는' 연대, 자기 자신에 대해 심하게 오해하는 연대임을 보여주었다. 영원히 젊은이로 남는다는 것은 바로 자기 자신의 인격을 '통합'하는 데, 즉 인격의 전체성을 인식하는 데 실패했다는 뜻에 지나지 않는다.

내게 상담하러 오는 사람 중 많은 이가 그들의 내적 일기를 보여준다. 나는 그것을 읽는 데 꽤 많은 시간을 들여왔다. 나는 그들을 최대한으로 배려하고자 한 것이다. 그렇게 함으로써 그들이 내게 보여준 신뢰에 충분히 경의를 표시해야만 했기 때문이다. 게다가 그들의 일기를 읽는 작업이 결코 쓸모없지는 않았음을 덧붙여야겠다. 하나의 인생을 모든 양상 밑에서 발견하는 것은 멋진 일이다. 일기를 읽는 것이 쓸데없는 일로 생각된 적은 한 번도 없었다. 긴 이야기 끝에 서둘러서 써넣은 약간의 기술이 가끔 한 사람의 인생에 돌연 새 빛을 비추기 때문이다. 이는 분명히 내적 일기가 그 전체보다는 오히려 때때로 모순되는 여러 요소 때문에 가치를 지님을 잘 보여준다. 내적 일기는 인간 자체를 완전히 설명한다기보다는 연속적이기는 하지만 때로는 결합하기 곤란한 영혼의 상태를 그려주는 것이다.

따라서 인간은 언제나 자기 자신에 대해 신비한 것으로 남아 있다. 자신의 영혼을 들여다보고 분명하게 알려고 하면, 더욱더 당혹감을 느끼고 애매한 상태에 빠지게 된다. 어떤 외국인 여성이 자기 생애의 모든 것을 말하는 긴 편지를 보내왔다. 이 편지에서 그녀는 여러 경우에 자신의 설명이 덧없다는 것에 놀라서 다음과 같이 결론지었다. "전 어릴 적에 가난한 사람들을 위하는 수녀가 되고 싶었습니다. 그리고 결국 지금은 제가 그렇게 되기 위해 태어났는지 또는 매음녀가 되기 위해 태어났는지 아무것도 모르는 상태에 있습니다."

따라서 살아가는 동안 몸에 걸친 장식이나 가면을 모두 벗어던지고 우리 자체를 그 본질에 있어서 파악하려 애쓸 때도, 사실은 공상을 쫓고 있는 데 지나지 않는다는 결말에 이르고 만다. 이때 인생의 기본적 특질인 기억은 사라질 수밖에 없을 테고, 우리가 우리의 본질에 이르렀다고 생각할 때도 거기서 우리가 파악하는 것은 살아 있는 인간 자체가 아니라 인간 해골의 희화나 미라에 지나지 않을 것이다. 우리가 과거에 느끼고 경험한 모든 일은 마음속에 새겨져서 오늘의 우리를 결정하는 역할을 한다. 우리의 감정이나 행위가 각기 아무리 부자연스럽고 모순된 것이더라도, 그것 역시 현실적이고 씻어버릴 수 없는 우리의 요인임에는 변함이 없는 것이다.

그렇다고 해서 이처럼 자기 속으로 깊이 파고드는 것이 헛되다고 말하는 것은 아니다. 그것은 무언가 풍부하게 발견하도록 한다. 자기 자신에게 성실할 때, 언제나 단지 자발적으로 취한 것이라 생각하던 우리의 태도가 사실은 깊숙이 감추어져 있는 메커니즘에서 생긴 것임을 알게 된다.

그러므로 이 메커니즘이 더욱 진실하게 보이는 것이다. 이러한 경험은 언제나 마음에 남아 있기 때문에 굴욕적인 동시에 실질적이다. 그것은 우리가 우리 자신에 대해 스스로 생각하던 것과는 상당히 다르게 보인다는 놀라운 인상, 아니, 좀 더 정확하게 말하면 확신을 준다. 그러나 이 탐구에는 끝이 없다. 우리의 성실성이 대단히 강하다면, 우리가 옷을 벗는 것은 그 밑에서 다른 옷을 발견하기 위한 것임을 알게 될 것이다.

사실상 발견했다고 하는 대단한 환희의 환상 속에서 우리가 자기의 참된 인간이라고 생각했던 것도 확실히 실제이기는 하지만 불완전한 일면에 지나지 않는다. 잘 분석해보면 참된 인간이라 생각했던 것이 더욱 깊은 곳에 있는 메커니즘에 의해 결정된 것임을 알 수 있다. 그리고 분석을 계속해나가면 우리의 마음속에서 움직이면서도 우리 자신의 인격과는 아무런 관계가 없는 무의식의 힘까지 거슬러 올라갈 수 있을 것이다. 이것이 프로이트가 지적한 것처럼 인간이 동물과 공통적으로 갖고 있는 본능의 충동이든, 또는 융이 말하는 것처럼 인간이 다른 사람들과 공유하는 집합적 의식의 고태형이든, 우리는 이미 절대적으로 비인격적인 자연의 힘에 직면하고 있는 것이다.

이처럼 탐구를 계속해가는 동안 참된 인간은 그 껍질을 하나씩 하나씩 벗어던지고 마침내 우리의 수중에서 소멸하기에 이르는데, 여기서 슈리 라마크리슈나(Ramakrishna Paramahansa(1836~1886))의 말을 이해할 수 있게 된다. "잘 생각해보십시오. 그러면 당신이 '나'라고 부를 수 있는 것은 하나도 없다는 것을 알게 될 것입니다. 양파 껍질을 벗길 때, 당신은 언제나 새로운 껍질을 발견할 뿐 결코 그 핵에 도달하지는 못할 것입니다. 마찬가지로 자아를 분석하더라도, 그것은 완전히 사라져 버릴 뿐입니다."[13]

그렇다면 가장 개성적인 것은 가장 피상적이고 우연적이며 부자연스러운 것이라고 해야 할 것인가? 우리 내면의 강한 본능은 이러한 생각에 반발한다. 그러나 실제 관찰에 따르면, 이러한 본능은 언제나 잘못된 것으로 보인다. 내가 특히 신뢰에 찬 대화를 계속하고 있는 고아 출신의 한 여성을 예로 들어보자. 그녀는 인생에 짓눌려서 마음의 약동도 뜻대로 되지 않고 언제나 병에 시달리고 있다. 우리는 힘을 합쳐서 그녀의 주변이 주는 암시, 몸에 붙은 습관, 옛날이나 지금의 괴로운 사건, 무의식적인 인자와 이를 감추려고 하는 거짓 반응 등이 현재 그녀의 겉보기 인간을 만들어내는 데 얼마만큼 기여했는지 조사했다.

그러나 실제로는 우리가 간파했다고 생각하는 그녀의 모습대로 그녀가 자기를 보여준 것은 아니다. 이처럼 드러나지 않는 모습을 현실이라고 부를 수 있을까? 이미 자신에게서 벗겨낼 수 없을 만큼 확고하게 붙어버린 외견보다 이렇게 드러나지 않는 모습을 더 확실한 것이라 믿을 수 있을까? 죽어 있는 것 같은 가면 밑에서 이상할 만큼 생생하고 열렬한 존재를 발견했다고 믿는 것은 다만 어떤 환상에 사로잡혀 있는 것이 아닐까? 어느 날 그녀는 막다른 골목에 들어선 듯한 느낌이라고 말했다. 그녀는 우리가 무시할 수 없을 만큼 많은 영향을 안팎으로 받으며, 그로 인해 자기 자신에 대한 관점조차도 변할 수 있다는 것을 이해한 것이다. 우리는 이루 말할 수 없는 슬픈 기분으로 작별했다.

이튿날 그녀는 예기치 못했던 정신적 경험을 했다. 자기는 알지 못했지만, 내가 뭔가 그녀의 눈을 뜨이게 하는 말을 했다는 것이다. 그것이 어떤 말인지 후에 그녀가 말해주었을 때도 나는 기억할 수 없었다. 나도 고아였다. 하지만 나는 천국에서 부활할 때 내 부모님을 만날 것이라는 기대 속에서 현실을 살고 있다. 나는 우연히, 물론 아무 계산도 없이 이런 말을 그녀에게 한 모양이었다. 그녀의 마음속에서 무언가가 일어났다. 그것은 갑자기 그녀 영혼의 풍토를 바꾸어놓았다. 그것을 그녀는 다음과 같이 표현했다. "그때까지 전 제가 언제나 죽은 인간의 아이라고 느껴왔습니다. 그런데 갑자기 제가 부활한 사람의 아이임을 이해한 것입니다."

나는 그녀의 참된 인간을 알려고 한 우리의 진지한 노력이 이러한 정신적 체험을 준비하는 데 도움이 되었다고 믿는다. 새로운 삶의 숨결이 그녀의 영혼에 들어간 것이다. 그러나 이것은 전적으로 다른 차원의 사건이다. 즉 인간에 대한 목록을 작성한 것이 아니라 그녀의 자각이라는 내적인 움직임이고, 인격의 지적·분석적 규정이라기보다는 그 표출인 것이다. 그렇다고 해서 우리가 겉보기 인간과 참된 인간을 분별하지 못한다는 사실이 변하는 것은 아니다. 그러나 우리는 그 너머의 것을 손에 넣을 수 있다.

분명히 겉보기와 참된 것 사이의 뗄 수 없는 연관을 해명하려 하는 일은 단념하는 것이 좋을 듯하다. 더 정확히 말하면, 여러 가지 겉보기와 참된 것의 관련이라고 해야 하겠지만 말이다. 우리는 전 생애에 걸쳐 같은 겉보기를 계속 갖고 있는 것이 아니라 무수한 겉보기를 보이기 때문이다. 새로 만날 때마다 사람은 다른 모습을 보인다. 어떤 친구와는 정직하고 사려 깊은 사람으로서 사귀는가 하면, 다른 친구와는 흐트러진 태도를 가진 사람으로서 사귀기도 한다. 여러 가지 상황에 따라 새로운 태도를 갖는 것이다. 뿐만 아니라 우리는 동시에 많은 외관을 보이기도 한다.

내 마음속에는 괴로움과 불안에 시달리고 자기 자신만이 아니라 모든 것에 대해서 전적으로 회의적인 인간이 있다. 이 인간은 내게 상담하러 온 환자들이 갖고 있는 것과 똑같은 고뇌, 불안, 실패를 모두 알고 있다. 또 한편 내 마음속에는 확고한 신앙가도 있어서 신의 은총을 명확히 체험하고 확신을 갖고 그 체험을 증언할 수도 있다. 나아가 내 마음속에는 있는 그대로의 자기를 명료하게 인식하고 제시하려 하는 자도 있는가 하면, 꾸밈을 고집하는 자도 있다. 나는 의학을 정열적으로 믿고 열심히 여러 사람을 구하려 하는 의사이지만, 가능하면 조용한 방안으로 숨고 싶어 하는 회의주의자이기도 하다.

어쨌든 참된 인간은 어떠한 것이든 간에 표현을 통해서만 나타난다. 그런데 표현은 모두 이미 겉보기에 지나지 않는다. 나는 지금 이 글을 프랑스어로 쓰고 있다. 프랑스어는 내가 학교나 거리에서 배운 것이고 사회에서 받아들인 것, 즉 사회적 약속이다. 내게만 고유한 것이 아니라 같은 언어를 말하는 모든 사람에게 공통된 이 언어에 의하지 않고서는 아무런 생각도 할 수 없다. 내가 읽은 거의 모든 작품의 작가도 프랑스어로 내 마음에 반응을 일으킨 것이다. 나는 꿈속에서도 문장을 발음하고 듣는데, 그 문장이 이해되기 위해서는 아카데미조차도 마음대로 바꿀 수 없는 문법에 적합한 것이어야 한다.[14]

물론 꿈속에서는 언어보다 이미지로 표현한다는 것이 사실이리라. 그러나 정신분석학자들이 밝힌 대로 이 이미지의 표현도 역시 개인적인 것이 아니다. 꿈을 꾸는 사람이 어느 민족과 문명에 속하든, 또는 교양이 있든 없든, 꿈속에는 동일한 프로이트적 상징, 동일한 융적 고태형이 나타난다. 뿐만 아니라 꿈속에서 나타나는 이미지는 옛날이야기, 전설, 민간전승에서도 발견된다.[15] 신화의 영원한 모든 진실, 시의 보편적인 모든 이미지는 모두의 영혼에 새겨져 있다. 그것은 전통적인 형식이고 정녕 인간상이지만, 어디까지나 유형으로서의 인간상이지 개별적인 인간상은 아니다. 시의 조건 자체가 그렇다. 시가 마음에 감동을 불러일으킬 수 있는 것은 시인이 제시하는 이미지와 마음속에서 잠자고 있다가 이 이미지와 접촉함으로써 눈뜨게 되는 동일한 이미지가 연결되기 때문이다.

일반적으로 예술이 아무리 개성적으로 보이고, 또한 그렇게 보이려고 노력하더라도, 근본적으로 예술은 인간 사이의 공감이고 유대이며 개인을 넘어서서 상호간을 연결하는 현실에 지나지 않는다. 데카르트적 합리주의자들은 언제나 이성의 우위를 주장하고 이성의 언어야말로 보편적이라고 생각한다. 그러나 이미지의 언어, 시나 예술의 언어도 마찬가지로 보편적이다. 약속을 바탕으로 하지 않은 연극이나 음악은 없으며, 사진조차도 사회적인 통념 없이는 존재하지 못한다. 우리 집 개한테 아무리 자기 사진을 보여주더라도 개는 알아보지 못할 것이다. 개한테 그것은 검은 종잇조각에 지나지 않기 때문이다.

한 전위예술가의 경우에도 사정은 마찬가지다. 그는 천재성 때문에 시대의 구습과 다소간 충돌하고, 그로 인해 오랫동안 오해를 받는다.

그러나 그는 새로운 통념을 형성하는 데 공헌하고 있는 것이다. 그가 성공하는 것은 그의 천재성이 겉에 나타난 것처럼 독창적이기 때문이 아니라 사람들의 마음에 공명을 일으키기 때문이다. 그가 철저하게 개성적이었다면, 끝까지 혼자일 수밖에 없었을 것이고 예술가는 되지 못했을 것이다. 음악의 세계에서 현대는 다른 시대와 비교할 수 없을 만큼 큰 혁명을 겪고 있다. 참으로 많은 젊은이가 재즈에 열중하고 있지만, 부모들은 여기에 비난의 화살을 쏘며 젊은이들이 타락했다고까지 말한다. 나는 부모들 세대에 속해 있다. 따라서 젊은이들이 이 음악을 통해 느끼는 것을 내게 솔직하게 말해주어야만 이 새로운 음악이 내가 의식하고 있지 못했던 마음속의 은밀한 영역과 연결된다는 것을 이해할 수 있었다.

이러한 문제에 대해 한 가지 인상적인 점을 말해두고 싶다. 즉 대부분의 사람들은 익숙하지 않은 표현 형식에 마주칠 때마다 '충격을 받고' 이에 대해 전투적 태세를 취한다는 것이다. 말하자면 이것은 새롭고 이상한 인물이 출현할 때 자기 자신의 것을 지켜야 한다는 느낌이다. 그러므로 그들은 전통적 형식에 집착하고 고정되려고 한다. 반대로 사람들에게 아직 알려지지 않은 것을 발견하고 이해하려는 의욕을 품으면, 새로운 것과의 만남은 언제나 자기를 발전시키고 확대하는 기회가 될 것이다.

따라서 우리는 모든 사회적 껍질에서 벗어나서 인간이 아니라 개인이 되려고 하는 경향이 있다. 인간이라는 개념은 인간의 공동체, 정신적인 연대감, 공유재산, 말하자면 일종의 관습적인 표현 형식과 결부되어 있는데, 이 표현 형식은 겉보기 인간과 통하기도 한다. 다른 사람과의 만남에서 우리가 구하는 것은 참된 인간적 접촉이다. 그러나 그러기 위해서 우리의 표현 수단에는 서로 통하는 것이 있어야 하는데, 그것은 겉보기 인간의 세계에 속하는 것이다.

내가 이성의 언어도 시의 언어도 말하지 않는다 하더라도, 나는 내 시선, 미소, 침묵, 몸짓, 제스처로 말할 것이다. 잘 생각해보면, 이때도 당연히 그 나라와 시대에 따라 변하는 일종의 관행에 따르고 있음을 알 수 있다. 사랑하는 여자가 냉정하고 침착하다면 아무리 열정적으로 사랑을 표현해도 그것이 너무나 흔한 말이거나 낡은 동작일 경우 당장 바보 취급을 받게 될 만큼 관행은 변하는 것이다. 그녀는 라마르 틴[Alphonse de Lamartine(1790~1868): 프랑스의 시인, 정치가]이나 스탕달이나 최근 영화에 나온 장면을 연상하고 남자가 모처럼 표현한 정열을 상투적인 것으로 생각할지도 모른다.

어떠한 기교도 없는 듯한 감정적 표현이란 오직 눈물 같은 순수한 생리학적 현상에 그치는 것일까? 그렇다 하더라도 상중에도 눈물을 보이지 않았던 가정을 여럿 보았다. 또는 내게 고뇌를 털어놓으면서 눈물을 보이는 것이 부끄러워서 상담을 하러 오길 얼마나 망설였는지 모른다고 고백한 남녀도 많다. 그러나 보통 때 겉보기 인간의 그늘에 숨어 있던 참된 인간이 문득 얼굴을 내미는 것은 갑자기 눈물을 흘리거나 보일 듯 말 듯 미소를 지을 때라고 할 수 있지 않을까? 피상담자들은 자기 자신을 발견하길 원한다. 그러나 동시에 자기 자신을 드러내는 것도 두려워한다. 사람들에게서 들은 말에 따르면, 동양에서는 죽음에 대해 분명히 우리와는 다른 감정적 반응을 보인다. 즉 동양에서는 사람이 죽었을 때 악령을 쫓아버리기 위해 큰 소리로 운다고 한다. 실제로는 조금도 슬퍼하지 않는 여자를 고용해 울게 하고, 정말로 슬퍼하는 사람은 눈물을 흘리지 않는 것이다. 이것은 동양의 문명이 어느 곳보다도 체면을 존중하는 원칙을 내세우기 때문일 것이다.

나체주의자들 중 몇 사람은 더 진정한 인간 공동체를 발견하기 위해 공공연한 인간의 외관을 모두 벗어던진다는 유토피아적·낙원적인 꿈을 진지하게 추구하고 있는 듯하다. 단순히 근원적인 수치심 때문에 숨기려 하는 것조차도 감추지 않고 있는 그대로의 자기를 보이려는 것은 모든 위선의 포기를 상징한다고 할 수도 있을 것이다. 내 환자들은 가끔 자기가 벌거벗고 있는 꿈을 꾸었다고 말하는데, 어느 경우에나 이것은 자기 가면을 멀리 벗어던지고 싶다는 내면적 욕구의 나타남에 지나지 않는다. 나는 나체주의자들에 대해서 신중하게 발언하고자 한다. 나체주의는 철저히 연구할 가치가 있는 대상이라고 생각하기 때문이다. 그러나 순수한 사회라고 하는 '이상주의적인' 꿈이야말로 바로 심리학적 장애의 징후라 생각되는 것은 어쩔 수 없다. 이렇게 보면 나체주의가 왜 무의식적 억압으로 괴로워하는 사람들에게 매력적으로 다가가는지 설명할 수 있으리라.

이 점에 관해서 성서에 매우 적합한 구절이 있다. 아담과 이브는 낙원에서 추방당한 후에 본능적으로 무화과 잎으로 허리띠를 만들었다.[16] 그러나 이윽고 신이 재림하여 그들에게 가죽옷을 주고 그들의 소박한 행동을 완성했다.[17] 즉 신은 아담과 이브가 추방된 후 현재 우리가 처하게 된 인간적 조건 속에서는 세계의 속죄가 이루어질 때까지 완전한 나체로 살아갈 수 없음을 알려준 것이다. 신은 인간에게서 옷을 빼앗기는커녕 오히려 더욱 아름다운 옷을 입게 해준 것이다. 그 후로 성 바오로는 낡은 사람, 자연인을 벗어버리라고 설교한 다음, 성령에서 나온 새로운 인간을 입으라고 권고했다.[18] 또한 그는 정의의 흉갑, 구원의 투구, 진리의 띠를 몸에 걸치도록 명령했다.[19]

《성서》의 계시는 현실주의적인 특징을 띠고 있으며, 그로 인해 모든 겉보기와 은폐물을 없앤 인생이 있다는 유토피아적 꿈에서 우리를 깨운다. 《성서》는 모든 겉보기 인간과 참된 인간을 격리하려 한 덧없는 노력을 향해 다른 사고방식을 보여주는 것이다. 즉 신이 우리에게 준 옷을 그대로 받아들이고 신이 우리에게 바라는 인간상을 스스로 선택하라고 권하는 것이다.

《성서》는 결코 외관을 가볍게 보지 않는다. 《성서》는 자연 전체를 신이 우리 인생에 준 훌륭한 무대장치로 본다. 《성서》는 여성의 아름다움, 솔로몬 신전의 장엄함, 풍경의 시, 꽃의 아름다움을 노래하고, 화려한 의상, 금과 은의 장식, 음악, 무용, 제사 의식, 신앙의 습관에 대해 말한다. 《성서》는 우리가 하는 모든 일을 잘하라고 권고한다. 즉 일의 형식에 충분히 유의하라고 말하는 것이다. 신이 무질서의 신은 아니기 때문이다. "지도하는 사람은 열성을 다해서 해야"[20] 하는 것이다.

형식을 경시하고 자유분방한 태도를 취하는 사람이라고 해서 겉보기 인간에서 탈피한 것은 아니다. 그는 단지 자기가 독창적이라고 생각하는 하나의 가면을 선택해 그것을 허풍선이처럼 자랑하고 있는 것이다.

전에 나는 이 문제에 대해 외국에서 강연한 적이 있다. 어느 레스토랑에서 강연 준비를 하고 있는 동안 웨이터들이 식탁을 정리하고 있는 것이 눈에 띄었다. 그들은 식탁보가 양쪽으로 똑같이 나오도록 신경 쓰고 있었다. 또한 그들은 식기류를 대칭적으로 늘어놓고 냅킨을 섬세하게 접었다. 나는 레스토랑 주인이 주의 깊게 선택한 커튼, 방 전체의 조화로운 색조, 아마도 분명히 의식되지는 않지만 손님들에게 호감을 줄 것이 틀림없는 여러 가지 작은 소품들을 바라보았다. 이러한 모든 것은 직업인으로서의 자각과 직업을 매우 가치 있게 느끼는 애정을 나타내는 것이었다.

나 자신도 이 책을 쓰면서 전체적인 조화를 고려해 각 장을 나누려 하고 있다. 각 장 중 하나라도 균형을 잃을 만큼 길어지면, 마음에 걸린다. 독자를 향한 존경의 뜻을 상실한 것처럼 생각되기 때문이다. 여기에는 일종의 건축술적인 배려가 있으며, 내 생각으로는 그런 배려가 참된 인간을 찾는 내 마음을 충분히 표현해주는 것 같다. 이처럼 이 세상에서는 어떠한 움직임이라도 각기 그 나름의 목적을 지니며 단지 겉보기만이 아닌 어떤 형식을 요구한다.

나는 요즈음 외과의로 일하고 있는 친구들과 의미 있는 대화를 나눴다. 그중 한 친구가 내게 다음과 같이 말했다. "나는 몇 년 동안 자네가 우리에게 제기한 문제를 생각해왔네. 외과에서 그 문제는 단순한 것이 아니라네. 나도 환자가 의사와 인간적으로 접촉하길 바란다는 것은 인정하네. 그러나 가장 좋은 외과의는 환자와 가장 대화를 잘하는 사람이 아닐세. 내가 일하는 곳에서 자타가 공인하는 명의는 말수가 적은 사람일세. 그는 오랫동안 말 한마디 없이 환자를 진찰하지. 그리고 갑자기 진단 결과를 말하네. '내일 아침에 수술합시다.' 그의 주저함이나 매우 현실적인 인간적 공감은 일하는 동안에 보이는 냉정하고 결단적인 겉보기 모습 뒤에 은밀하게 숨겨져 있네. 그런데 이것이 환자들에게 절대적인 신뢰감을 불러일으키고 환자는 아무 걱정도 없이 수술대 위에 오르지." 외과의의 이 말은 다음과 같은 앙드레 사라동 박사의 말과 같은 것이다. "우리는 환자가 우리에게 기대하는 정도에 맞추어 겉보기 모습을 연기해야 된다."[21]

궁정에는 지켜야 할 여러 가지 예의가 있다. 궁정에서는 왕이 아무리 거추장스러운 의식을 피하려고 해도, 그가 대표하고 있는 국민들의 명예를 존중하기 위해서 그 의식에 따라야 한다. 왕이 갖추어야 할 최고의 덕은 개인적인 기호를 버리고 왕이라는 천직이 명하는 역할을 잘 연기하면서 국민이 바라는 겉보기 모습에 자기를 맞추고 자기가 왕임을 절대로 잊지 않는 것이다.

나는 최근 알프스에 있는 어떤 큰 요양소를 방문했다. 그것은 성 카트린 제(祭)의 다음 날이었다. 그날은 각 요양소에서 화려한 무도회가 열렸다. 의료장들의 말에 따르면, 그들은 이 무도회에 반드시 참석한다. 무도회에서 그들은 환자들의 일상생활에서는 파악할 수 없는 참된 인간성에 대한 여러 가지 징후를 모을 수 있기 때문이다. 왜 이 여성은 남장을 하고, 어떤 여성은 백조로 가장하고, 또 어떤 여성은 할머니 귀신으로 가장하는가? 이것은 결코 우연하게 벌어지는 일이 아니다.

게다가 가면을 쓰고 있으면 환자들은 보통 때와는 다르게 행동한다. 그들은 자기 자신을, 즉 보통 때는 억압했던 성향을 보이는 것이다. 기묘한 역설이기는 하지만, 이처럼 가면이나 가장은 인간 자체를 숨기기는커녕 오히려 진실을 드러낸다. 이것이야말로 뷔퐁(Georges Louis Leclerc de Buffon(1707~1788): 프랑스의 박물학자, 철학자)의 유명한 말, "문체는 그 사람이다"라는 말로 표현한 것이 아니겠는가. 나는 사람들에게서 내가 쓴 책의 내용이나 사고방식보다 문체에 대해 칭찬을 들을 때 언제나 당황스럽다. "당신은 내가 오래전부터 알고 있으면서도 어떻게 표현해야 할지 모르던 생각을 참으로 훌륭하게 표현했더군요"라는 말을 들을 때 말이다.

우리는 마음속으로 언제나 내용과 형식을 대립시키고, 가능하다면 형식보다 내용으로 평가받기를 바란다. 그러나 이러한 대립은 너무 소박하고 인위적이며 형식이란 모습을 나타낸다. 우리는 눈에 보이지 않는 것은 눈에 보이는 것보다 가치 있다는 유혹적인 생각을 다른 사람에 대해서보다 자기 자신에게 믿게 하려는 경향이 있다. 그러나 야콥 뵘〔Jacob Böhme(1575~1624): 독일의 신비주의 자연철학자〕도 "외관은 내면의 나타남"이라 말하고 있다.

이 말은 인생의 모든 면에 적용될 수 있다. 우리가 겉으로 보여주는 모습은 우리가 생각하는 것처럼 부자연스러운 것이 아니다. 우리가 외관에 신경을 쓰는 일이 적으면 적을수록 우리의 참된 인격이 나타난다. 그러므로 어떤 환자가 나와 이야기하고 있는 동안, 그리고 가능한 한 신중하게 자기 자신의 본질을 표현하려 애쓰는 동안, 그가 보이는 기계적인 몸짓, 그가 별로 주의를 기울이지 않은 태도가 충분히 의사를 전달하고 치료와 관련해 귀중한 무언가를 알려주기도 하는 것이다.

내가 선택한 직업, 내 진찰실의 꾸밈새, 내가 휴가를 보내는 곳, 이러한 내 인생의 환경 전체, 내 겉보기 모습을 이루고 있는 외관 전체, 이러한 것은 내 참된 인간과 분리할 수 없는 것이다. 이러한 모든 것은 나 자신의 표현임에 틀림없기 때문이다. 여자는 자기 옷을 사러갈 때 이 점을 잘 알고 있다. 또한 점원도 이 점을 잘 알고 있다. "이 옷은 부인을 아주 멋있게 보이게 할 거예요. 파리의 새로운 유행으로 아주 독특한 모양이지요. 이 옷을 입으시면 아주 개성적으로 보이실 겁니다." 여기서 사회적 인자와 개성적 인자가 교묘하게 교착하는 것을 알 수 있다. 모든 여성에게 어떤 정해진 표현 양식을 부여하고 어떤 시대에나 정해진 한 형태를 부여하는 유행만큼 관습적인 것은 없다. 이에 따르지 않는 여성은 취미가 없는 여성이 되지만, 한편 너무나 유행에 민감해 어디서나 볼 수 있는 유행복만 입고 다니는 여성은 개성이 없음을 폭로하는 것이다.

겉보기 모습은 동시에 참된 인간을 육체화하는 것이다. 우리가 연기하는 외면적 역할은 끊임없이 우리를 변화시키므로 인격에 가장 깊숙이 영향을 미친다. 물론 옷만 입었다고 중이 되는 것은 아니라는 말이 있기는 하다. 그러나 신부가 신부복을 입고 법관이 법복을 입고 병사가 군복을 입는 것에 까닭이 없는 것은 아니다. '마지막 군복'이라는 말은 독일의 라디오가 아침부터 밤까지 군대 행진곡을 연주하던 1932년 8월의 어느 날을 상기시킨다. 나폴레옹은 이런 점을 충분히 알고 있어서 "사람은 자기가 입은 제복에 맞는 인간이 된다"[22]고 말했다.

선전은 외부에서 우리에게 주어지지만 우리의 내면 깊숙이 침투한다. 마찬가지로 우리가 스스로 취하는 태도와 행동 하나하나는 우리 내면의 세계를 형성하는 데 기여한다. 글씨 쓰는 법을 계통적으로 재교육함으로써 성격을 개조할 수도 있다. 육체의 구조조차도 우리가 연기하는 외면의 영향을 받는다. 만화가들은 이 사실을 잘 알고 있다. 나는 환자 중에서 가장 신랄한 만화가가 그렸다 해도 좋을 만큼 인색한 사람을 언제나 떠올린다. 그의 코는 턱과 거의 맞붙어 있고 손톱은 반원처럼 보일 만큼 구부러져 있다.

　이처럼 육체적인 생활과 심리적 생활, 그리고 정신적 생활까지도 겉보기 모습에 영향을 받는다. 이미 말한 것으로 생각되지만, 한 친구는 신앙을 갖기 위해 어떻게 하면 되느냐고 물었다. 신앙을 갖는다는 것은 그에게 일종의 도전이라고 할 수도 있는 것이었다. 그가 덧붙여서 다음과 같이 말했기 때문이다. "당신네들은 그것이 은총이라고 말하지. 그렇다면 나는 신앙에 대해 아무것도 할 수 없지 않은가." 그런데 어느 날 누군가가 그에게 "당신이 신앙을 가지고 있는 것처럼 생활하는 것으로 시작해보시오. 그러면 알게 될 것입니다"라고 대답했다. 집에 돌아간 그 친구는 이번에는 자기가 도전을 받게 된 것임을 알았다. 그는 자기 생활 중에서 바꾸어야 할 것이 무엇인지 안 것이다. 그리고 그러한 방향으로 나감으로써 마침내 그는 신앙을 갖게 되었다.

　이렇게 해서 문제의 양상이 바뀐다. 아주 벌거숭이로 산다든지 모든 겉보기를 벗어던지고 참된 자아를 파악한다든지 하는 유토피아적 꿈을 단념하고 그 둘이 서로 영원히 결부되어 있음을 인정하자. 그런데 이 두 가지를 분리하고 구별하려는 집요한 꿈은 도대체 어디서 생기는가? 또한 자기 자신이나 타인이 어떤 역할을 연기하는 것을 보게 될 때 느끼는 불쾌한 감정은 어디서 생기는가?

　어느 날 한 여성 환자가 내게 말했다. "제게는 짓궂은 마음이 있어요. 어떤 감동적인 연극의 한 장면을 보면 제 마음속에서 그것 참 이상하다고 하는 소리가 들리는 거예요." 그리고 곧 덧붙였다. "그것이 꾸며진 아름다움이라고 생각하면 싫어지고 마는 거죠." 이 여성의 말은 맞는 말이다. 앞서 물었던 불쾌감은 가면, 즉 겉보기 모습 자체가 아니라 그 인위적·기만적 성격과 관련되는 것이다. 불쾌감은 가짜와 진짜 사이의 불일치를 깨닫자마자 생기는 것이다.

따라서 문제는 모든 가면을 없애는 것이 아니라 참된 자기와 어떻게 융화하는가 하는 점에 있다. 자기 자신과의 일치야말로 문제인 것이다. 핀다로스(Phindaros(기원전 528~442): 그리스의 서정시인)의 훌륭한 말인 "너 자신이 되라"고 하는 것도 같은 뜻이다.

여기서 우리의 탐구도 방향을 전환해야만 한다. 외부 세계에 등을 돌리고 좀처럼 파악되지 않는 참된 자아를 찾으려 내면을 기웃거리는 것은 그만두고, 외부를, 세계를, 타인을, 그리고 신을 보려 해야 하는 것이다. 스스로 솔직하게 겉보기 인간을 만들어내려고 애써야 하는 것이다. 다만 그것을 만들어낼 때 가장 성실한 신념에 따르는 것을 잊지 말고, 자기를 표현하고 표출하려고 노력해야 한다.

이것은 이미 차가운 지적 분석이 아니다. 그것은 생명의 활동, 나날의 도야이자 생성이며 우리의 겉보기를 우리의 사상, 감정, 열망에 더욱 적합하도록 끊임없이 수정하는 것이다. 그것은 의지의 작용이고, 가능한 한 진실한 외관과 행동 방침을 의식적으로 선택하는 것이다.

자연이 우리를 감동시키고 감탄의 염을 불러일으키는 것은 그 꾸밈 없는 외관 때문이다. 자연은 아름답다. 자연은 아무런 꾸밈도 없고 단지 있는 그대로의 자연이다. 우리는 언제까지나 옷을 입고 있을 것이다. 옷을 벗어버리려 하는 것은 신체 일부를 떼어내려는 것과 같을 것이다. 우리가 지향하는 것은 신체와 합치하는 것이고, 옷으로 내면을 숨기지 않으려 하는 것이다.

의사로 일하는 친구 중 비유에 탁월한 이가 있는데, 최근 내 아내와 다른 동료 두 사람에 관해 다음과 같이 말했다. "아주머니는 아실 겁니다. 한 친구에게서 옷을 벗기면 대단한 것은 별로 남지 않겠지만, 또 한 친구는 여전히 상당히 그럴듯할 거예요."

참된 인간과 겉보기 모습의 불일치는 반드시 불쾌감을 일으킨다. 의식적이든 아니든, 위선적인 감정은 언제나 이 경우에 속한다. 앞서 살펴본 바 있지만, 아무리 성실한 사람도 결코 피할 수 없는 내면의 모순도 마찬가지 경우일 것이다. 그러나 겉보기 모습이 전적으로 무의식적인 정신의 움직임과 대립하면, 그 불쾌감은 기묘한 정신병적 징후의 형태를 취한다. 예컨대 고뇌, 쇠약, 강박관념, 기능 중단 등으로 이 경우에는 심리적 분석이 필요할 것이다.

그러나 이 불쾌감은 완전히 다른 계통의 불균형에서도 생긴다. 예컨대 자기 직업이 마음에 맞지 않는 사람의 경우다. 그가 수행하고 있는 사회적 기능이 그가 원래 지닌 본질적 성격과 조금도 맞지 않고 자기의 성격을 도저히 표현할 수 없는 경우인 것이다. 이 경우에 불쾌감은 건전함과 생명력의 나타남이지 병의 나타남은 아니다. 참된 인간이 겉보기 모습이라는 감옥에서 벗어나려고 떠들어대고 소란을 피우는 것이다. 그것은 마치 작은 병아리가 자기를 가둬둔 달걀 껍데기를 쪼아서 뚫으려고 하는 것과 같다.

현대에 살면서 18세기의 시대정신을 갖고 있는 사람도 마찬가지이고, 또한 유아적인 단계에 머물러 있으면서 어른스러운 행동을 하려는 사람도 마찬가지다. "제 모든 반응은 완전히 어린아이 같아요. 하지만 마치 훌륭한 어른처럼 행동하고 말하는 겉보기 모습의 뒤에 그런 반응을 숨길 수밖에 없어요"라고 어느 여성 환자는 편지에서 말했다. 또 다른 여성 환자는 최근에 꾼 꿈을 내게 말했다. 그녀는 초대를 받고 외출을 해야 해서 자기가 가진 옷 중 가장 아름다운 옷을 입었는데, 거울 앞에 서보니 키가 너무나 커져서 옷이 전혀 맞지 않았다는 것이다.

이 꿈은 바로 그 환자의 상황을 보여준다. 그녀는 나와 상담하며 세운 목표를 따름으로써 매우 좋은 성과를 올리고 있었고, 성장하고 원숙해지고 어른이 되고 있었던 것이다. 그녀는 이제 자기 내면에서 풍요로움을 느끼고 있고, 그것이 그녀가 외면으로 보여주는 인생의 빈약함과 좋은 대조를 이루고 있었다. 사실은 이 외면의 인생도 조금은 변하고 있었다. 참으로 신의 은총에 의해 그녀는 이전보다는 흥미 있고 유용한 일을 발견했기 때문이다. 그러나 그녀의 사회적 외견과 내면의 진실 사이에는 상당한 틈이 있었다. 그녀의 격렬한 정열은 이미 여러 번 자신의 감옥의 벽에 부딪쳐서 상처를 입고 있었던 것이다. 그래서 그녀는 현명하게도 이제는 신이 자신의 키에 알맞은 옷을 줄 때까지 기다리고 싶다고 덧붙였다.

그래도 이 세상에서 우리 자신의 가면과 참된 자아가 완전히 일치한다는 것은 꿈같은 이야기에 지나지 않는다. 그뿐 아니라 우리가 매일매일 이 양자 사이에 일어나는 변하지 않는 불일치를 알게 될수록 오히려 그 일치에 접근한다는 기묘한 역설도 있다. 말하자면 우리는 불쾌감에서 불쾌감으로 나아감으로써 우리 자신에 대한 인식을 진척해나간다고 할 수 있다. 참으로 결실을 맺고 사람들을 생기 있게 하는 것은 자신에 대한 완전무결한 인식보다는 모색일 것이다. 결국 끊임없이 움직이고 복잡하며 신비하고 이해할 수 없는 인간의 참된 모습은 어디서도 파악하기 어려운 것이다. 우리는 단지 참된 모습의 반영, 약간의 미광을 느낄 뿐이지만, 그것도 우리가 자기 자신에 대해 믿어온 것이 잘못임을 인정하는 굴욕적인 순간에야 나타난다.

우리는 이 불가피한 인간의 조건, 즉 겉보기 모습과 참된 인간 사이에 언제나 존재하는 긴장 관계를 받아들여야만 한다. 이것이야말로 인간에게 고유한 것이고 인간을 인간답게 하는 것이다. 자연 속의 모든 피조물은 모두 단순 명쾌하게 그 자신일 뿐 우리가 끊임없이 고뇌하는 불일치 따위는 갖고 있지도 않다. 우리가 자연 전체를 우리 자신에게서 일어나는 일보다 훨씬 정확하게 배울 수 있는 것도 그 때문이다. 우리는 자기 자신을 약간만, 그것도 잠시 동안만 엿볼 수 있기 때문에 참된 자기를 알려고 하는 것을 단념해야 한다. 참으로 우리를 알고 있는 유일한 '존재'에 의해 우리에게 알려진 것만으로 만족해야만 하는 것이다. 성 바오로도 다음과 같이 말한다. "우리는 지금 거울에 비추어 보듯 희미하게 보지만, 그때 가서는 얼굴을 맞대고 볼 것입니다. 지금은 나 자신을 불완전하게 알 뿐이지만, 그때 가서는 하나님께서 저를 아시듯이 나도 나를 완전하게 알게 될 것입니다."[23]

생물학의 예

어릴 적 추억이 있다. 몇 살 때였는지 기억은 흐릿하지만 쥘 베른(Jules Verne(1828~1905): 프랑스의 모험소설 작가)에 열중하고 있을 무렵이었다. 나는 태어나서 처음으로 과학 강연회에 가보게 되었다. 넓은 강당은 청중으로 가득 차 있었다. 당시 가장 저명하던 라울 픽테 박사(Raoul Pierre Pictet (1846~1929): 스위스의 물리학자)가 '생명이란 무엇인가?'라는 제목으로 강연을 했다.

그는 전문 영역의 좁은 틀에 갇히지 않으려 하는 과학자 중 한 사람이었다. 그는 자기 명성을 흔들리지 않게 해준 인공 냉온과 저온 현상에 대한 연구 이후 쌍생아 발생에 대한 연구에 전념했다. 거기에 모인 군중들의 눈에 비친 것처럼 어린아이였던 내 눈에도 그는 과학의 모든 매력 있는 영광에 둘러싸여 있는 것 같았다. 그에 관한 전설마저 있을 정도였다. 들리는 말에 따르면, 그가 제네바로 돌아왔을 때 사교계 여성 몇 명에게 커다란 꽃바구니를 선물했는데, 그 값을 치르는 것을 잊었다고 한다. 학자들은 생각에 잠겨서 우리네 평범한 사람들이 하고 싶어 하는 비속한 일을 초월하고 있는 것일까?

내가 그 강연 내용의 모든 것을 이해하지 못했다는 것은 분명하다. 그러나 내가 받은 인상은 옳았다고 믿는다. 요컨대 나는 실망했다. 나는 강연자가 '생명이란 무엇인가?'하는 물음에 대답할 것이라 소박하게 생각했다. 그러나 그는 단지 쌍생아에 대한 실험과 통계조사만을 말했다. 나는 쌍생아에 일란성과 이란성이 있다는 사실을 배웠다. 그러나 그것으로 생명이란 무엇인지를 설명하는 것은 상당히 먼 일이라는 것을 어린 마음으로나마 느꼈다.

그 학자는 자기가 관찰한 것만을 정직하게 말했을 뿐이었다. 나는 당시 유행하던 그 제목에 끌려서 간 것이기 때문에 실망할 수밖에 없었다. 당시에는 과학에 관한 신비적 신앙과 미래를 대하는 엄청난 낙관론이 퍼져 있었다. 과학이 해내는 발견에는 점점 속도가 붙고 있었다. 어떤 불가사의한 일이라도 해명되지 않는 것이 있었던가. 물리 현상의 해명을 이룩한 뉴턴의 시대, 자연 속의 화학적 현상과 생체 내의 생리적 현상을 설명하고 이에 대한 통일성을 계시한 라부아지에(Antoine Laurent de Lavoisier(1743~1794): 프랑스의 화학자)나 클로드 베르나르(Claude Bernard (1813~1878): 프랑스의 생리학자)의 시대를 이어서 생명과 의식의 비밀을 해명하겠다고 주장한 20세기가 등장한 것은 당연한 일이 아니겠는가.

라울 픽테의 시대부터 생물학은 대단히 진보했다. 그러나 생물학자의 겸양도 그만큼 강화되었다. 생물학자만이 아니라 모든 학자가 신중해진 것이다. 더 엄밀한 과학적 원리에 입각한다고 하는 천문학자나 물리학자조차도 아이슈타인의 상대성이론, 이에 이어지는 하이젠베르크(Werner Karl Heisenberg(1901~1976): 독일의 물리학자, 불확정성원리로 인과론적 설명이 불가능한 영역을 밝힘)의 불확정성원리가 발표된 이래로, 과학적 확실성에도 한계가 있음을 인정하기에 이른 것이다. 과학적 확실성은 사물에 관한 것이 아니라 사물 간의 관계에 관한 것이고 실재 자체보다는 실재의 이미지에 관한 것이므로, 여기에는 약속이 개입된다는 것이다. 이러한 의미에서 우리는 과학적 확실성이 실재 자체가 아니라 실재의 '겉보기'와 관련이 있는 것이라고 말할 수도 있을 것이다.

데카르트가 세운 유명한 제1원리를 살펴보자. "어떠한 것이든 그 인식에 도달하기 위해서는 (…) 내가 명석하다고 인정한 것 외에는 어떤 것도 참된 것으로 인정해서는 안 된다. (…) 내가 더는 의심할 수 없을 만큼 명석하고 판명하게 내 정신에 나타나는 것 외에는 어떤 것도 내 판단에 들여놓아서는 안 된다." 그 후로 20세기 초에 이르기까지 인식의 영역에서는 확실하고 의심할 수 없는 과학의 성과와 형이상학적 사변을 분리할 수 있다고 진지하게 믿었다. 따라서 과학은 움직이지 않는 기반 위에 하나씩 돌을 쌓아올려 지은 견고한 건물처럼 생각되었다. 그런데 이러한 기반은 푸앵카레(Jules-Henri Poincaré(1854~1912): 프랑스의 수학자, 물리학자)가 지적하고[24] 그 후 여러 과학 이론가가 보여준 것처럼, 단순히 가설이자 약속에 지나지 않음이 밝혀졌다. 과학의 기반은 형이상학적 개념이나 신앙의 주관적 체험보다 확실하거나 의심의 여지가 없다고 할 수 없는 것이다.

한편 20세기 초까지는 절대적인 것으로 생각되던 자연법칙도 사회학이나 심리학의 법칙처럼 관찰자나 관찰의 척도에 따라 여러 양상으로 변하는 통계적 법칙으로 생각되기에 이르렀다.[25]

생물학은 더욱 신중해졌다. 생명현상을 다스리는 법칙—물리적 법칙과 같은 한계를 가지고 있지만—을 연구하는 일을 서두르다 보면 생명 자체를 설명할 수 없다는 것을 인정해야만 한다. 마찬가지로 심리학은 심리적 형상의 법칙을 연구하는 것이지만, 그 연구를 통해 더욱 심적인 사실인 의식이 해명되지는 않는다. 의식은 현상이 아니라 주관적 직관이기 때문이다. 창크 박사가 말한 것처럼, 의식은 '앎'에 속하는 것이 아니라 '믿음'에 속하는 것이다. "당신은 당신의 친구에게도 당신의 것과 똑같은 의식이 주어져 있다고 단순하게 인정한다. 그러나 당신은 그 사실을 알고 있는 것이 아니라 믿고 있는 것이다. 그러므로 여기에는 실제로 믿는다고 하는 행위가 관련되어 있다."[26]

지베크 교수도 다음과 같이 말한다. "과학은 생명에 관해서 여러 사상을 설명할 수는 있어도 생명 자체를 이해할 수 없다는 것을 깨달았다."[27] 폰 바이제커 교수도 마찬가지로 생명의 불가해한 신비를 인정한다.[28] 의사들의 이러한 소리에 전문 생물학자들의 소리가 화답한다. 장 로스탕처럼 르낭(Joseph Ernest Renan(1823~1892): 프랑스의 종교사가, 사상가) 못지않게 과학에 열의를 보이는 사람조차도 같은 발언을 하는 것이다.[29]

우선, 의식에 대해서와 마찬가지로 생명이 어떻게 생겼는지에 대해 아무것도 모른다는 것이 세계를 과학적으로 설명하려는 시도에 가장 큰 장애가 되고 있다. "한 가지 사실만은 확실하다. 즉 생명은 적어도 과학적 방법으로 연구할 수 있는 형태로 지상에 존재해온 것은 결코 아니지만, 그럼에도 어하튼 생명은 존재한다는 것이다"[30]라고 프리넬은 말한다. 또한 장 로스탕의 "생명의 기원은 아직도 만족스럽게 해명되지 않았다"[31]는 말도 있다. 이 글의 '아직'이라는 말은 로스탕의 낙천주의를 엿보게 한다. 그는 이 신비가 언젠가 밝혀질 것이라 말하고 싶은 듯하다.

거꾸로 르콩트 뒤 누이[Pierre Lecomte du Noüy(1883~1947): 프랑스의 생물학자]와 같은 다른 생물학자들은 단순한 물리화학적 현상의 자동적 움직임으로 생명을 설명한다는 것이 거의 불가능함을 매우 엄밀하게 증명해 보였다. 그는 내 스승인 물리학자 샤를-유제니 기이[Charles-Eugène Guye(1866~1942): 스위스의 물리학자]의 연구[32]에 바탕을 두고 다음과 같은 결론을 내렸다. "매우 불균일한 단세포가 우연한 움직임이라든지 보통의 열작용에 의해 형성될 개연성은 실제로 거의 없다. (…) 따라서 '생명'의 발생, 발전, 점진적 '진화'라는 현상은 과학에 의해서는 아무것도 설명되지 않은 채로 있다."[33] 또한 "기계론적 가설로 생명의 복잡성을 설명하는 것은 불가능하다"[34]라고 말하고 있다.

이 두 생물학자의 견해는 상당히 다르지만, 생명을 규정하는 것조차도 얼마나 어려운지 인정했다는 점에서는 일치한다. "인간은 언제나 생명의 문제에 열중해왔다. 그렇지만 오늘에 이르기까지 생명에 대해 완전히 만족스러운 정의는 없다."[35] 장 로스탕은 생물의 세계와 무생물의 세계를 대치시키는 것은 단지 우리의 '의식'이 하는 일일 뿐임을 인정한 후 다음과 같이 덧붙인다. "절대적으로 생물에만 고유한 특성이란 아마 하나도 없을 것이다. 생물에서 발견되는 특성들은 무기적인 세계에서도 미약한 원시적 형태로이기는 하지만 발견된다."[36] 그는 생명에 대한 특별한 정의가 도출될 듯한 현상을 열거한다. 운동 능력, 형체, 조직, 자극 반응, 자기에게 유리한 반작용, 자연적 활동, 기억, 환경과의 접촉, 자기 발생, 증식, 동화 작용 등. 그는 이러한 각 현상이 모든 생물에 확실하게 존재하는 것은 아니라는 점, 또는 생물이 아닌 것에도 존재할 수 있다는 점을 분명하게 보여준다.

108

이처럼 생물체는 무기적 세계를 이루는 것과 같은 물리화학적 요소들로 구성되어 있고, 또한 물리화학적 유사 현상의 무대이기도 하다. 클로드 베르나르의 유명한 문장은 더 정확히 이 문제를 제기한다. "나는 생물에 반드시 두 계열의 현상이 있다고 생각한다. 하나는 생명의 창조, 또는 유기적 통합 현상이며, 또 하나는 죽음, 또는 생명의 파괴 현상이다. (…) 전자는 그것과 직접적으로 비슷한 것이 없는 유일한 것으로서 생명에 특유한 것이다. 이 발전적 통합은 참으로 생명적인 요소라고 할 수 있으리라. (…) 거꾸로 후자, 즉 생명의 파괴 현상은 물리화학적 계열에 속한다. 그것은 흔히 연소 결과, 다시 말해 분해와 분리라고 하는 여러 화학적 사실과 비교할 수 있는 작용의 결과인 것이다. 그것이 유기체에 일어난 경우에는 죽음이라는 현상이 나타난다."

"그리고 주의해야 할 일이지만, 습관적인 착각의 희생이 되어 생명 현상을 말하려고 하다가 실제로는 죽음의 현상을 말하는 경우가 있다. 생명현상이 우리의 주의를 끄는 일은 별로 없기 때문이다. 유기적 통합은 현상적 표현의 '안쪽에 은밀하게 숨겨져 있고' 소리도 없이 필요한 만큼 재료를 모으고 있다. 이에 반해 파괴, 즉 '생명의 죽음'이라는 현상은 갑자기 나타나지만, 우리는 대체로 이를 통해 생명의 특질을 규정하려 한다."[37] 여기서 창크 박사의 다음과 같은 결론도 이해할 수 있을 것이다. "생명과 관련해 우리는 죽음만을 생각한다."[38]

독자도 내 의도가 무엇인지 이미 짐작했을 것이다. 즉 참된 인간도 생명과 마찬가지로 '안쪽에 은밀하게 숨겨져 있고' 우리의 눈을 끄는 것은 '겉보기 인간', 과학적 연구를 통해 도달할 수 있는 '현상적인 나타남'이라는 것이다. 그러나 너무 앞서가지 말고 클로드 베르나르에게 돌아가기로 하자. 또 하나의 문장에서 그는 이 두 가지 계열의 현상을 분명하게 한다. "달걀이 두 개 있다. 하나는 유정란, 또 하나는 무정란이다. 두 달걀을 똑같은 환경에 두면, 후자는 물리화학적으로 분해하고, 전자는 생명을 얻는 형태로, 다시 말해 하나의 생명체가 생겨나도록 분해한다. 후자보다는 전자에 많이 존재하는 것, 그것이 곧 생명력이다."[39]

따라서 이 천재 생리학자는 생명을 설명하기 위해서 생명력이라는 개념, 즉 과학과는 아무런 관계가 없는 개념을 인정한 것이다. "계획을 바탕으로 예견된 기획에 따라 각각의 존재를 형성하고 생명의 놀라운 연결과 조화로운 합체를 이끌어내는 것은 물리화학적 현상의 우연한 일치가 결코 아니다. 생명체 속에는 결코 간과할 수 없는 조정과 질서가 있다. 그것이 사실상 생물에서 가장 현저하게 나타나는 특질이기 때문이다."[40]

클로드 베르나르에게서 인용한 것을 더욱 보강할 수도 있다. "각 존재와 기관의 존재 방식을 그려놓은 생명의 구도(構圖)라고 할 수 있는 것이 있다." "생명은 하나의 이념이다. (…) 생명은 모든 자동적인 요소를 결합하고 훈련시키며 하나의 공통된 결과를 산출하려는 이념이고, 이러한 것들의 협조에서 생기는 조화의 이념이다. (…) 이 살아 있는 기계를 특징짓는 것은 물리화학적 영역의 성질이 아니라 그 기계를 만든 어떤 결정적인 이념이다."[41] 이념, 구도, 계획 등 생명의 목적론적 개념을 포함한 말은 많다. 따라서 생명의 인과론적 설명만을 알고 목적론적 논급을 일절 배제하는 과학이 생명을 이해하지 못한다는 것은 분명하리라.

생명은 생명현상에서 생기는 것이 아니라 생명현상을 이끌어가는 것이다. "생명력은 현상을 이끌어가기는 하지만, 생명을 산출하지는 못한다. 신체의 여러 힘은 현상을 산출해가기는 하지만 생명을 이끌어가지는 못한다."[42] 르콩트 뒤 누이의 모든 작업은 이 점을 확인하려고 하는 것이다. "신체는 세포로 구성되고 세포는 미소물(微小物)로 성립되어 있다. 그러나 실제로 인간의 신체 '모두'가 이러한 미소물이나 세포로 이루어져 있는 것은 아니다. 미소물, 세립(細粒), 그리고 세포가 어떻게 배열되어 있는지, 또한 개체의 통일은 어떻게 해서 생기는지 하는 것은 꼭 연구해야 하는 것으로 이것이 얼마만큼 중요한지는 말할 필요도 없다."[43]

그러므로 생물의 특징을 이루는 것은 조직도 아니고 그 속에서 생기는 물리화학적 현상도 아니다. 생물의 특징을 이루는 것은 그 현상에 정해져 있는 방향, 즉 조직화다. 따라서 생물은 눈에 보이지 않는 지휘자의 지휘를 받는 오케스트라에 비유할 수 있다. 이 오케스트라를 객관적으로 연구하고, 이어서 각 단원을 분석적으로 보는 과학자는 그들의 연주에서 생기는 하모니의 비밀을 결코 파악하지 못한다. 하모니는 작곡가에 의해 우선 설정되어 있고, 그 하모니는 그것을 어떻게 표현할지 유일하게 알고 있는 눈에 보이지 않는 지휘자에 의해 실현되는 것이기 때문이다. 작곡자란 줄거리를 만든 첫 번째 의지이고, 지휘자는 다소간에 충실하게 첫 번째 의지를 실현하려 하는 두 번째 의지다. 그리고 오케스트라는 크든 작든 이 두 가지 의지에 따라 나타나는 현실이라 할 수 있다.

그런데 이러한 도식은 이 책의 주제와도 대응한다. 즉 작곡가는 자연의 존재 방식을 그 세부에 이르기까지 계획하고 유일한 목적을 지향하고 있는 '신'이고, 지휘자에 해당하는 것은 어떻든 간에 이러한 신의 계획을 따르고 있는 눈에 보이지 않는 '참된 인간'이며, 오케스트라는 이 지휘자의 의도를 많든 적든 표현하고 있는 눈에 보이는 '겉보기 인간'이라 할 수 있을 것이다.

다시 생물학으로 돌아가면, 흥미로운 것은 장 로스탕과 마찬가지로 철저하게 '기계론적'인 어떤 저자의 문장에도 '목적론적' 표현이 나타나 있다는 것이다. "모든 것은 마치 종자가 최종적 결과에 도달하도록 매우 정확하게 계산된 메커니즘이 포함되어 있는 듯 진행된다."[44] 따라서 생명은 과학이 접근할 수 있는 물질적 기능에 의해서가 아니라 비물질적·정신적·목적론적 기능으로 특징지어진다. 드 루즈몽 박사가 유기체의 최소 세포로 보여준 것도 이러한 사실이다. 세포는 주위 환경 속에서 생명을 유지하는 데 도움이 되고 동화할 수 있는 것을 선택하고, 그렇지 않은 것은 거절한다. "생명은 어떤 종류의 물질은 받아들이고, 어떤 것은 무시한다. 따라서 생명은 선택을 하고 있다. (⋯) 감수성, 아니 좀 더 정확하게 말하면 민감성이라고도 할 수 있는 것이다. (⋯) 이 끊임없는 선택 속에 명확한 기억과 더불어 서로 다른 지식이 있다."[45]

실험실에서 훈련을 받고 물질적 과학 이론으로 무장한 창크 박사는 어떻게 해서 그가 선택과 기억이라는 두 가지의 비물질적 개념을 생명을 이해하는 데 꼭 필요한 것으로 생각하게 되었는지 말한다. "모든 것은 마치 조직 자체가 특정한 동인을 알고 있는 것처럼 행해진다. (⋯) 이 특이한 반응 속에서 기억 현상에서 볼 수 있는 모든 성질을 발견한다는 것은 쉬운 일이다"[46]라고 그는 말한다. 그가 '창조적 의식'이라고 말하는 것은—분명히 내가 이 책에서 '참된 인간'이라고 부르고 있는 것과 같은 것으로서―느껴지지도 않고 보이지도 않는 현실이기는 하지만, 생명에 대한 기본적인 현실이자 생명의 원천이고, 그 작용은 과학이 미치는 감각적 현실 속에서는 간접적으로만 인정할 수 있는 것이다.

드 루즈몽 박사는 생명에 대해서 다음과 같이 말하기도 한다. "아직껏 생명을 손으로 만져보거나 눈으로 본 사람은 하나도 없다. 이는 마치 전기를 보거나 만질 수 없는 것과 마찬가지다. 우리가 전기현상을 관찰만 할 수 있을 뿐인 것처럼 생명현상도 관찰만 할 수 있을 뿐이다."[47] 모리스 베르네의 글에서도 같은 표현을 찾아볼 수 있다. 그는 생물에 대해 "근본적 성격, 즉 의지에 따르는 성격"을 인정하고 있으나, 이 "의지는 본질적으로 선택을 포함하고 있다"고 말한다. 또한 "자극에 대해 적절한 반응이 생기는데, 이 반응에서 기억 현상과 같은 성질이 인정된다"고 말하는 것이다.[48]

그러나 베르네는 생명의 메커니즘을 분석하면서 더욱 먼 곳으로 나아간다. "생명을 특징짓는 근원적인 평형은 신체 조직이나 원형질의 견고성, 신진대사의 안정성, 리듬의 상관성, 기능의 조화 등에 나타난다. (…) 평형이란 조정을 말한다"[49]고 그는 말한다. 그리고 이러한 조정을 확실하게 만드는 모든 살아 있는 세포의 본질적이고 특징적인 기능을 '유기적 감수성'이라 부른다.

그런데 이 조정은 엄밀한 것이 아니라 유연한 것이다. 생명에 있어서 모든 것은 유동적이며 중간적 평형을 둘러싸고 끊임없이 진동한다. 고정화는 죽음을 뜻한다. 따라서 원형질의 구조도 평균적으로만 안정되어 있을 뿐이지 많아지거나 적어지는 등 끊임없이 변화하고 있다. 그렇기 때문에 의학에서는 정상적인 것과 병적인 것의 경계를 정하기가 대단히 어렵다. 병적이라는 것은 편차가 너무나 심한 것을 말하는데, 정상적인 것이라고 해서 편차가 없다고 말할 수는 없기 때문이다.

따라서 무기적 세계와 관련해서 생물을 특징짓는 것은 이런 끊임없는 불안정성인데, 이것은 분명히 어떤 조정자와 지도적 사고에 의해 조절되고 있다. 정상적 상태에서 변동의 폭은 언제나 한정되어 있기 때문이다. 모든 것은 마치 어떤 숨겨진 신비한 의지가 작용해서 복잡한 유기체를 정해진 한 방향으로 이끌어가는 것처럼 움직이고, 어떤 요소라도 여기에서 일탈하려고 하면 곧 다시 데리고 돌아오는 듯 보이는 것이다.

앞서 말한 오케스트라의 비유로 말한다면, 그 요소들은 '다소간에' 지휘자를 따르고, 지휘자는 작곡가를 따른다. 콘트라베이스가 너무 강하게 연주될 때, 지휘자는 더 조용하게 연주하도록 신호를 보낸다. 이처럼 때때로 나타나는 부조화를 끊임없이 정정함으로써 대체적으로 하모니를 이룬다. 여기서 우리는 바로 생물체에서 지적해온 것과 같은 것을 다시 발견한다. 즉 각 구성 요소의 끊임없는 미세한 일탈과 미리 정해진 계획을 실현하기 위해 바로 그 움직임을 규제하는 의지가 동시에 존재하는 것이다.

달리 비유하기로 하자. 무기적 세계는 미리 설정된 궤도를 정확하게 달리도록 견고한 철로 위를 달리는 기차에 비유할 수 있다. 이에 비해 생물계는 길 양쪽에 어느 정도 여유를 갖고 있는 자동차와 비슷하다. 그 진로는 끊임없이 수정됨으로써 똑바른 길을 확보한다. 자동차가 너무 오른쪽으로 가면 핸들을 가볍게 왼쪽으로 돌리고 왼쪽으로 가면 그 반대로 하는 것이다. 만일 이 조정을 잘못하면 추락하게 된다. 중요한 것은 유연하게 조정할 줄 아는 현명한 운전사에게 견고한 철로는 필요하지 않다는 것이다.

이미 클로드 베르나르는 다음과 같이 말하고 있다. "우리가 유기체를 기계처럼 다루는 것은 이치에 맞는다. 그러나 유기체를 고정되고 부동이며 수학적 정확성을 가진 영역에 머물러 있는 자동적 기계라고 보는 것은 큰 잘못이다. 유기체는 유기적인 기계, 즉 유연하고 순응적인 체제를 지닌 기계인 것이다."[50] 따라서 무기적 세계와 비교하면, 생물은 그 주도적 방향에서 어느 정도 편향할 만한 여유를 갖는다. 그리고 이것이 바로 생물을 생물답게 만드는 것이다. 이 생명은 끊임없는 유동과 유기적 감수성을 통해 이루어지는 규제로 유지된다. 인간은 다른 동물에 비해 훨씬 크게 편향할 여유를 가졌음을 뒤에서 밝힐 생각이지만, 이것이 바로 인간을 인간답게 만드는 것이다.

여기서 우리는 설명하기 곤란한 문제에 부딪친다. 그러면서도 그것은 인간의 '가면'과 '진실'의 관계를 이해하는 데 근본적인 문제로 생각되는 것이다. 자동차 운전사를 다시 예로 들어보자. 그가 운전에 익숙하다면, 자동차의 진로를 조정하는 것은 이미 획득한 반사운동에 의해 아주 자동적으로 행해질 것이다. 그러나 사거리에 와서 왼쪽으로 갈지 오른쪽으로 갈지 결정할 때는 완전히 다르게 핸들을 조정한다. 그것은 의식적이고 의지적인 결단이라 할 수 있다.

따라서 똑같은 운전사가 똑같은 동작으로 똑같은 핸들을 잡고 있어도 직진인지 회전인지에 따라 완전히 다른 계열의 의미를 갖는다고 할 수 있다. 한편은 연속적으로 되풀이되는 자동적 현상이지만, 다른 쪽은 의지적이면서도 단속적(斷續的)인 행동인 것이다. 따라서 인간의 생명에서도 주의를 끄는 것, 과학적 관찰이 가능한 것은 자동적인 것,

즉 겉보기 모습이다. 과학은 독특한 사실을 알려고 하는 것이 아니라 연속적으로 반복되는 사실에서 법칙을 이끌어내려 하는 것이기 때문이다. 물론 여기서 나는 자연과학을 말하는 것이고, 역사학은 이와는 완전히 다른 과학이다. 그러나 역사학조차도 역사가가 일련의 사실을 비교하는 한에서 과학이 된다. 그렇지 않다면 역사학은 독특하고 이해하기 어려운 많은 사실을 수집한 것에 지나지 않을 것이다.

이제 인간의 참된 모습은 언제나 객관적 탐구에서 벗어나 있고, 우리는 겉보기 모습만을 발견한다는 것을 이해했다. 과학은 살아 있는 존재에 대해서 그 자동적 현상만을 파악할 수 있을 뿐이다. 과학에 있어서 살아 있는 존재는 단지 자동적 현상의 집적으로 나타날 뿐이다.

따라서 생명은 클로드 베르나르가 말한 현상의 두 계열에 대응하는, 명백하게 다른 두 가지 요소로 분해되는 것 같다. 첫째는 생명에 고유한 것이고 창조적이며 독특하고 지속하지 않으며 목적론적이고 형이상학적이며 과학적 관찰로는 파악할 수 없는 것이다. 그것은 사거리에서 핸들을 조작하는 것처럼, 일정한 방향을 선택해 차를 모는 것과 같다. 둘째는 자동적·반복적·지속적·인과론적·물리적인 것이며 과학이 해명할 수 있는 것이다. 그것은 자동적으로 조정된 운전으로 정해진 방향을 항상 유지하려 하는 것과 같다.

창크 박사는 생명 개념과 관련해 진화를 언급하면서 뜻 깊은 설명을 하고 있다. 잘 알려진 일이지만, 생물 변형론은 처음에 이례적인 성공을 거두었지만 포기될 수밖에 없었다. 이 학설은 종(種)들이 서로 자발적으로 연결되어 있다는 직관적인 생각에서 나온 것인데, 그것은 필연적으로 "생물은 새로운 성질을 획득하고 이를 자손에게 전달할 수 있다"는 것을 가정한다. "그런데 이러한 자연적 변형에 대해 반박의 여지없는 증거는 어디서도 발견되지 않았을 뿐 아니라 실험적으로 연구를 거듭하여 조직체에 손상을 가해도 유전적으로 전달되는 것을 전혀 얻을 수 없었다."[51]

다시 말해 과학에 의해서는 새로운 창조적 현상이 불가능한 것이다. 과학은 "진화와는 반대로 종의 고정"에 협력하는 자동적 현상만을 관찰한다. 따라서 창크 박사는 다음과 같이 결론을 내린다. "모든 적응의 근원에서는 선택의 가능성, 즉 마치 의식이 개입하고 있는 것처럼 일이 수행된다. 또한 의식은 생물 속에서 기억이라는 형태를 갖고, 자동적인 되풀이를 통해 획득되는 것처럼 모든 일이 진행된다. 한편은 적응, 한편은 반복이라는 두 가지 사실의 계열 중에서 후자만이 우리에게 알려지는 것이다."[52]

이러한 생물학자의 결론이 앞에서 말한 자동차 운전사의 비유와 정확하게 대응한다는 것을 이해할 수 있을 것이다. 그는 사거리에서 방향을 선택하는 매우 짧은 순간에만 우리 손에서 벗어난다. 그러나 그가 그 길을 선택했다는 것만은 매우 명백하다. 현재 그는 그 방향으로 달리고 있기 때문이다. 그리고 그가 달리고 있는 현재에 우리가 관찰할 수 있는 것은 그의 차를 그 방향으로 달리게 하고 있는 것이 저 자동적인 반사작용이라는 것이다. 그의 신체는 마치 그 기억을 간직하고 있는 것처럼 움직인다.

따라서 생명은 그 본질적·창조적·개성적 행위에 있어서 우리의 관찰을 벗어나 있다. 우리는 이 근원적 행위의 뒤를 이어 일어나는 자동적 현상만을 볼 수 있다. 그러나 이미 이 자동적 현상에는 특별히 생명적인 요소가 포함되어 있지 않다. 자동적 현상은 종이건 개체건 그 고정성을 보장하면서 겉보기 모습을 만들어내는 것이다. 참된 인간에 속하는 것은 정녕 자유로운 선택이지 고정되거나 규정되거나 자동적인 것이 아니다. 그러나 참된 인간은 스스로 만들어낸 자동적 현상을 통해서만 외부에 나타난다. 이렇게 해서 왜 겉보기 모습과 참된 모습을 구별할 수 없는지, 또한 왜 참된 모습에 직접 접근할 수 없는지를 간신히 이해하게 되었다. 우리는 단지 그 흔적을 겉보기 모습에서 찾아볼 수 있을 뿐이다. 그런데 겉보기 모습은 이미 스스로 연기하고 있는 역할을 통해 많든 적든 간에 굳어 있고, 다소나마 자유와 생명을 잃고 있다.

따라서 자동적 현상은 생명을 증언하는 동시에 부정하기도 한다. 자동적 현상은 생명의 확실한 열매, 불가결한 종인 동시에 생명의 무덤이기도 하다.

우선 확실한 열매라고 하는 점인데, 이것은 앞에서 밝힌 것처럼 참된 모습을 겉보기 모습에서 떼어낼 수 없음을 말한다. 그것은 모든 순간에 창조적이고 자발적인 삶의 방식을 보인다는 것이 불가능하다는 것을 말한다. 우리 존재는 그 끝에서 끝까지 모든 것에 걸쳐서 생리학적·심리학적·윤리적, 더 나아가 정신적인 자동 현상에 의해 짜여 있는데, 그것이 또한 우리 존재에 있는 일정한 지속성을 보증하고 있다. 자신의 내면을 깊이 탐구해보아도 "의식을 의식이 만들어낸 자동적 현상과 구별하는 것은 곤란하다"고 창크 박사는 말한다.

나는 가끔 개성적인 독창성을 구하기 위해 신들린 것 같은 사람들을 만난다. 그들은 참으로 자기 자신으로 존재하길 열망한다. 육체, 유전, 콤플렉스, 반사작용, 교육 등과 같은 결정론에서 해방되고 싶다는 것이다. 그들은 개성을 상실하는 것이 두려워 모든 외적인 영향을 피하려 한다. 그들은 누구에게서도 은혜를 입는 것을 바라지 않고 오직 새로운 사상, 아무도 맛보지 못한 감정만을 가지려 한다.

그런데 실제로 그들의 인생은 평범하고 그들의 개성은 빈약해질 뿐이다. 지나치게 자기만을 아껴서 다른 사람들과 풍요한 교류를 이루지 못하기 때문이다. 우리가 외부에서 받아들인 모든 것, 또 습관을 통해 내부에 남게 된 모든 것을 우리 자신에게서 없애버린다면, 도대체 우리에게는 무엇이 남을 것인가? 커다란 공허가 남을 뿐이다. 이러한 사람들 중 한 사람과 이야기하는 동안 내 마음에는 어떤 이미지 하나가 떠올랐다. 우리는 허공에 자수를 놓을 수는 없다. 그러려면 수틀이 필요하다. 수틀을 이루고 있는 것이 다름 아닌 자동적 현상의 그물로서 그것이 없으면 존재도 생명도 없고 수를 놓을 가능성도 없다. 그리고 이 자수야말로 개성적이며 창조적인 행위라고 할 수 있지 않을까?

두 번째로 자동적 현상은 실제로 인생에 필요한 종이다. 만일 나의 '창조적 의식'이 어느 순간에나 각각의 세포나 기관의 작용, 또는 여러 샘(腺)의 분비 작용에 관계해야 한다면, 이러한 글을 쓸 여유는 도저히 생기지 않을 것이다. 자동적 현상은 의식의 작용을 절감한다. 앞에서 예를 든 자동차 운전사는 몸에 붙은 반사작용으로 자동차를 움직이면서 그의 아내와 이야기를 나눌 수 있다. 그리고 다만 사거리에 이르렀을 때만 아내와의 대화를 멈추고 도로나 표지에 주의를 돌리는 것이다.

폴 코사 박사는 그의 뛰어난 저서에서 '반사작용에서 심리적인 것으로' 나아가는 신경조직의 단계에 대해 말한다.[53] 그는 감각이나 운동

기능의 하부적이며 구체적인 작용이 해부학에 엄격히 한정되는 일은 있어도, 지성의 상부적이며 추상적인 작용은 결코 한정되지 않음을 보여준다. 게다가 하부 기능의 완전한 자동 작용을 보면, "신경 작용도 해부학적 해석에서 서서히 해방될 수 있다"는 것을 알 수 있다는 것이다.

우리의 기관은 우리가 그 기관을 의식하지 않고 자동성을 믿을 때 오히려 훨씬 원활하게 기능한다. 이것은 히포콘드리 환자에게서 잘 볼 수 있다. 그들은 자신의 몸에 너무나 신경을 쓴 나머지 수없는 기능장애로 괴로워한다. 그리고 이 장애가 다시 그들의 주의를 환기해서 악순환이 시작된다. 이윽고 자기 자신에 대한 그들의 편집증은 대단히 강력한 자동적 현상이 되고, 결국 그들은 자신의 병 외에는 아무것도 생각하지 못하게 된다.

그러나 끝으로 자동적 현상은 인생의 무덤이기도 하다. 어떤 사람을 매우 생생하고 개성적이라고 말하는 것도 분명히 그 사람이 창조적 상상력이 풍부하고 뜻밖의 공상이나 예기치 못한 발견을 잘한다는 것을 뜻한다. 이것은 자동적 현상과는 정반대다. 이렇게 생각하면, 이 책의 처음부터 말해온 습관적 생활은, 생리학적 죽음이 찾아와서 육체나 정신 속에 살아남아 있는 것처럼 작용하는 메커니즘을 멈추게 하기 훨씬 전에, 이미 죽은 것과 같은 것으로 생각되리라.

어린아이가 지니는 생생한 풍요로움은 그들이 아직도 어른처럼 자동적 현상의 냉엄한 틀에 갇히지 않은 데서 생겨난다. 그들의 자발성은 전파된다. 그들과 접촉하면, 우리를 꼭 조이고 있던 답답한 옷이 느슨해지는 듯한 해방감을 느낀다. 사고나 습관의 경직된 체계 속에 갇힌 사람을 보면, 나이보다도 일찍 늙은 것처럼 보이며 생기를 찾아볼 수 없음을 느낀다. 그는 끊임없이 동일한 동작과 습관을 되풀이할 뿐이다. 어느 경우에나 그가 어떤 반응을 보일지 예측할 수 있다. 그는 잘 길들여진 동물일 뿐이다.

사실상 우리의 자동적인 면은 참으로 인간적인 것이 아니라 단지 동물적인 것이다. 우리 본능의 매우 강한 작용이 이것의 예라는 데는 이론의 여지가 없을 것이다. 또한 교육이나 습관으로 생긴 조건반사 작용도 마찬가지다. 융 학파가 우리가 무의식적으로 따르고 있다고 말한, 정신적인 것이라 할 수 있는 선조적 고태형조차도 그 자동성 때문에 역시 동물적 성격을 면하지 못한다. 그것이 몇 가지 점에서 우리를 동물과 구별해주기는 하지만.

동물의 경우에는 모든 것이 자동적이다. 이는 우리 집 개만 보더라도 알 수 있다. 우리가 체스를 끝내면 개는 일어나서 우리가 있는 쪽으로 온다. 그때가 이 개의 짧은 산보 시간이기 때문이다. 우리가 인간의 심리에 대해 과학적으로 연구할 수 있는 모든 것은 동물에 대해서도 마찬가지로 가능한데, 그것은 우리가 동물과 공통된 것을 갖고 있기 때문이다. 하기야 그것은 우리의 적극적인 행동이 아니라 반응, 즉 선천적이든 후천적이든 반사작용에 지나지 않기는 하지만.

우리에게 있는 동물적인 것, 모든 자극에 대해 완전히 적합한 행위로 반응하는 완성된 기능을 부정하는 것이 문제가 아니다. 그것은 우리 존재의 버팀목이기 때문이다. 그러나 우리에게 동물적인 것 말고는 없다고 한다면, 우리는 이미 인간일 수 없을 것이다. 가령 사랑을 예로 들면, 과학적으로 규명할 수 있는 사랑이란 자연적 기능에 지나지 않는다. 성적 본능이든, 모성 본능이든, 단순한 감정 상태든, 동물에게서도 마찬가지로 볼 수 있는 사랑하고 사랑받고 싶은 욕구든, 여기에는 외적 자극에 대한 자동적인 반응이 있을 뿐이다.

그러나 그 사랑이 갑자기 예기치 못한 형태로 증오해야 할 적을 향해서 솟아오르고 자연의 공격적인 반발을 대신하게 될 때는 창조적인 행위, 말하자면 참으로 자유롭고 제한이 없는 행위가 생기는 것이다. 그것은 생명의 폭발이고 새로운 방향에 대한 확정적인 선택이어서 자연적 반응의 고리는 여기서 끊어진다.

이것이 바로 자발적·창조적 행위라고 하는 것이다. 이것은 어디까지나 고립된, 각기 대체할 수 없는 예측 불가능한 행위이고, 따라서 과학적으로는 도저히 연구할 수 없는 것이다. 이야말로 겉보기 인간을 전복시키는 참된 인간의 표명이다. 그러나 이러한 행위도 이윽고는 많은 상황에 대응하는 새로운 반응 방식, 즉 새로운 자동 현상의 원천이 될 것이다. 그리고 이 새로운 자동 현상은 심리학의 객관적 검증으로 해명될 것이고, 그 용솟음치는 힘의 증인이 될 것이다. 이것은 마치 멀리 지평선 저쪽을 달리고 있는 게 보이는 객차의 열이 우리 눈에는 보이지 않더라도 한 대의 기관차에 의해서 끌려간다는 것을 확신할 수 있는 것과 마찬가지다.

이것은 인생의 분리할 수 없는 두 면을 상징한다. 즉 하나는 우리 눈에 보이지 않는 힘이고, 또 하나는 이 힘에 이끌리면서 우리 눈에도 보이는 일련의 자동적 현상이다. 그러나 객차의 열은 이미 본질에 있어서 생명, 즉 참된 인간은 아니다. 그것은 단지 수동적인 사물, 생명을 잃은 사물에 지나지 않는다. 지금까지 말해온 이 새로운 반응 방식, 생명감 넘치는 정신적 경험에 의해 일어나는 새로운 자동적 현상은 되풀이

되면 될수록 더욱더 깊은 의미를 상실하고 더욱 가면적이고 습관적인 것이 된다. 자동적 현상은 생명의 폭발로 생긴 것이면서도, 참으로 새로운 경험에 의해 끊임없이 쇄신되지 않는 한, 생명 없는 습관의 수렁으로 빠져버리는 것이다.

유기적 생명에 대해서도 사태는 마찬가지인 것 같다. 창크 박사는 클로드 베르나르의 두 가지 정식, 즉 "생명, 그것은 창조다"와 "생명, 그것은 죽음이다"를 인용하면서, 이는 모순이 아니라고 말하고 다음과 같이 보충한다. "생명은 창조인 동시에 죽음이다. 그 내면 깊은 곳의 숨겨진 존재 속에서는 창조이고 겉보기 현상으로서는 죽음이다."[54]

물론 이것은 실제로는 긴밀하게 결합해 있는 생명의 두 면을 쉽게 이해하기 위해 아주 도식적으로 분류해놓은 것이다. 우리 생명은 매 순간 세포의 죽음을 경험한다. 클로드 베르나르의 이른바 '죽음의 현상', 즉 세포의 붕괴는 순수한 물리화학적 현상이고, 과학을 통해 해명할 수 있는 무기적 세계와 아주 똑같은 것이다. 하지만 그 현상은 우리가 살아 있는 동안 우리 내부에서 전개되고, 이러한 전개가 없다면 우리는 살아나갈 수 없다. 우리의 정신적 세계에서도 사태는 같다. 심리학자들의 연구 대상이 콤플렉스나 자발적인 관념 연합이라 하더라도, 그것은 모든 점에서 세포나 원형질의 화학적 현상에 비유할 수 있다. 따라서 우리의 개인적 생명은 이 조직의 생명에 견고하게 결부되어 있다. 이러한 조직에 장애가 일어나면, 우리는 창조적인 결단을 내리지 못하게 될 것이다.

그러나 생명은 그 이상의 것이기도 하다. 생명은 외부 메커니즘의 견딜 수 없는 단조로움에 사로잡혀 있으면서도, 끊임없이 존재의 은밀한 내면으로 되돌아가려 한다. 이는 마치 생명이 손수 만들어낸 자동적 현상의 압박을 단속적인 폭발로 파괴해버리려고 하는 것 같다. 마찬가지로 참된 인간도 갑자기 나타나서 겉보기 모습의 응결한 질서를 바꿔 놓고 여기에 새로운 모습을 부여하려고 한다.

"의식에 반복은 없다. 의식은 생각해내는 것이다"라고 창크 박사는 말한다. 또 다른 곳에서는 "혼자서 생각하는 것, 그것이 참으로 생각하는 것이다"[55]라고 말하기도 한다. 어쨌든 창조적인 사건, 생명의 약동은 모두 습관화된 자동적 현상의 고정된 질서를 교란하려 한다. 그러나 이렇게 교란된 질서도 곧 새로 나타나는 자동적 현상으로 변한다. 따라서 유일하게 과학적으로 처리할 수 있는 어떤 틀에 맞는 형식과 이 형식의 감옥에서 생명을 구출해내려 하는 헤아릴 수 없는 광명 사이에 생명이 리듬을 타며 약동하고 있다고 할 수 있다. 참된 인간은 이 간헐적인 광명에 의해 나타나는 반면, 겉보기 모습은 우리에게 영속적으로 존재하는 것이다.

코로〔Jean-Baptiste-Camille Corot(1796~1875): 프랑스 화가〕는 처음 화가가 되려 했을 때 자기 자신의 표현 형식을 열심히 모색했다. 그러나 일단 형식을 발견하자, 그 형식의 완전한 포로가 되고 말았다. "그는 코로 식으로 그린다. 왜냐하면 그렇게 요구받기 때문이다."[56] 그로 인해 그 후로 코로는 발전하지 못했다. 그는 겉보기 자기에 고정된 것이다. 생명이란 운동이고 고정된 규제의 파괴이며 불안정 자체다. 이 말은 기분의 불안정함을 탄식하는 신경질적인 사람들에게 무엇보다도 큰 위안이 될 것이다. 완전히 안정된 사람이 있다면, 그것은 자동기계이고 죽은 자이며 사물에 지나지 않는다. 여기서도 우리는 이미 생명의 특징으로서 언급한 '변동의 여유'라고 하는 개념을 다시금 발견한다.

또한 '능산적 자연(natura naturans)'과 '소산적 자연(natura naturata)'이라고 하는 철학자들의 낡은 구분도 다시 발견하게 된다. 생명이란 자연의 창조적 근원인 동시에 만들어진 자연적 상태다. 그리고 우리가 연구하는 것은 후자이며, 전자는 손댈 수 없는 것이다. 그것은 마치 발생기의 물체에 손을 댈 수 없는 것과 같다. 발생기의 물체는 화학반응 속에서 나타나자마자 다른 물체와 결합하고 만다.

마찬가지로 아무리 내연기관을 분해하더라도 그것이 왜 회전하는지에 대한 설명을 얻을 수는 없다. 내연기관이 회전을 시작하고 주어진 운동을 지속하는 자동운동을 시작하려면 외부에서 주어지는 다른 충격이 필요하기 때문이다.

이제 "지성은 원래 생명을 이해할 수 없다는 것을 특징으로 한다"는 베르그송(Henri Bergson(1859~1941): 프랑스 철학자)의 유명한 주장을 이해할 수 있을 것이다. 또한 그는 이보다 명백하게 "지성은 불연속이고 타성적인 존재밖에 파악하지 못한다. 지성은 생명을 그 연속과 진전에 있어서 이해하지는 못한다"라고 말하고 있다.[57] 그것은 동양의 지혜와 통하는 것이다. "우리는 생명이 무엇인지 알 수 없다"고 공자는 말했다. 또한 우리는 귀스도르프 교수의 다음과 같은 말도 이해할 수 있다. "요컨대 우리는 자아를 추구하려 하지만, 결국 자아가 그 발자취 속에 남겨놓은 것을 찾아낼 뿐이다."[58] 생명, 자아, 참된 인간은 손으로 만지거나 분석하거나 과학으로 접근할 수 있는 실재가 아니다. 그것들은 의지이고 선택이며 의식으로서, 형이상학적인 다른 세계에서 오는 충동인 것이다. 물리화학적 세계에서는 그 간접적인 결과만을 발견할 뿐이다.

"생명의 본질은 언제나 우리가 미치지 못하는 곳에 있다"고 퐁소아 박사는 말한다. "왜냐하면 생명은 인간의 능력을 초월한, 파악하기 어려운 초자연 속에 머물러 있기 때문이다."[59]

심리학과 정신

　의학에서 형이상학적인 생각을 모두 배제하고자 굳게 결심한 내 동료들에게 앞서 말한 결론이 받아들여지지 않는 것은 당연한 일일 것이다. 그들은 그렇게 함으로써 나보다 객관적으로 행동하고 있다고 진지하게 생각한다. 내가 선입관에 사로잡혀 있다고 그들이 비난하더라도 이상한 일은 아니다. 이를테면 나는 신앙을 가진 자로서 세계·생명·의식의 기원은 감각적 세계의 밖에, 즉 신이라고 불리는 자유롭고 창조적인 의지 속에 있다고 믿고, 따라서 인간을 동물과 완전히 다른 존재로 만드는 참된 인격을 "신의 모습을 닮은",[60] 눈에 보이지 않는 실재로 믿고 있다고 그들은 말하는 것이다. 그러나 나도 마찬가지로 그들에게는 그들 나름의 다른 선입관이 있음을 확신할 수 있다. 그들이 지닌 선입관이란 과학적 연구가 접근할 수 있는 것 말고는 어떠한 다른 실재도 인정하지 않는다는 실증주의적 사고방식이다.

　나는 서로의 이론적 논쟁으로 이 문제가 해결될 수 있다고 말할 생각은 없다. 다만 적어도 현재로서는 실증적 과학이 생명을 해명할 수는 없다는 것을 말했을 뿐이다. 내가 생명이나 참된 인간이 정신적 영역에 속한다고 결론을 내렸을 때, 그것은 가정되고 믿어지는 것이지 결코 증명되지는 않는 것임을 우선적으로 인정했다.

그렇지만 생명의 문제와 참된 인간의 문제는 놀라울 만큼 비슷하다. 이 두 가지가 모두 신비적인 것이며 우리가 그 간접적 결과만을 인정할 수 있을 뿐이라는 점은 결코 우연이 아닐 것이다. 그러므로 생물학이 가르쳐주는 교훈이 참된 인간을 추구하는 데 중요한 것이라 생각되는 것이다. 나는 단지 심리학자에만 머물지 않는다. 나는 의사, 그것도 신체뿐만 아니라 영혼의 의사이기도 하고, 앞으로도 그러고자 한다. 의사가 아닌 심리학자들에게는 판단의 중요한 요소가 결여되어 있는 것처럼 생각되어 견딜 수가 없다. 해부학과 생리학은 변함없이 인간 의식의 근본적인 기초가 되고 있다. 우리 생명이 계속되는 한, 우리는 자신의 육체에 언제나 종속하고 그 육체가 허용하는 범위 안에서만 발전할 수 있을 뿐이다.

클로드 베르나르가 말하는 관념, 생명의 구도, 생명력이든, 베르그송이 말하는 생의 약진이든, 창크 박사가 말하는 창조적 의식이든, 이러한 문제에 대해 말할 때면 언제나 생명을 설명하기 위해 감각적 세계의 밖에 있으면서 우리의 감각에 운동의 흔적을 남기는 하나의 정신적 힘을 내세우려고 한다. 나는 이 숨겨진 실재를 증명하려고 하는 것이 아니다. 그것은 정녕 나의 객관적 탐구 밖에 있기 때문이다. 나는 단지 그것을 가정할 때만 생물학의 세계에서 관찰되는 현상을 만족스럽게 설명할 수 있다고 말하고 싶을 뿐이다. 따라서 눈에 보이는 살아 있는 세계를 움직이는, 눈에 보이지 않는 정신적 힘을 가정하기로 하자.

이것은 사실상 《성서》에서 볼 수 있는 관념이기도 하다. 창조적인 힘이란 '신'이고, 신의 '말씀'이 우선 무기적인 세계를 존재하게 만들었으며, 다음에 생물의 세계에 생명을 준 것이다. "하나님께서 진흙으로 사람을 빚어 만드시고 코에 입김을 불어 넣으시니, 사람이 되어 숨을 쉬었다."[61] 또한 성 바오로는 아테네의 아레오파고스(아크로폴리스 옆에 있는 언덕으로 최고 법원이 있었던 곳)에서 "그분은 이 세상과 그 안에 있는 모든 것을 만드신 하나님이십니다"[62]라고 말하고, 또한 "사실 하나님께서는 누구에게나 가까이 계십니다. 우리는 그분 안에서 숨쉬고 움직이며 살아간다는 말도 있지 않습니까?"[63]라고 덧붙였다.

　나는 여기서 의학적 세계가 저 관념이 없으면 절대로 해결 불가능한 것으로 보이는 어려운 문제를 어떻게 해결해가는지 보여줄 것이다. 오케스트라로 다시 비유해보자. 오케스트라에는 중요한 연주 그룹이 두 가지 있다. 현악기 그룹과 관악기 그룹이다. 그것들은 마치 생물의 두 구성 요소, 즉 신체와 영혼에 비유할 수 있을 것이다. 내가 여기서 영혼이라고 하는 것은 신학자들이 취급하는 초월적·정신적 실재가 아니라 심리학자의 연구 대상인 마음, 즉 프시케(psyche)인 것은 더 말할 것도 없다.

　이 두 연주 그룹을 동시에 지휘하고 그들을 합주시키는 것은 눈에 보이지 않는 지휘자다. 지휘자는 작곡가가 마련한 계획에 따라 이 양자에 차례로 신호를 보내서 주제를 표현시키려 한다. 마찬가지로 환자들에 대해서 우리의 주의는 신체적 징후와 정신적 징후에 차례로 쏠리게 되는데, 이 두 계열은 언제나 함께 존재한다.

　눈에 보이지 않는 오케스트라의 지휘자가 없다면, 유기적 사실과 정신적 사실 사이에 존재하는 놀라운 상호 관계는 이해할 수 없는 신비로 남을 것이다. 예컨대 나는 슬프고(정신적 징후), 그래서 운다(육체적 징후). 이 두 징후 사이의 상호 관계는 무엇에 의해 일어나는가? 어떤 의사들처럼 슬프기 때문에 운다고 생각할 수도 있다(정신 발생적 해석). 그러나 그 메커니즘은 결코 설명되지 않는다. 왜 나의 슬픔이 엄지발가락의 수축을 일으키지 않고, 누선(淚腺)의 분비를 일으키는가? 또는 다른 의사들처럼 누선에서 분비 현상이 일어나기 때문에 ─ 이때 동시에 내 자율신경 조직 속에서 다른 모든 메커니즘이 움직이는 것은 말할 것도 없다 ─ 슬프다는 감각을 가질 수 있다고 생각할 수도 있다(유기체적 해석). 그러나 이 경우에도 왜 이 신경 현상이 기쁨이 아니라 슬픔을 일으키는지에 대해서는 아무런 설명이 없다.

어쨌든 정신 발생적 해석과 유기체적 해석을 지지하는 사람들 사이의 논쟁은 풀 수 없다. 우리가 확인할 수 있는 유일한 사실은, 이 두 징후가 동시에 일어난다는 것뿐이다. 어느 한쪽이 다른 쪽을 지배하는지는 증명할 수 없고, 또한 내가 여기서 주장하는 것처럼 눈에 보이지 않는 지휘자, 즉 참된 인간이 이 양자를 지배하고 있는지도 증명할 수 없을 것이다. 특히 정신의학은 정신 발생설을 택하는지 유기체설을 택하는지에 따라 적대 분야로 갈라진다. 나의 주장은 흔히 전자와 동일시되는데, 이것만은 결단코 부정하고 싶다. 나는 육체가 영혼을 지배하는 일도 없고 영혼이 육체를 지배하는 일도 없다고 본다. 동시에 그 두 가지가 눈에 보이지 않는 정신적 영역에 속하는 실재, 즉 참된 인간의 표현인 것이다.

나는 내 주장을 설명하기 위해 눈물이라는 아주 단순한 예를 들었다. 그러나 문제는 의학 전체에서 찾아볼 수 있다. 히포크라테스 이후 언제나 의사들은 정신과 육체의 일치에 열중해왔다. 그러나 순수하게 과학적인 견지에서는 만족할 만한 설명을 찾지 못했다. 크레치머(Ernst Kretschmer(1888~1964): 독일의 정신의학자, 인간의 체질을 뚱뚱한 형, 마른 형, 단단한 형으로 나눔)는 신체 구조의 모든 유형과 정신병적 기질이 서로 일치함을 증명했다. 예를 들면 조울적 정신병에는 비만형이 대응한다. 또한 특히 인상학을 연구하지 않더라도, 이웃 사람의 얼굴을 잠깐 보고 그가 비관 주의자인지 낙천주의자인지 심각형인지 낙관형인지 판단할 수 있다.

육체를 형성하는 것이 영혼인지, 영혼을 규정하는 것이 육체인지에 관한 문제는 누구도 확신을 갖고 해결하지 못한다. 게오르기 교수는 최근 혈액의 화학적 정량과 관련해 이 문제를 다뤘다. "우리의 정신적·육체적 존재는 어떤 특유한 리듬의 지배를 받는데, 이것은 '정신'에 의해서 그 상태가 규정된다."[64]

대부분의 의사는 이 귀찮으면서도 기본적인 문제를 심각하게 생각하려 하지 않는다. 그들은 각각의 경우에 따라 유기적 해석도 하고 정신 발생적 해석도 한다. 물론 눈앞에 있는 현실적 경우에 대해서는 분명하든 은밀하든 '이것은 기질적인 것인가 아니면 기능적인 것인가'라고 묻는다. 그들은 신체적 치료가 안 되면 '아무래도 신경에 원인이 있는 것은 아닐까'라고 중얼거리고, 정신요법이 실패하면 '기질적인 문제임에 틀림없다'고 생각한다.

따라서 우리가 배운 의학은 기질적인 것과 기능적인 것이라는, 근본적으로 다른 두 종류의 병을 가정하고 있다. 이러한 사고방식은 언제나 나를 괴롭혀왔다. 모든 기관(器官)의 병에는 어느 경우에나 기능적 장애가 따르는 것이 아닐까. 또한 아브라미 박사가 지적한 것처럼, 기능장애에도 그 실제적 병해 이상으로 각각의 경우에 따라 '여러 가지 용태'를 일으키는 작용이 있다고 한다면,[65] 모든 기능장애에도 역시 신체적 징후가 따르게 될 것이다.

예컨대 고전의학은 위궤양이 심각한 기관 장애에서 비롯된 것이라고 보았지만, 미국의 심신의학파는 거꾸로 위궤양이 오랜 시간에 걸친 기능적·정신적 장애가 도달한 종착점임을 증명했다. 루리슈 교수(René Leriche(1879~1955): 프랑스의 외과학자, 생리외과학의 창시자)는 수많은 저서에서 더욱 종합적으로 내 연구와 같은 방향으로 나아간다. 그가 밝힌 바에 따르면, 허리의 관절불수(關節不隨) 같은 '외과적인' 기관 장애가 특별히 내세울 정도가 아닌 사소한 유기 조직의 장애로 인해 오랜 시간에 걸쳐 아무도 모르게 준비되는 경우가 있다. 그는 "병이란 1막의 불이 켜지기 전에 상연된 연극과 같다"[66]고 말한다.

따라서 전에 배운 것처럼 기관의 병과 기능의 병을 대립시키는 것을 그만두고, 오히려 다른 사고방식을 가져야 한다고 생각한다. 즉 모든 병은 동시에 육체적이면서 또한 심리적인 변조로 나타나는 것인데, 그러한 변조는 어느 정도 원상회복이 가능하다. 이미 말한, 우리에게서 일어나는 생리학의 항상적 변동도 단지 기능적일 뿐 아니라 기질적이기도 하다. 그것은 뢴트겐 사진의 '그늘'이라든가 현미경의 시야에 있어서의 변화 등, 실험실 안에 있는 여러 가지 정량에 의해 나타나기 때문이다. 그러나 이러한 유기적 감수성의 조절 작용이 존재하는 한, 역시 원상회복할 가능성은 남는다.

그러나 이러한 변동이 폭넓게 이루어진다거나 되풀이될수록 회복은 점점 불가능해진다. 이것이야말로 바로 우리가 '장애'라 부르는 것이다. 아니, '상흔'이라고 하는 편이 나을지도 모르겠다. 육체는 영혼만큼 유연하지 못하다. 마치 오케스트라의 관악기가 현악기만큼 유연하지 못한 것과 같다. 장애를 회복하는 것이 불가능해지면, 즉 재생 능력을 상실하면, 장애는 고정되고 자동 조정 작용은 사라진다. 마찬가지로 앞서 예로 든 운전사도 진로를 방해받으면 추락할 것이다.

이미 명백해진 것처럼, 이렇게 인간을 이해하면 인간을 단지 기질적으로 파악하거나 아니면 심리적으로 파악하거나 또는 그 상호 작용으로 생각하는 것보다 정신과 관련해 헤아릴 수 없을 정도로 만족스러운 결과를 얻을 수 있다. 병적이든 정상적이든, 인간의 육체에서 일어나는 현상과 심리에서 일어나는 현상을 동시에 지배하고 있는 것은 정신의 충동이며 인간의 정신적인 숙명 자체라 할 수 있을 것이다. 육체와 영혼은 단지 정신의 표현 수단에 지나지 않고, 정신은 육체와 영혼을 동시에 이끌면서 협력시키는 것이다. 우리의 연구 대상인 육체와 영혼은 우리에게는 모두 순수한 메커니즘으로서, 곧 겉보기 모습으로서 나타난다. 그것은 참된 인간이라는 정신적 실재의 표현 수단인 것이다.

최근 스칸디나비아에서 내 동료가 휴프슈만 박사의 연구를 말해주었는데, 노르웨이의 유명한 결핵 전문 의사가 그 연구를 심하게 공격했다고 한다. 휴프슈만 박사는 여러 결핵 환자를 상대로 정신분석을 시도하고,[67] 육체의 병이 진행되는 시기는 그 영혼이 커다란 내적 갈등에 의해서, 그것도 단지 도덕적인 갈등에 의해서 분열되어 있는 시기와 일치한다는 것을 밝혔다. 그는 기질적인 병의 경우에 계통적인 '심리학적 해석'을 하려는 경향에 항의한 것 같다.

나는 여기에 중대한 혼동이 있다고 생각한다. 나라면 휴프슈만 박사의 연구에서 결핵에 대한 '심리학적 연구'를 보지 않고, 오히려 그것과는 완전히 다른 차원인 정신적 해석을 볼 것이다. 의식의 심각한 갈등은 단순한 심리적 사실은 아니다. 그것은 참된 인간의 운명이 달려 있는 정신적 사건인 것이다. 그리고 마음속 깊숙한 곳에서 일어나는 정신적 사건은 휴프슈만 박사가 분석을 통해 밝힌 심리적 표출 및 청진이나 뢴트겐 사진으로 확인한 육체적 징후에 의해 동시에 표현된다.

작년에 어떤 여성 결핵 환자가 진찰을 받으러 왔다. 그녀는 이미 4년 넘게 저명한 결핵 전문의의 병원에 다니면서 참으로 면밀한 치료를 받고 있었다. 그녀가 내게 진찰을 받고 싶다는 희망을 결핵 전문의에게 말한 것은 실로 2년 전으로, 그때 그는 그녀를 말리며 말했다. "투르니에 박사는 신경병 전문의입니다. 당신은 신경병이 아니라 결핵 환자란 말입니다." 그런데 작년에 그 의사가 그녀에게 산악 지방으로 가서 겨울을 보내라고 다시 한번 권했을 때, 그녀는 다시금 나를 찾아오기로 결심했다. 그런데 나는 처음에 그녀를 진찰하는 것 — 이것은 얼마나 역설인가 — 을 거절했다. 영혼을 치료한다는 구실로 꼭 거쳐야만 하는 신체 치료를 적당히 넘겨서는 안 된다고 믿었기 때문이었다.

그러나 그녀는 결핵 전문의에게도 나 자신에게도 몇 번이나 간곡히 부탁해서 결핵 전문의의 승낙을 받았고, 나도 그녀를 신찰해보기로 했다. 그녀에게는 많은 심리적 문제가 있었다. 당연한 일이지만 내 동료가 청진이나 뢴트겐으로 그 문제들을 간파한다는 것은 불가능한 일이었다. 그 문제들은 그녀의 유아 체험에 바탕을 둔 단념 콤플렉스와 열등감이었다. 그리고 그것과 더불어 도덕상의 문제도 있었는데, 가톨릭

교도인 그녀가 이혼 경력이 있는 프로테스탄트와 재혼을 한 것이다. 이 것은 그녀와 교회 사이에 말썽을 일으켰다. 게다가 또 다른 문제, 즉 남편이 전처와의 사이에서 낳은 자녀 문제도 있었다.

그런데 그녀는 곧 마음속을 숨김없이 털어놓았다. 그래서 우리는 심리학에서 정신적 영역으로 부지중에 넘어가게 되었다. 학생 시절, 그녀는 가톨릭 기숙사에서 니체 애독자인 어떤 외국인 친구와 친하게 지냈다. 그때 그녀는 순진했던 터라 더 강한 개성에 대항해 논쟁한다는 것은 불가능한 일이었다. 그녀는 곧 친구의 영향을 받게 되었다. 그녀가 배운 종교는 환영에 지나지 않게 되었다. 그 후로 그녀는 기도하는 것조차도 어렵게 되었다. 첫 남편의 비극적인 죽음을 맞고서도 기도하지 못했다. 그녀는 자신에게 뭔가 부족한 것이 있음을 느꼈지만 그 사실을 털어놓을 만한 사람은 하나도 없었다.

나와 대화한 끝에, 그녀는 다시 가톨릭 신앙을 갖게 되었다. 다음번 진찰에 온 그녀는 매우 쾌활해져서 다시 기도를 시작했노라고 말했다. 그리고 남편이 사업으로 매우 바빠서 저녁에 집에 늦게 들어와도 걱정하고 안달하기는커녕, 그때를 천천히 명상에 잠길 수 있는 좋은 시간이라 생각하게 되었다고 기쁘게 말했다. 그 후로 그녀의 폐는 눈에 띄게 좋아졌다. 그리고 4개월 후, 결핵 전문의는 폐결핵이 치유되었음을 확인했다.

이 사례는 '정신' 또는 영혼과 육체의 관계에 대한 근본적 문제를 잘 나타낸다. 나는 그녀가 '심리 발생적 결핵'에 걸려 있었다고 말할 생각은 없다. 단지 여기에는 그녀의 육체적 건강과 심리적 건강을 동시에 해치는 정신적 문제가 있었고, 이와 관련해 결핵 전문의는 육체적 징후를 발견했고 나는 정신적 징후를 확인했다고 말하고 싶을 뿐이다.

나와 그녀가 심리학적 방법에 의해서 정신의 영역에 들어섰다는 점은 분명하다. 그것은 심리학이 청진이나 뢴트겐 촬영과는 달라서 개인적 접촉을 더 용이하게 만들었기 때문이리라. 그러나 솔직히 말해 심리학에 크게 의존해서 그녀를 치료했다고 말하기는 어렵다. 어떠한 꿈도 분석해본 기억이 없다. 단지 환자를 청진한 임상가라면 누구든지 할 수 있는 방법으로 조용히 그녀의 말에 귀를 기울였을 뿐이었다.

이러한 일을 잘 생각해보면, 모든 정신요법가는 조만간에 이른바 심리학의 영역에서 벗어나게 될 것이라는 점을 이해할 수 있다. 프로이트 학파조차도 자신들의 원리를 벗어나 같은 일을 한다. 어떤 인생을 어떻게 살아왔는지 묻고 형식주의의 억압에서 해방된 사상이 어떻게 전개되는지 아는 것은 필연적으로 이미 심리학적이라고 할 수 없는 정신적인 문제로 나아간다. 생명과 세계, 병과 죽음, 죄와 신앙 등에 관한 여러 문제, 또한 각자의 가치 체계 문제 등이 그렇다. 이고르 카루조 박사는 정신요법가의 기술적·분석적 영역에서 종합적·'실존적' 영역으로 이행해야 하는 불가피함을 아주 명확하게 지적했다고 생각한다.[68]

내가 제창하는 심리학과 정신생활이라는 두 영역을 올바르게 구분하는 것이 얼마나 중요한지 이해할 수 있으리라 생각한다. 심리학은 심리의 메커니즘을 해명하는 과학이고 방법이며 기술이다. 그러나 치료 과정에서 환자가 자기 자신이나 타인을 대하는 태도, 인생이나 신을 대하는 자세가 문제가 되면, 기술의 영역에서 도덕이나 형이상학의 영역으로 이행하게 된다. 그때 의사는 정신요법보다는 영혼의 요법을 해야 하지 않을까?

나는 이 두 영역의 경계를 무시하고 위험하게 혼동하고 있다는 비난을 자주 듣는다. 그러나 나는 나처럼 공공연하게 의식적으로 혼동하고 있는 것이 아니라 부지중에 혼동하고 있는 사람들이 더 위험하다고 생각한다. 정신요법가들은 실제로 부지중에 혼동하고 있다. 경계를 알지 못하는 사람은 이미 영혼을 치료하면서도 진지하게 자신을 정신요법가로 생각하고 심리학의 과학적 영역에서 이탈하지 않았다고 주장하는 사람들인 것이다.

매우 소박한 일이지만, 환자에게 결혼 외의 '성 경험'을 권하는 정신요법가가 있는데, 이것은 정신요법을 하고 있는 것이 아니라 이미 영혼을 치료하고 있는 것이다. 본능을 신이라고 생각하는 그들 나름의 신학에 따르는 치유 방법이기는 하지만. 그들의 안목으로 보았을 때 의학과는 아무런 관계가 없는 정신의 영역과 관계 맺는 것이 과연 정당한지 묻는 의사나 신학자들에게 나는 다른 질문을 하는 것으로 대답할 수밖에 없다. 즉 도대체 당신은 어떻게 영혼을 치료하고 있는가? 그리고 영혼을 치유하는 그 방법은 도대체 어떤 신학, 세계관, 인간관을 바탕으로 하는가?

그러나 부지중에 혼동에 빠져버릴 만큼 그 경계는 미묘하다. 나는 최근 정신요법가의 네 가지 기본적인 활동과 관련해 이 점을 말했다.[69] 첫째로 '카타르시스'(정화 작용)다. 여기서 환자는 자기에게 피해를 준 모든 것에 대해 마음을 열고 말해버리면, 언제나 자기가 죄를 느끼는 일에 대해서도 마찬가지로 마음을 열려고 한다. 죄의 문제가 제기되면, 동시에 이에 대한 유일한 답인 은총의 문제가 제기되는 것이다. 이때 우리는 이미 기술의 영역을 넘어서게 된다.

다음에는 '전이'(정식분석 용어로 일반적으로 감정이 하나의 대상을 떠나서 다른 대상으로 향하는 것)다. 메다 박사가 이미 지적한 것처럼,[70] 여기에는 감정적 현상 너머의 것, 즉 개인적 접촉, 정신적 체험, 일체감이 존재한다. 셋째로 의식을 취득하는 움직임이다. 환자는 자기 자신을 뚜렷이 알게 될수록, 자기 자신 속에서 이미 말한 풀기 어려운 인간적 모순을 더욱 더 인식하고, 인간이 자신의 참된 소망을 실현하기가 얼마나 어려운지 알게 된다. 따라서 그에게 필요한 것은 치료가 아니라 영혼의 '구제', 즉 세계와 그 자신의 속죄에 대한 확실성이다.

마지막으로 정신요법가는 이미 살펴본 것처럼 어쩔 수 없이 철학자의 역할을 수행한다. 영혼을 깊이 탐구하는 것은 당연한 일이지만, 이는 단순한 기술로서는 대답할 수 없는 문제를 제기한다. 가령 정신요법가가 정신의 중립성을 지킨다는 엄밀한 원칙에 따라 어떠한 대답도 하지 않는다 하더라도, 역시 그 태도 자체가 환자에게 반드시 영향을 미치고 만다. 이러한 영향은 본래 의미에서 정신요법적인 것이 아니라 정신적인 것이다. 그것은 그가 사용하는 기술에 의하지 않고, 그 자신의 인간성, 세계관, 신앙에 의거하는 것일 수밖에 없다. 그리고 이것은 모든 의사에 대해서, 가령 외과의에 대해서조차도 말할 수 있다. 그들 모두가 환자에게 정신적 영향을 주기 때문이다.

정신분석학자들도 이 점을 점차 인정하게 뇌었는데, 메다 박사의 최근 저서는 이러한 모든 점에 대해 웅변적으로 말하고 있다. 프로이트가 발견한 것의 흐름을 따르는 여러 학파 중에서 심리학과 정신생활 사이의 밀접한 관계를 이해한 학파는 랑크 학파일 것이다. 랑크 연구소가 발간한 미국의 새로운 학술지《종교적 과정으로서의 정신요법》은 매우 독특한 것이다.

그러나 나는 이미 인용한 바 있는 큐테마이어 박사의 "'정신'이 육체보다 영혼에 가깝다는 법은 없다"는 말을 다시 떠올린다. 정신생활은 인간 전체를 포괄한 것이지 심리학자들이 문제로 삼는 단순한 심리 작용을 말하는 것은 아니다. "신앙은 어디까지나 인간의 본질적 문제"[71]라고 메다 박사는 말한다. 또한 스토커 박사는 "참된 인간을 형성하는 것은 정신적인 것이다"[72]라고 말한다. 심리학과 정신생활의 경계를 확정하기 어렵다 하더라도, 우리는 곧 자동적·심리적 메커니즘의 영역이 아니라 가치판단, 신앙, 자기를 건 결단의 영역, 한마디로 말해 참된 인간의 세계에 들어선다. 그리고 정신생활의 운명은 영혼에만이 아니라 육체에도 표현되는 것이다.

이 세계에서 '정신'의 작용은 스스로 규정한 육체적 현상이나 심리적 현상에만 나타난다. 예컨대 그것은 생명력의 소멸과 재생에, 또는 정신 상태, 감정, 사고에 나타나는 것이다. 이러한 사실이 큰 문제를 일으킨다. 육체와 마음의 어느 한쪽이 장애를 받으면 정신생활에 변조가 오기 때문이다. 따라서 의기소침한 사람들은 자기에게 죄가 있다는 잘못된 감정에 사로잡혀서 단순히 심리적 장애의 결과에 지나지 않는 것을 양심의 문제로 착각한다. 빨간 유리를 통해 사물을 보면 모든 경치가 빨갛다는 인상을 받을 것이다.

이처럼 언제나 겉보기 모습을 통해 참된 인간에 접근할 수 있다. 기질적 의학의 대상인 육체적인 겉보기를 통해서 접근하기도 하고, 과학적 심리학의 연구 대상인 심리학적 겉보기를 통해 접근하기도 한다. 그러므로 육체적 구조, 인상, 수화 및 신체의 모든 변화는 심리학적 콤플렉스나 검사처럼 참된 인간에 대한 정보를 제공해준다. 내가 심리학의 여러 문제를 언급하지 않아 독자들이 당황했으리라고 생각한다. 그러나 그렇다고 해서 내가 심리학의 여러 문제가 지닌 가치를 인정하지 않는다는 뜻은 아니다.

나는 특히 심리학 계통에서 최초의 것, 즉 언어에 의해 일어나는 자유로운 관념 연합에 바탕을 둔 융의 연구(언어 연상법)를 이용한다. 또한 가장 잘 알려진 로르샤하의 방법도 이용하는데, 그것은 반으로 접은 종이 사이에 눌려서 만들어진 잉크 자국의 우연한 도형에 의해 일어나는 자유로운 관념 연합에 바탕을 두고 사람들의 심리를 연구하는 것이다. 손디 검사(Léopold Szondi(1893~1986): 투영법의 일종으로서, 손디는 이를 창안한 헝가리 학자. 정신병자의 사진 48장을 각각 8장씩 분류해 6조로 만들어 피험자에게 보여주고 좋아하는 사진과 싫어하는 사진을 고르게 한 뒤 그에 따라 피험자의 성격 경향을 알려는 것)는 매우 독특하고 풍부한 지시를 제공하는 듯한데, 나는 아직도 그것을 잘 모른다. 어쨌든 현존하는 검사 방법을 모두 열거하는 것은 누구나 할 수 있는 일이리라. 누구나 자기가 원하는 검사를 고안하고, 거기서 하나의 방법을 완전히 이끌어낼 수 있기 때문이다.

그러나 이러한 검사도 다른 모든 과학적 조작과 마찬가지로 참된 인간에는 간접적으로만 연결되고 직접적으로 연결되는 것은 겉보기 모습이다. 실제로 그러한 검사는 오로지 자동적 현상을 밝혀줄 뿐이다. 검사의 가치는 가능한 한 이성이나 의식이나 의지의 조절에서 해방된 피험자의 반응을 보여준다는 사실에 있다. 적어도 검사는 개성(퍼스낼리티)을 연구하는 한 수단이라 할 수 있다. 개성이란 태어나면서부터 지닌 소질과 여기에 교육과 인생이 덧붙인 것에 의해 성립하므로, 바로 참된 인간과 겉보기 모습 사이에 위치한다. 그러나 개성은 내가 이 책에서 규정한 의미에서는 겉보기 모습의 영역에 속한다. 개성은 몇 가지 자동적 현상의 총체에 지나지 않기 때문이다.

마찬가지로 심층심리학이 연구하고 있는 모든 메커니즘, 예컨대 콤플렉스, 억압, 투영, 고태형 등도 엄밀하게 말해 자동적 현상에 지나지 않고, 또한 파블로프 학파의 조건 반사도 마찬가지일 것이다. 이러한 모든 것은 로마 사람들이 인간에 대해서 말한 것, 즉 "인간은 움직이는 것이 아니라 움직임을 당한다(non agit, sed agitur)"는 말을 떠올리게 한다. 이러한 방법들은 모두 유용한 것이다. 이러한 방법들은 인간에 관한 참된 자료를 제공한다. 그러나 그것은 인간의 한 양상, 매우 비인간적인 그 양상, 말하자면 자동적인 양상과 관계되는 것이다. 최근 강연에서 미차리 박사는 현대심리학이 인간의 운명을 일종의 메커니즘으로 환원함으로써 정신 현상에서 개성적 양상을 박탈하는 위험성을 지적했다.[73]

앞서 실제로 심층심리학이 인간적 접촉과 정신적 경험에 이르는 훌륭한 통로임을 보았다. 심층심리학은 의사를 차가운 지적 객관성에서 해방시키기 때문이다.

"정신분석은 정신병리학에 주관성을 도입했다"[74]고 폰 바이제커 교수도 말한다. 그러나 정신분석도 그 학설을 너무나 일반화함으로써 인간을 완전히 설명할 수 있다고 주장할 때, 오히려 인간을 퓨리탄의 노새〔질도 양도 동일한 두 다발의 건초 사이에 위치한 노새는 어느 한쪽을 선택하지 못하고 굶어 죽는다는 이야기. 퓨리탄은 프랑스의 철학자〕처럼 절대적으로 자동적인 몸짓을 할 수 없는 기계 같은 것으로 나타냄으로써 비인간화하는 것이다.

그렇지만 오디에 박사와 같은 프로이트 학파의 학자조차도 프로이트가 몰랐던 '기능'과 '가치' 사이의 구별을 알고 있다.[75] '기능'은 심리학의 연구 대상인 자동적 현상이고, '가치'는 참된 인간의 영역, 자신의 영역에 속하는 것으로서 심리학이 다룰 수 없는 것이다.

여기서 내게 남겨진 것은 우리의 정신생활 자체 역시 내가 말해온 것처럼 이중적 양상을 보여줌을 밝히는 것이다. 정신생활도 간헐적으로 나타나는 창조적 섬광과 계속적인 자동적 현상으로 성립된다. 예술에서 이러한 혼합을 볼 수 있다. 즉 예술 작품은 창조적 영감의 작용에 의해서 탄생하지만 그 표현에는 언제나 하나의 기술, 즉 노력을 통해 획득된 자동적 현상이 요구된다.

종교 생활 자체도 사정은 다르지 않다. 여기서도 지금까지 생명에 대해 말한 것을 하나하나 재확인할 수 있을 것이다. 끊임없는 변동, 조정, 감수성, 특히 생기 있고 창조적이지만 간헐적인 것을 가진 파악하기 어려운 성격, 마침내 그 성격을 오래가게 하고 동시에 증인이 되며 지주가 되면서 무덤이 되는 자동적 현상이 그것이다.

우선 변동에 대해서인데, 나는 많은 사람이 정신생활이 변하지 않기를 바라는 것을 목격한다. 그들은 열정적으로 격렬하게 일한 후 다시 나태한 상태로 돌아간다고 해서 자기를 책망하고, 신의 가르침에 따라 영광을 맛보면서 또한 죄의 세계에 떨어진다며 자기 자신을 탄식한다. 이 점에서 그들은 틀림없이 올바르다. 나 자신도 이러한 일로 나 자신을 책망한다. 그러나 나는 동시에 그들에게 이것이 바로 인간의 정신적 조건임을 이해시키지 않으면 안 된다. 부동의 정신생활은 거의 존재하지 않는다. 어쨌든 인격의 소멸, 위대한 전체와의 합일이라는 이상은 기독교적 이상이라고 하기보다는 힌두교의 이상이라고 해야 할 것이다.

'신'이나 '신'과의 접촉을 '소유한다'고 할 수 없다. 단지 그것을 주기적으로 발견하는 것으로서, 이야말로 참으로 생기에 넘치는 종교적 체험인 것이다. 탕아의 귀환은 바로 이를 상징하는 사건인데 반해서 아버지인 신에게 "당신은 언제나 나와 함께 있다"[76]고 하는 맏형은 종교적 체험을 맛보지 못한다.

신은 동물보다는 인간에게 더 큰 자유의 여유를 남겨주었다. 이것은 우리가 이미 말한, 변동에 의해 육체의 생명을 유지해가는 단순한 유기적 편향의 여유가 아니라, 말하자면 정신적 생활을 유지해가는 도덕적 불복종의 여유다. 여기서 도덕적 의식은 정확하게 모리스 베르네 박사가 말하는 유기적 감수성에 비교할 수 있다.[77] 우리가 신이 정해준 방향에서 벗어나 신의 계획에 따르지 않을 때, 도덕적 의식이 움직이기 시작해 우리를 제자리로 끌어오는 것이다. 그리고 이렇게 뉘우침을 경험함으로써 우리는 신과 다시금 화해하고 정신생활은 활기를 띤다. 좀 더 정확히 말하면, 신과 우리를 화해시키는 것은 뉘우침이 아니다. 화해는 예수 그리스도에 의해서, 또는 신의 은총에 의해서 이루어지는 것이기 때문이다. 그러나 뉘우침이 화해에 이르는 필연적인 도정임은 분명하다. 예수 그리스도 자신도 그 가르침의 처음에 "회개하라. 하늘나라가 다가왔다"[78]고 말했다.

따라서 정신생활에 대한 신의 계획은 유기체의 생명에 있어서와 마찬가지로 우리가 어느 한쪽으로 치우쳐가려는 것을 끊임없이 수정하는 데서 실현된다. 여기서 내가 겉보기의 인간과 참된 인간 사이의 불일치에 대해 말한 것을 떠올려주기 바란다. 이 불일치 때문에 생기는 불쾌감, 우리가 스스로 그렇다고 생각하고 그렇게 되기를 바랐던 것과 우리의 진짜 모습이 완전히 다르다는 것을 알았을 때의 격렬한 굴욕감. 이러한 순간순간이 각기 우리의 정신생활에서 결정적인 이정표가 된다. 우리는 무릎을 꿇고 기도하며 하나님의 용서와 은총을 느끼고 신과의 조화, 우리 자신과의 조화를 다시금 발견하는 것이다. 이제 완전한 성실성은 실현하기 어려운 이상임을 알았다. 실현할 수 있는 것은 그때그때의 성실성, 즉 그렇게 되고 싶다고 바랐던 것과는 자기 자신이 다르다는 것을 스스로에게 고백하는 순간순간이고, 그 순간에만 신과의 접촉을 다시 발견하게 된다.

우리의 정신생활은 이러한 끊임없는 발견을 통해 진보하는데, 이럴 때마다 신에게 가까워지기는커녕 오히려 멀어지고 있음을 자각할 수밖에 없다. 아시시의 성 프란체스코(Saint François d'Assise(1181~1226): 이탈리아의 신비주의자, 성인, 프란체스코 수도회의 창시자) 같은 위대한 성인이 자기가 죄인들 중에서도 가장 큰 죄인이라고 고백한 것도 이 때문이었다. 물론 이렇게 변동하는 조건을 운명이라 체념할 수는 없다. 그것은 겉보기 모습과 참된 모습 사이의 불일치를 언제나 새로이 발견하게 되는 것을 감수할 수 없는 것과 마찬가지다. "하늘에 계신 하나님께서 완전하신 것 같이 너희도 완전한 사람이 되어라"[79] 하는 그리스도의 말이 들리지 않는가? 완전함에 대한 이러한 본능적인 열망은 신앙인만이 아니라 비신앙인의 마음속에서도 발견된다. 이는 겉보기 모습과 참된 모습의 완전한 일치가 있을 수 있음을 보여주기도 하지만, 신앙인은 그리스도의 이러한 부름에 따르기 어렵다고 느끼기 때문에 신과 신의 은총을 필요로 하고 그리스도와 그 속죄를 기대하는 것이다. 신이 필요하지 않다고 생각한다면, 정신생활을 하려고 마음먹을 수 없을 것이다.

그러므로 정신생활은 그 특징상 격렬하고 창조적인 용솟음이어서 참으로 주관적이고 설명할 수 없는 것이며 간헐적인 것이다. 객관적인 설명이 접근할 수 있는 현상의 세계에서 정신생활은 그 성과를 통해서만 스스로를 나타낼 뿐이다. "너희는 행위를 보고 그들을 알게 될 것이다."[80] 이 성과란 사실상 낡은 자동적 현상을 대신하는 새로운 자동적 현상이지만, 성 바오로는 이를 "성령께서 맺어주시는 열매는 사랑, 기쁨, 평화, 인내, 친절, 선행, 진실, 온유, 그리고 절제입니다"[81]라고 열거하고 있다.

분명히 열매는 생명이 넘치는 요소다. 성령이 숨 쉬고 있는 그때 이 사도가 열거한 모든 특질은 마치 신선한 생명처럼 넘쳐흐를 것이다. 그러나 이것 또한 어쩔 수 없이 서서히 새로운 자동적 현상으로 응결되어서 새로운 겉보기 모습을 만들게 된다. 마찬가지로 경건한 마음도 결국은 겉보기 모습을 이루고 있는 여러 습관의 집적 속에만 나타난다. 즉 정해진 기도, 고해, 성서 낭독, 교회와 그 모든 관행, 의식 등을 통해서만 나타나는 것이다. 생기 있는 자연성을 존중한다는 구실로 신앙심의 어떠한 규율에도 복종하지 않으려 하는 사람은 결국 자신의 정신생활을 무너뜨리고 말게 될 것이다. 우리도 역시 육체와 영혼의 자동적이고 살아 있는 현상 밖에서는 참된 생명을 파악할 수 없다. 구체적이고 규칙적인 표현과 분리된 정신생활은 상상할 수도 없다.

자동적 현상은 정신생활에 불가결한 봉사자이고 정신생활을 유지하게 하는 것이다. 어릴 때 수없이 반복하며 익힌 기도는 영혼의 습관이 되고 정신생활의 표현에 없어서는 안 되는 요소가 된다. 이러한 습관적 행위와 그 내실을 분리할 수 없는 것은 겉보기 모습과 참된 모습을 분리할 수 없는 것과 같다. 자동적인 반복을 통해 종교적 형식에 고정되고, 여기에 우리의 종교 생활이 전개되는 것이므로, 그 관행을 변경하는 것은 생활 자체를 위험에 떨어뜨릴 위험이 있는 것이다.

예를 들면 가톨릭 신자인데 이혼한 여성이 있다. 그런데 그녀는 재혼하고 나서 성당에서 외톨이가 되었다. 그녀의 두 번째 남편은 프로테스탄트였는데, 그녀는 자진해서 남편이 다니는 교회에 동행했고 거기서 다시 친구들을 발견하고 기쁨을 느꼈다. 신학상의 차이는 그녀에게 별로 중요하지 않았다. 오히려 그녀는 새로운 교리에 아주 열렬하게 빠져들어 갔다. 그런데 우리가 계속해서 인간적으로 사귀고 있던 어느 날, 그녀가 갑자기 나를 찾아왔다. "이따금 도저히 기도를 할 수 없는 때가 있는데 왜 그런지 설명해 주시겠어요?" 그리고 곧 다음과 같이 덧붙였다. "제게는 성인상과 큰 양초가 늘어서 있는 곳 앞에서 영혼을 달래는 느낌으로 무릎을 꿇고 기도하는 것이 습관이었습니다. 프로테스탄트의 교회는 장식이 너무 없어서 마음이 냉담해지는 느낌이 들어요."

"부인의 방에 성인상과 양초를 갖춘 작은 기도소를 만들고 거기서 무릎을 꿇고 기도하면 될 겁니다. 아무도 그렇게 하는 것을 말리지 않을 거예요"라고 나는 그녀에게 말했다. 나처럼 프로테스탄트인 친구들 중에서는 나를 책망하는 사람도 있다. 그렇더라도 나는 그 일을 여기에 기록해두겠다. 내게는 어떤 영혼이 신과 다시금 접촉하도록 돕는 것이 모든 신학상·교리상의 논쟁보다 훨씬 중요한 일로 생각되기 때문이다. 그런데 우연하게도 다음 날 다른 여성 환자가 반대되는 경험을 내게 말해주었다. 그녀 말로는 자기가 평소 다니던 교회가 아닌 다른 교회를 갔다가 전혀 다른 분위기 속에서 반복되는 '주기도문'을 듣고 그 때까지 오랫동안 알지 못했던 풍요로움과 의미를 갑자기 깨닫게 되었다는 것이다. 이 두 이야기를 합쳐서 생각한다면, 자동적 현상이 갖는 이중적 양상을 잘 이해할 수 있을 것이다. 그것이 인생에 대한 봉사자인 동시에 장애이기도 하다는 것을.

또한 이것을 잘 생각해보면, 습관의 힘이야말로 교리상의 논쟁보다 그리스도 교회를 연합하는 데 훨씬 큰 장애가 되고 있음을 이해할 수 있다. 어느 교회나 각기 전통적인 형식을 고집한다. 내가 말한 것에서도 알 수 있는 것처럼 '생명'의 새로운 창조적 격발이 일어나고 틀에 맞춘 자동적 현상을 무너뜨리지 않는 한 교회 자체는 아무것도 변경하지 못할 것이다. 이는 교회의 역사를 살펴보면 충분히 알 수 있는 일이다.

신은 주기적으로 성자나 예언자를 출현시킨다. 예컨대 아시시의 성 프란체스코, 성 베르나르도〔Saint Bernard(1090~1153): 프랑스의 신비주의자, 성인〕, 웨슬리〔John Wesley(1703~1791)〕 등이 그렇다. 그들 개개의 체험을 통해서 생명의 재생, 새로운 신앙과 복종의 형식이 생기고, 성서의 영원한 진리를 이해할 수 없게 된 사람들이 다시금 이를 이해할 수 있게 하는 새로운 말이 터져 나온다. 그러나 이러한 형식도 말도 다시 서서히 부동의 전통이 되고 성스러운 관행을 형성하며, 이윽고 새로 나타나는 예언자의 계시에 의해 타파될 것이다.

이처럼 정신의 영역에서도 역시 생명의 불가결한 봉사자인 자동적 현상은 동시에 생명의 무덤이기도 하다. 이미 나는 신앙심이 습관 없이는 지속되지 않음을 밝혔는데, 이것도 매우 빨리 그 고유한 창조적 본질을 상실하고 단지 신앙가인 체하는 겉치레 옷에 지나지 않게 된다.

어느 교회에 가더라도 딱딱하고 편협한 구습을 고집하는 사람이 있게 마련이다. 신앙심 깊은 가정은 생생한 신앙심을 오히려 생명을 질식시키는 여러 고정된 규칙과 쉽게 혼동하고 있다.

이러한 형식주의적 환경에서 자라난 어린아이는 청년이 되면 부모에게 반항하게 되고, 종교적·도덕적인 모든 전통을 내용 없는 희극, 또는 광인이나 죄인에 대한 속박처럼 생각하게 되는 경우도 있다. 이때 그들은 이런 비난과 공격 속에서 그리스도가 당시 큰 세력을 가졌던 가짜 바리새인을 공격한 것과 똑같은 어조를 발견한다. 바리새인이 복종하고 있던 엄격한 규칙도 먼 원천에서는 역시 살아 있는 '신의 계시'에 의한 것이었지만, 당시에는 이미 자동적 현상의 흔적만 남아 있었을 뿐이었다. 그리스도가 그들에게 반대해 일어나서 "나는 (…) 생명"[82]이라고 말했던 것이다.

한편 형식주의적인 가정에서는 규칙의 중압을 조용히 감내하는 아이도 있을 것이다. 아이는 고뇌하고 압도당하며 정해진 반항밖에 할 수 없는 인간이 될 것이다. 그의 부모와 조부모는 가정을 이루기까지 참된 정신적 격동을 반드시 경험했을 것이다. 그러나 아이는 이러한 인간적 경험을 하나도 맛보지 못했다. 선친들에게는 자발적이고 도덕적인 규율이 그에게는 이미 외부에서 주어진 억압, 훈련, 자동적 현상의 집합에 지나지 않는 것이다.

정신요법가들은 누구나 이러한 도덕주의의 비극을 다루어왔다. 신학자들도 몇몇 정신요법가와 힘을 합쳐서 금욕주의의 문제를 《성서》나 근대심리학으로 조명하려 하고 있다. 정신적 가치를 지니는 것은 마음의 비약, 신의 사랑으로 생의 규율을 자유로이 선택하는 것, 심리학적 용어로 말해 이렇게 규율을 선택하는 것의 근저에 있는 깊은 '동기부여'다. 반면 마조히즘적 충동으로 하게 되는 고행은 해로운 것일 뿐이다.

이처럼 생명, 정신, 그리고 참된 인간은 우리가 다룰 수 있는 실체가 아니다. 그것들은 표현하거나 분석하거나 기술할 수 있는 것이 아니다. 그것들은 잠시 동안 번쩍이는 번개 같다고 할 수 있다. 번개의 섬광을 발견하고 뒤따르는 천둥소리를 들었을 때처럼, 발견하자마자 이미 지나가버린다. 아무리 깊이 사색하더라도, 아무리 객관적·과학적 연구를 거듭하더라도, 우리는 참된 인간을 따라잡을 수 없다. 그러므로 다른 접근 방법을 생각해보기로 하자.

3
참된 인간

대화

앞 장을 쓴 다음, 나는 의학회 두 곳에 참석하기 위해 외국에 나갔다. 두 번째 회의는 내가 여러 번 방문한 나라인 네덜란드에서 열렸다. 요절한 내 친구 야코크 텐 카토 박사가 주최자가 되어 열린 회의였다. 헤이그의 외과의였던 그는 독일 점령하에서 내 첫 번째 책(《인간의학》)을 읽고, 네덜란드가 해방되어 사정이 허락되자 곧 나를 만나러 왔다. 그 후로 그는 기술 일변도로 되어버린 근대의학에 인간적 성격을 회복시키려고 노력하는 참된 전우 중 한 사람이 되었다.

그는 네덜란드에서 이 일에 협력할 동료를 여럿 모았다. 그리고 그해의 주제는 바로 '인간이란 무엇인가?'였다. 나는 거기서 여러 가지 강연 중에서도 특히 유토레히트에서 온 반 덴 베르크 교수의 주목할 만한 강연을 들었다. 반 덴 베르크 교수는 그 강연에서 내가 이미 말한 두 가지 방법으로 인간을 연구할 수 있음을 주장했다. 즉 하나는 정확한 정의와 도식에 의해 이루어지는 객관적 분석 방법, 또 하나는 이와 반대로 인간 행위에 동적인 다양성을 무한하게 일으키는 내적 성찰과 생기 넘치는 관찰에 의한 방법이다.

이러한 대조에서 찾아볼 수 있는 것은 파스칼이 말한 두 가지 정신 형태, 즉 기하학적 정신과 섬세함의 정신이다. 전자는 지성에, 후자는 직관에 호소한다. 전자는 체계적이지만, 후자는 실제적이다. 전자는 증명하려고 하지만, 후자는 단지 보여줄 뿐이다. 전자에서는 과학이 탄생하고, 후자에서는 예술이 탄생한다. 도대체 어떤 것이 진실한 이미지일까? 어떤 쪽에도 결함은 없을까?

반 덴 베르크 교수는 육체와 영혼을 처음이자 근본적으로 구별한 데카르트 이후로 분석, 정의, 도식의 방법이 얼마나 극복하기 어려운 상태에 봉착했는지 분명히 보여주었다. 참된 생명과 참된 인간은 우리가 어떻게 정의를 내리든 그 정의를 넘어서 있다. 어떠한 철학적 체계나 과학적 지식도 결국은 과도한 단순화라는 잘못을 범할 수밖에 없다. 영혼이든 육체든, 또는 영혼과 육체의 각 요소든, 그것에 명료한 개념을 부여하려고 하면 추상화라는 지적 기교를 가할 수밖에 없다. 그리고 영혼이 없는 채 살아 있는 육체는 있을 수 없고, 육체를 갖지 않은 영혼은 있을 수 없으므로, 이러한 관계에 대한 논의는 몇 세기에 걸쳐서 해결 불가능한 문제에 봉착해온 것이다.

거꾸로 인간을 그 존재의 완전한 풍요함에서 있는 그대로 그리려고 하면, 변화무쌍한 인상을 보이는 무한한 양상에 직면해 망연해할 수밖에 없다. 좀 더 정확하게 말하면 인간으로서의 윤곽조차도 애매해지는 것이다. 반 덴 베르크 교수는 등산을 상상하는 등산가를 예로 들었다. 등산가는 자신이 할 행동을 하나하나 상상한다. 그에게 대지는 그의 몸만큼이나 친숙한 것이 되고, 그의 안에 들어앉으며, 마침내는 그와 한 몸이 된다. 이것은 이미 겉보기 인간에 대해 논의할 때 말한 바 있었다. 즉 우리를 둘러싼 모든 것에 대한 저 수많은 투영 ─ 우리는 우리의 주변을 자아에, 말하자면 우리가 그리고 있는 우리 자신의 이미지에 동화시킨다 ─ 이 그것이다.

"인간은 세계 자체다"라고 반 덴 베르크 교수는 결론을 내렸다. 그는 이 말을 통해 옛날의 연금술사가 말하는 소우주를 나타내려 하는 것이 아니다. 연금술사들은 대우주에 대응하는 질서와 조화를 보았지만, 오히려 베르크 교수는 원시림, 즉 한없고 끝없는 여러 요소의 풀 길 없는 착종을 보는 것이다.

이러한 방법의 한쪽이 인간을 너무나 왜소화한다는 것은 분명하다. 이 방법은 인간을 연구에 적합한 추상과 도식 또는 뼈대로 만들어버린다. 이렇게 하면 인간적인 것과 생명적인 것은 모두 사라져버린다. 반면 다른 방법은 인간을 확대하고, 마침내는 그 한계가 없어질 정도로 희박시킨다. 첫 번째 방법에서 참된 인간은 정신이 만들어놓은 관습적인 겉보기의 뒤에 숨고, 두 번째 방법에서 참된 인간은 우리가 차례차례로, 때로는 동시에 제공하는 여러 가지 양상의 겉보기 뒤로 사라져버린다.

첫째 방법에는 인간에게 고유한 성격을 돌려주는 새로운 차원이 필요할 것이고, 둘째 방법에는 원시림에서 길을 잃지 않고 나가게 할 수 있는 인도자가 필요할 것이다. 그리고 이 새로운 차원과 인도자를 동시에 제공하는 것은 다름 아닌 다른 사람과의 인격적 관계다.

실제로 자아의식이 생기는 것은 자아가 아닌 것, 즉 외부 세계에 대해 의식을 가질 때다. 외부 세계와 자신을 분명히 구별하게 되면 외부 세계를 대상으로 바라보게 된다. 그리고 처음에는 밖에서 관찰하다 마침내는 관계를 맺게 된다. 심리학자들은 유아에게 일어나는 이러한 자아의식의 각성을 이미 지적하고 있다. 즉 자아와 사물 사이에는 우선 분리가 이루어지고 그다음에는 관련이 이루어지는 이중의 운동이 존재하는 것이다.

이어서 하나의 인격이라는 의식을 가지려면, 다른 인간, 즉 '너'와의 관계를 맺어야만 한다. 그리고 여기에도 역시 이중의 운동이 존재한다. 그것은 다른 사람과 내가 분명히 다르다는 의식 및 다른 사람과 인간적 관계를 맺을 가능성이 있다는 의식이다. 참된 인간의 이러한 의식의 탄생을 분명히 이해하기 위해서는 비밀이라는 문제를 생각해보면 크게 도움이 될 것이다. 에드먼드 고스〔Edmund William Gosse(1849~1928)〕는 자신의 '독자성'을 자각한 어린 시절의 일을 이야기했다. 즉 그는 아버지도 모르고 있는 뭔가를 자기가 알고 있음을 깨달은 것이다. "그때 내 아버지가 전지전능하다는 신앙이 죽어서 매장되었다. (…) 이 세상에는 비밀이 있고, 이 비밀은 바로 나만의 것이다"[1]라고 그는 말한다.

비밀은 어린아이에게는 참을 수 없는 매력을 지니고 있다. 그리고 에드먼드 고스의 이야기는 그 까닭을 가르쳐준다. 다른 사람이 모르는 그 무엇을 안다는 것은 다른 사람과는 분명히 구별되는 한 인격이 된다는 것이다. 그러므로 어린아이는 부모와의 사이에 즐겁게 담장을 만들고 부모가 이해할 수 없는 일을 말하는 비밀 언어를 만든다. 또는 스스로 작고 은밀한 은신처를 만들고 거기에 부모가 접근할 수 없도록 보물을 감춘다.

어린아이들의 비밀은 존중되어야 한다. 이것은 어린아이가 인간으로 형성되는 매우 중요한 일과 관계되기 때문이다. 부모는 흔히 이 중요성을 과소평가한다. 그들은 자기 아이가 젊은이, 즉 어른이 되었을 때도 아이의 모든 것을 알 권리가 있다고 생각하지만, 그것은 어린아이의 인격을 부정하고 그를 언제까지나 부모에 의존하는 유아적 상태에 두려고 하는 것에 지나지 않는다. 몇몇 어머니는 아들이나 딸의 책상 열쇠를 따로 만들어서 그들이 숨겨놓은 것을 찾아보거나 그들이 받은 편지나 몰래 쓴 일기를 훔쳐본다고 고백하기도 했다.

내 환자였던 한 여자—그녀는 고아였다—가 생각나는데, 그녀에게는 훌륭한 학자로도 보이고 철학자로도 보이는 큰아버지가 있었다. 그는 그녀를 일종의 최면 상태에 몰아넣고 있었다. 큰아버지는 "네가 생각하는 것은 무엇이든지 꿰뚫어보고 있다"고 그녀에게 말해온 것이다. 자신에 찬 이러한 표현이 인격의 발전에 어떠한 영향을 미치고 얼마나 발달을 멈추게 하는지 잘 알 것이다. 어린아이에게 비밀을 가질 권리를 주지 않는다는 것은 참된 인간이 될 어린아이의 권리를 거부하는 것과 같다.

흔히 있는 일이지만, 외동딸이나 형제자매가 모두 결혼한 다음에 남은 막내딸은 서른이 되어도 마흔이 되어도 쉰이 되어도 모든 일을 어머니에게 고백해야만 한다고 생각한다.

이런 딸들은 언제나 어머니에게 말하지 않은 일이 있으면 마치 죄를 지은 것처럼 양심의 가책을 견딜 수 없다고 말한다. 어머니는 그것이 아주 좋은 일이라고 생각한다. 어머니는 "내 딸은 가장 좋은 친구입니다"라고 자랑스럽게 말한다. 어머니는 언제나 죄악감 비슷한 것을 딸에게 지우려고 한다. "네 친구 앨리스를 만났다. 그 애 집에 놀러 갔었다면서?"라고 어머니는 말한다. 그리고 약간 비난하는 듯한 어조로 덧붙인다. "왜 그 일을 내게 말하지 않았니?"

　이러한 딸들은 지금도 인간적 생활이 어떤 것인지 모른다. 그녀는 어머니와 어른으로서가 아니라 어린아이로서 관계하고 있다. 그러나 다른 사람과 인격적 관계를 확립하기 위해서는 하나의 인격이어야 할 필요가 있다.

　그런데 어린아이들은 비밀을 좋아하면서도 그것을 털어놓는 것을 싫어하지 않는다. "나는 비밀이 있어, 그렇지만 너에게는 말할 수 없어"라고 했다가도 이윽고 "내 비밀이 알고 싶지 않니?"라고 묻고 마침내는 "내 비밀을 말해줄게"라고 말하게 된다. 비밀을 갖는 것을 즐기고 또한 털어놓는 것도 즐기는 것이다. 이것은 외견상으로만 모순된 것처럼 보일 뿐이다. 무엇보다도 먼저 비밀이 있음을 밝히기 위해서는 그 비밀을 털어놓아야 하기 때문이다. 이 점에 대해서는 실로 많은 사람이 일생 동안 어린아이의 상태에 머물러 있다. 그들은 비밀을 말하는 기쁨에 저항하지 못한다. 필요하면 비밀을 만들어내기도 한다. 모든 사람이 모르는 일을 자기는 알고 있다는 것은 참을 수 없는 매력을 지닌 것이기 때문이다.

　그러나 어린아이가 비밀을 말함으로써 느끼는 기쁨에는 훨씬 더 깊은 까닭이 있다. 그리고 이것은 인격이라고 하는 것의 첫째가는 기본적 성격을 보여준다. 즉 그것은 자유로운 자기 결정이다. 내가 어린아이의 비밀을 존중하는 것은 어린아이의 인격, 나에 대한 어린아이의 자주성, 즉 말하고 싶은 것을 말하고 숨기고 싶은 것을 숨기는, 스스로 자유롭게 결정하는 어린아이의 권리를 존중하기 때문이다. 그렇지만 어린아이가 내게 그 비밀을 말할 때는, 그 역시 나를 가장 믿을 만한 친구로 스스로 자유롭게 선택했기 때문이며, 이 자유로운 선택에 의해서 어린 아이는 자신의 인격, 즉 자유로운 자기 선택을 확인하는 것이다.

따라서 여기서도 앞에서 말한, 분리와 관련이라는 이중의 운동을 다시금 발견하게 된다. 참된 인간(인격)은 비밀에 의해 형성되고, 이어 서 그 비밀의 전달에 의해서 확립되어간다. 딸이 모든 비밀을 어머니에 게 고백해야 한다고 생각하고 있을 동안은 유아적인 관계만 있을 뿐이 다. 그러나 거꾸로 비밀을 고백할 상대를 자유롭게 선택할 때, 즉 인간 에 의한 인간의 선택, 두 사람의 참된 인간이 나누는 관계와 대화가 있 을 때 참된 인간관계가 존재한다고 할 수 있을 것이다.

비밀의 언어를 생각해내는 어린아이는 그 열쇠를 친구에게만은 준 다. 그렇게 함으로써 어린아이는 부모가 알아듣지 못하는 이야기를 친 구와 할 수 있는 것이다. 그로 인해 아이의 인격이 지닌 자주성이 표현 되는 것이다. 그는 부모가 아니라 친구를 선택하고, 친구를 자신의 내 면으로 끌어들이는 것이다. 이렇게 해서 어린아이의 인간적 행위가 이 루어진다. 어린아이는 '너'와의 접촉, 즉 대화를 통해 한 인격이 된다.

정신요법에서도 상황은 같다. 가장 은밀한 기억, 지금까지 누구에게 도 말하지 않았던 일을 말하는 것은 자기 자신의 비밀을 고백하는 것이 다. 그렇게 함으로써 자신의 개성적인 면, 자신의 겉보기 모습에서는 도 저히 추측도 할 수 없는 면을 보여줄 수 있게 된다. 습관적인 생활에서 연기하는 겉보기 모습은 개성적인 면을 완전히 감추고 있는 것이다.

이처럼 마음을 열어 보이는 것은 상당히 큰 효과를 지닌다. 프로이 트가 최초로 발견한 것은 바로 이러한 사실이었다. 처음에 그는 그렇게 함으로써 환자가 과거의 감정적 충격을 다시 한번 경험할 수 있기 때문에 효과적이라 믿었다. 이것이 이른바 그가 말하는 '카타르시스'다. 그러나 그는 곧 이것이 더 중요한 사실을 바탕으로 하고 있음을 깨달았다. 즉 그와 환자 사이에 마치 아버지에 대한 어린아이의 애착과도 같은 감정적인 관계가 확립되어 있었던 것이다. 이것이 바로 프로이트가 '감정전이'라고 부른 것이다.

한참 후에 메다 박사는 거기에는 좀 더 다른 것, 즉 단지 심리학적 현상인 감정적인 유대만이 아니라 더 나아가 참된 정신적 경험인 인간적인 접촉도 관련됨을 밝혔다.[2] 정신요법가는 자유의지에 의해 선택된다는 점에서 아버지와 다르다. 따라서 환자가 정신요법가에게 보이는 신뢰에는 유아적 애정의 흔적이 없다. 그것은 성인의 행위이고 자기 결정이며, 참된 인간 상호간의 대화를 통해 이루어지는 인간적인 관계다.

그러므로 앞 장에서 지적한 심리적 현상과 정신적 사건이 구별됨을 여기서 다시금 발견하게 된다. 신체를 통해서든 영혼을 통해서든, 또는 어떤 촉각이나 애정에 의해서든 어쨌든 인간적 접촉이 확립된다면, 그 접촉은 근본적으로 정신적 세계에 속하는 사건이 되고, 이러한 의미에서 무엇보다 인간적인 것이다.

어릴 때 고아 콤플렉스에 빠져 있던 나는 친구들과 사귀는 것에 매우 신중했다. 나는 내가 아주 귀여워하던 개와 어울리는 것을 더 좋아했다. 나는 개에게 비밀을 털어놓았다. 그것은 여자아이가 인형에게 자기 비밀을 말하는 것과 같았다. 동물에게는 아무리 많은 비밀을 말해도 위험이 없다. 동물은 그 비밀을 다른 사람에게 누설하지도 못하고 또한 나를 비판할 수도 없기 때문이다. 그러나 여기에는 선택은 있지만 대화는 없다. 여기서 우리는 참된 인간이 지닌 제2의 기본적 성격에 봉착한다. 즉 책임이라는 것이다. 참된 인간적 관계, 말하자면 인간을 만들어내는 관계는 선택과 마찬가지로 위험을 내포하고 있다. 참된 인간적 관계는 상대에게 대답을 요구할 뿐 아니라 자기 자신의 대답도 요구한다. 이것이 바로 대화라는 것이다.

여기서 우리는 오레리 박사가 제기한 "인간이란 대화다"[3]라는 공식을 이해할 수 있다. 인간은 육체나 정신의 기능, 촉각이나 감정이라는 측면에서 동물과 공통된다. 인간에게 고유한 것은 책임 있는 대화를 스스로 선택할 수 있다는 점, 즉 비판당하고 배반당할 위험을 무릅쓰면서도 스스로 인간적 확신을 지킨다는 점이다. "인간은 그가 이야기할 수가 있고, 또한 사람들에게서 이야기를 듣거나 다른 사람과 이야기할 수 있는 한에서만 참된 인간이다"라고 자이펠트 교수는 말하고 있다.[4]

마르틴 부버[Martin Buber(1878~1965)]는 1920년 무렵, 대단한 반응을 일으킨《나와 너》라는 책을 발표했다. 그것은 긴 개인주의적 시대의 뒤를 이어서 인간에게 고유한 것, 즉 다른 사람과의 정신적 교감을 재발견한 것이었다. 개인과 참된 인간(인격) 사이에는 큰 차이가 있다. 개인은 서로 결합되는 데 반해 인격은 정신적 생활을 공유한다. 마찬가지로 겉보기 모습과 인간 사이에도 차이가 있다. 겉보기 모습이란 외면에서 겉보기의 타인과 접촉하는 표면적인 것이고, 인격이란 내면에서 제2의 인격, 즉 타인과 정신적으로 사귀는 것이다.

여기에는 인간에 대한 객관적·과학적 연구로는 해결하지 못하는 새로운 차원이 있다. 과학은 인간을 연구하기 위해 인간을 개인으로 파악할 뿐 인격으로는 파악하지 않는다. 과학은 인간을 환경에서 떼어낸다.

과학은 환경과 인간의 육체적·심리적 관계, 즉 겉보기 관계는 분석할 수 있지만, 정신적 관계, 즉 타자와의 인간적 교감은 인식하지 못한다.

그런데 이 인간적 관계야말로 지금까지 구해온 인도자인 것이다. 인생이라는 복잡하고 끝없는 숲 속에서, 너무나 다양해서 하나하나 열거할 수 없는 경험, 인상, 태도, 표현의 혼란한 집적 속에서 모든 것이 같은 가치를 지니고 있다고 할 수는 없다.

어떤 사람에게나 참된 인간을 인식하기 위해서는 무엇보다도 결정적인 시간이 필요하다. 아니 시간이라고 하면 올바르지 못하다. 오히려 분 또는 초라고 해야 할 것이다. 그것은 인간의 궁극적인 흐름을 전적으로 결정해버리는 순간인 것이다. 앞서 예로 든 자동차 운전사를 떠올리기 바란다. 그가 사거리에서 선택한 방향으로 가기 위해 숙고 끝에 한 각기 독립된 핸들 조작과, 그 후에 일정한 방향으로 가기 위해 한 자동적·무의식적 핸들 조작은 어떻게 대비되는가?

여기서 사거리란 바로 참된 대화, 다른 사람과 인간적으로 접촉하는 순간일 것이다. 이때 싫든 좋든 다른 사람과 마주 서서 자기 자신을 내걸어야만 한다. 이것을 피하려 하는 것조차도 이미 결단의 한 방식이고, 대화를 피하기 위해 반대 방향을 선택한 것이라고 할 수밖에 없다. 우리의 존재, 행위, 몸짓, 언어 등은 언제나 변화를 멈추지 않지만, 대부분이 동물의 경우와 마찬가지로 외부 자극에 대한 반사적 반작용, 즉 겉보기의 표현에 지나지 않는다. 참된 대화, 내적·인간적 감응의 순간에는 하나의 필연적인 태도를 결정할 것을 강요당한다. 그것은 그 사람의 인격이 모습을 나타내는 순수하고 책임 있는 태도인 것이다. 이것이야말로 사르트르가 "나는 다른 사람을 매개로 해서만 나 자신을 인식한다"[5]고 말한 까닭일 것이다. 우리가 녹음한 자기 목소리를 모른다는 사실은 이 점과 관련해 매우 암시적이다.

물론 나는 여기서 그 의미를 명확히 하기 위해서 언제나 나란히 진행되는 두 가지 대화를 구별한다. 이미 살펴본 것처럼 순수한 상태의 인간은 존재하지 않는다. 참된 내면적 만남, 즉 우리의 본질과 관계하는 참된 대화는 이를 표현하는 외면적인 대화 속에 감춰진다. 이러한 교감이 침묵 속에서 느껴질 때조차 ― 그리고 침묵은 어떠한 언어보다도 웅변적이다 ― 이 침묵 자체도 역시 그때까지 교환된 모든 말을 빠짐없이 포함하고 있다.[6]

언젠가 긴 침묵으로 나눈 대화가 있고 나서 나는 이에 대해 충분히 생각해보았다. 그리고 나와 대화를 나눈 이도 그 침묵에 함께 주목했다. 우리는 우리 사이에서 이중의 대화가 전개되었음을 안 것이다. 하나는 분명히 눈에 보이는 것, 즉 우리의 언어나 고백이나 시선이나 행동에 의해 성립하는 겉보기의 만남이고, 또 하나는 본질적이고 눈에 보이지 않는 것, 즉 인격의 만남인 것이다. 후자는 조건으로서 전자를 반드시 필요로 하며, 전자는 후자의 표현으로서만 비로소 가치를 지닌다.

따라서 어떤 친구가 말한 것처럼, 단 하나의 언어, 즉 우리의 언어, 행동, 몸짓, 요컨대 우리 존재의 모든 움직임으로 이루어진 언어만이 존재한다고 한다면, 그 언어는 이중의 의미를 지니게 된다. 하나는 그 언어에 의해서 겉보기 존재가 스스로를 육성하고 만족시키는 것이고, 또 하나는 더 '본질적'이고 언제나 내재적이며 인격에 의해 표현되고 감득되는 것이다. 그리고 내 친구도 덧붙여 말한 것이지만, 여기에는 겉보기 모습이 분명히 존재하면서도 그 밑바닥에는 참된 인간의 존재를 믿게 하는 신뢰의 요소가 있다. 그 요소는 대화를 언제나 가능하게 하는 열쇠다.

그렇지만 사회생활을 구성하는 수많은 접촉과 외면적 대화 속에서 우리는 얼마만큼 내면적인 참된 자기를 알리고 있을까? 우리는 무수히 많은 대화를 나누고, 매우 엄밀한 지적 토론을 하며, 장서를 모조리 읽어서 참으로 많은 저자에게 접근할 수도 있고, 취미로 세계를 여행하며 여러 가지 인상을 쌓고 감정 변화에 자동적으로 반응할 수도 있다. 그러나 그렇게 함으로써 참으로 타인과 만나게 되는 것도 아닐뿐더러, 타인과 마주앉는다고 해서 자기 자신을 발견하는 경우도 거의 없다. 꽤나 피상적으로 전개되고 있는 일상을 생각하기 바란다. 연달아 진부한 프로그램을 전개하는 라디오, '연속 흥행' 영화, 모든 것을 가볍게 언급하는 '다이제스트', 너무나 다급해서 사물과도 인간과도 거의 접촉하지 못하는 단체 관광 여행 등.

나는 최근 키클라데스 제도〔에게 해에 있는 25개의 섬〕의 하나인 미코노스 섬의 비할 데 없는 경치 속에서 여행의 참된 의미를 생각해본 적이 있다. 앞에서 말한 네덜란드에서의 회의에 앞서 그리스에 갔는데, 거기서는 일주일에 걸쳐 인간의학회가 열리기로 되어 있었다. 나는 하늘과 바다의 푸른빛 속에서 눈부신 순백이 선을 이룬 거리를 바라보면서 회의를 준비했다. 먼 곳에는 델로스 섬이 있었다. 전설에 따르면, 섬은 제우스가 아폴론의 탄생지로 만들기 위해 파도 사이로 떠오르게 한 것이라고 한다.

여행의 참된 목적은 화롯가에서의 대화처럼 타인과의 접촉을 통해 자기 자신을 발견해내는 것이다. 그러기 위해서는 그 대화 속으로 자신을 던져야만 한다. 그리스 신들은 단순한 시나 전설로 그치지 않는다. 고대인은 생활 속에 살아 있던 현실, 지성, 아름다움, 사랑 또는 욕망을 의인화했고, 그것은 아직도 우리의 마음속에서 꿈틀거리며 인격을 형성하고 있다. 그들이 말하는 언어는 이미지나 신화에 의한 것으로서, 과학이나 근대과학적 세계의 지적 변증법으로 이루어진 설명적인 언어보다도 훨씬 직접적으로 우리의 인격에 부딪친다.

오늘의 합리주의자들은 매우 이해하기 어려워하는 듯하지만,《성서》, 다시 말해 그리스도의 비유의 언어도 마찬가지다. '신의 말씀'도 마찬가지인데, 그것은 우리에게 의논을 요구하는 것이 아니라 인간적인 태도를 결정할 것을 강요한다. 신의 말씀은 학교에서 주입되는 주지주의의 껍질을 벗어던지고, 청신함을 회복한 영혼의 언어기이도 하다. 또는 우리의 꿈의 언어이기도 할 것이다. 예컨대 주목해야 할 것은, 대화할 때 깊은 인간적 접촉이 이루어진 순간부터 대화의 분위기조차도 미묘하게 변한다는 것이다. 갑자기 마음속에 이미지가 솟아오르고 비유적인 이야기를 시작하게 된다. 그리고 지적이고 교훈적인 어조로 이야기하고 있을 때보다도 서로를 훨씬 잘 이해하게 된다. 대화는《성서》나《일리아드》나《오딧세이》처럼 일화적이다. 그러나 이때 일화는 이미 단순한 이야기가 아니라 하나의 체험, 즉 인간적인 진실이 되는 것이다.

또한 의사에게 그리스는 히포크라테스이고 에피다우루스〔그리스의 오래된 도시로서 의술의 신 아스클레피오스 숭배로 널리 알려져 있음〕이었다. 그곳은 의술의 발상지였고 참된 인간을 오늘날보다도 훨씬 강하게 의식하고 있었다. 히포크라테스에게 의학은 인간을 총체적으로 환경과 관련해 파악하려는 것이었고, 에피다우루스는 육체에 대한 실제적 배려를 참된 정신요법 및 정신적인 영향과 밀접하게 결합하는 방법을 잘 알고 있었다.[7]

고대 그리스에는 참된 인간의 문명이 있었다.[8] 이는 당시 학교가 어 떠했는지만 보아도 알 수 있다. 즉 사제 간의 참된 인격적 접촉, 그들의 공동체적 생활을 생각해보기 바란다. 신화와 시, 음악과 경기장은 현대 의 학교, 무미건조하게 주입되어 집적된 지식보다 훨씬 내면적이고 조 화로운 인간을 형성하는 데 도움이 되었다.

마지막으로 플라톤과 그의 대화편 및 소크라테스를 생각해보기 바 란다. 소크라테스는 대화자를 추궁해서 명료한 자기 발견에 도달하게 한다. 그는 스스로의 확신과 인격을 철저하게 관련시켰기 때문에 순교 의 시련도 견뎌낼 수 있었다. 그는 자신을 산파인 그의 어머니에 비유 했다. 그는 참된 인간을 탄생시키는 조산사였다. 그는 겉보기 인간의 궤변, 참된 근거를 지니지 못하고 미사여구로 장식된 이론의 가면을 가 차 없이 벗겨냈다.

그리고 우리는 코린토에서 《성서》를 펴들었다. 이곳은 성 바오로가 가리오〔로마 제국의 아카야 총독, 철학자 세네카의 형〕 앞에 모습을 나타내고 그와 참된 대화를 나눈 장소였다. 이 이야기는 〈사도행전〉 18장에 나와 있다. 그리스는 복음이 유럽에서 처음으로 기반을 굳히고 역사를 형성 하기 시작한 곳이다. 그리고 성 바오로야말로 그 첨병이었다. 매우 인 간적인 이 사람은 스스로 설교와 생활을 일치시키고 사람들과 이야기 할 때도 그들과 인격적으로 접촉했으며, 마치 예수 스리스도에게서 자 기 자신을 모두 내걸라는 요청을 받은 것처럼 사람들에게 태도를 결정하라고 요구하는 것을 잊지 않았다.

　우리는 그리스에서 단지 과거의 추억에만 잠긴 것은 아니다. 오히려 매우 생생한 사람들, 지식인의 기독교도 동맹, 조에단(圖), 헤레니콘 포스 등 전투적인 기독교 신자들도 만났다. 그들은 이 나라를 위대한 정신적 재생으로 이끌어갔으며,《그리스도교적 문명을 향해서》(1948)라는 책에서 참된 인간 문명을 향한 태도를 정확하게 전개했다. 이것이야말로 대분열 이후 거의 단절되어온 동서 기독교도 간의 풍요로운 대화를 부활시키는 절호의 기회였다.

　다른 신조를 가진 기독교도들 사이에서 참된 인간적 접촉은 과연 얼마만큼 이루어질 수 있을까? 어쨌든 스스로 참된 인간을 발견하고 또한 서로를 발견하기 위해서 이러한 접촉은 꼭 필요하다. 편견으로 왜곡되고 이미지로 나타나는 그러한 자기가 아니라 있는 그대로의 참된 자기를 발견하기 위해서, 또한 표면적인 대립을 넘어서서 이루어지는 참된 인간끼리의 친밀한 사귐을 위해서도.

　지금까지 참된 대화야말로 참된 인간에 접근하는 길임을 말했다. 이 대화는 어떻게 확립될 수 있는가? 그것은 자연적 공감과 같은 것인가? 이렇게 생각하는 것은 대화를 좁은 영역에 가둘 것이고, 단순한 감정적 기능과 자동적 현상에 종속시키게 될 것이다. 이것은 사태를 역전시킨다. 실제로 각자가 자기 자신을 닫아버린 부부 사이에서는 연애 감정조차도 참된 대화를 확립하지 못한다.

　이와는 반대로 두 인격 사이에 접촉이 생기면 그들을 서로 떼어내던 반감이나 무관심은 곧 사라진다. "이전에 나는 환자들을 마음에 드는 사람과 마음에 들지 않는 사람으로 분류할 수 있었다. 그러나 그들의 인격에 관심이 생긴 지금은 그들 모두에게 공감한다"고 내 친구 중 한 사람은 말한다.

이것은 기질의 문제일까? 물론 사람들 중에는 다른 사람보다 훨씬 말이 많은 사람이 있다. 자기 자신의 일을 일부러 말하고 싶어 하는 사람도 있다. 그러나 아무리 자기의 일을 많이 말하더라도, 또한 지나치게 말이 많더라도, 참으로 인간적인, 다시 말해 인간으로서 접촉하고 싶게 하는 말은 한마디도 안 하는 사람도 있다. 거꾸로 오히려 침묵을 권하는 프로이트적 방법에 따르는 의사들 중 몇 사람이 환자들과 확실하게 인간적으로 접촉하기도 한다.

또한 프로이트적인 독자적 방법을 대화 형식으로 바꾸어놓은 사람들도 있다. 메다 박사는 이렇게 전환된 방법의 근본적인 의미를 강력하게 주장한다.[9] 그러나 그가 정신요법의 상태를 '대화적 관계'라고 규정할 때, 그는 대화라는 외적 형식보다는 환자와 의사 사이에 작용하고 그들의 깊은 내면에서 서로 접촉하도록 촉구하는 정신 쪽에 중점을 두고 있는 것으로 생각된다.

개인적으로 나는 매우 과묵한 사람이다. 몇몇 환자는 그 점을 내게 따질 정도다. 그러나 내가 가장 좋게 접촉하고 있는 사람들은 그 점을 불평하지 않는다. 그들은 인간끼리의 관계를 언어로 잴 수 없음을 잘 알기 때문이다.

예컨대 어떤 환자의 고백이 갑자기 내 마음속에 아주 개인적인 추억을 되살아나게 하는 때가 있다. 그가 말하는 문제에 대해서는 나도 훨씬 전부터 관심이 있었다. 그 문제는 지금도 내 관심을 끌고 있다. 그가 고백한 유혹이라면 나도 잘 알고 있는 것이다. 그가 말하는 잘못도 내가 잘 저질러온 것이다. 그처럼 나도 아내와의 사소한 알력을 경험했다. "선생님, 왜 그렇게 웃고 계시죠?"라고 갑자기 그가 물었다. "당신이 저와 별로 다르지 않다는 것, 당신이 생각하고 있는 것처럼 당신과 저 사이에 큰 차이가 있는 것이 아니라는 걸 알았기 때문이지요."

그리고 나는 나 자신의 개인적 체험을 말하기 시작한다. 나는 이 사람에 대해, 그가 내게 그랬던 것만큼 정직한 인간이 되려 노력한다. 그러면 그가 내게 품고 있던 이미지, 즉 과학자이고 신앙가로서 완벽한 도덕을 갖춘 영광스러운 인간으로서의 나는 사라져버린다. 나는 가능한 한 정직해지려 하지만, 상대 앞에서 어느 정도 연기로 남아 있던 내 인간상이 그때 완전히 사라지고 내 참된 인격이 환히 들여다보이게 되는 것이다. 이렇게 해서 우리는 둘 다 구습의 세계에서 벗어나서 참되게 접촉할 수 있었다. 이것이 바로 현대 정신요법의 선구자인 베른의 뒤부아 박사가 다음과 같은 말로 표현한 것이다. "자, 이 가엾은 환자에게 손을 내밀자. 그에게 솔직하게 우리의 결점과 태어나면서부터의 약점을 고백하자. 우리는 환자에게 접근하는 것이다."[10]

이러한 태도의 변화는 참된 대화의 출현을 보여준다. 그때 겉보기 모습은 사라지고 참된 인격이 나타나기 때문이다. 이것은 때로 짧지만 참으로 인간적인 몇 마디에 의해 그렇게 되기도 하고, 실로 아무것도 아닌 일로 그렇게 되기도 한다. 즉 환자를 위한 정신요법 때만이 아니라 일상생활의 어느 때나 가능한 것이다. 내가 서른이 되기까지 계속되었고 인간적 접촉을 불가능하게 만들던 고아 콤플렉스, 교제를 싫어하고 폐쇄적인 성격에서 벗어나도록 도와준 사람들은 의사나 전문가들이 아니라 오히려 내 아내와 친구들이었다. 그들은 자신의 겉보기 모습에 사로잡혀 있지 않았고, 그로 인해 언제나 성실했고 마음을 열어놓고 있었던 것이다.

나 자신도 내가 더 인간적인 태도를 지님으로써 다른 사람들이 인간적으로 되는 것을 돕고 있음을 깨달았다. 그것은 진찰실 안에서만이 아니라 길가에서의 매우 평범한 대화나 군대 생활이나 의사들의 회의에서도 마찬가지였다. 그래서 나는 인간이 참된 접촉을 얼마나 강렬하게 바라는지 알았다. 이 접촉을 통해 생명의 숨결이 마음속 깊은 곳으로 흘러들어 오는 것이다.

인간적 접촉에 대한 이러한 갈망으로 인해 환자 중 하나는 오랜 세월에 걸쳐 그의 마음을 압박해온 것을 어느새 말하게 된다. 그는 스스로도 깜짝 놀라서 말한다. "제가 어떻게 선생님께 이런 이야기를 한 거죠? 지금까지 아무에게도 말한 적이 없거든요. 이런 말을 할 수 있으리라고는 생각조차 못했어요." 그러고는 내 눈을 찬찬히 바라보면서 덧붙인다. "전부 말해버리니까 마음이 개운하군요."

이러한 대화의 특질은 흔히 '투명'이라고 불린다. 이것은 대단한 이미지다. 그러나 이 점에 대해 정직하게 말해야 할 것이 있다. 즉 이미 말한 것처럼 완전히 투명하다는 것은 겉보기 모습에서 완전히 해방된 참된 인간을 파악하려는 소망이 비현실적인 것과 마찬가지로 비현실적임을 고백해야 하리라.

친구 중 누군가 말한 것처럼, 참된 인간이란 참으로 광대한 영역, 말하자면 한 국가와 같은 것으로서, 그 여러 가지 양상을 발견하고 그 안으로 들어갈 수는 있다. 그러나 자기도 거기에 속하는 한 물체처럼 인식하는 것은 절대로 불가능하다. 참된 인간은 너무나 광대하고 복잡하며 끊임없이 다양한 운동에 의해 생동하고 있기 때문이다.

우리 마음을 흔들고 다른 사람과의 분위기를 변화시키는 것은 진심이 섬광처럼 나타나는 투명한 매 순간이다. 완전한 투명은 존재하지 않는다. 완전한 투명에 최대한으로 접근할 수 있는, 무엇보다도 특권적인 인간관계는 단 하나, 즉 결혼이다. 그러므로 부부가 나누는 대화는 그것이 참된 대화인 한, 비길 데 없는 풍요함을 가지며 인격을 형성하고 자아를 발견하는 데 놀라운 효과를 지닌다.

약혼하기 전부터 사랑하는 두 사람 사이에는 두 길이 열려 있다. 하나는 투명에 이르는 길이고, 또 하나는 계산의 길이다. 다시 말해 인격의 길과 겉보기 모습을 형성하는 길이라고 할 수도 있다. 사랑의 체험에 빠진 초기에 투명은 언제나 간단히 실현될 것처럼 보인다. "저는 내 약혼자에게 무슨 일이든 말할 수 있어요. 그 사람이 저를 이해한다는 것을 알고 있으니까요."

그러나 이때 참된 대화는 거의 시작도 되지 않은 것이다. 서로 마음이 통해 감정이 같고 같은 언어를 사용하고 같은 생각을 하고 있다는 최초의 인상은, 그것이 아무리 대단한 것이더라도 참된 대화는 아니다. 참된 대화는 우선 두 사람의 서로 다른 개성이 충돌하는 것에서 시작할 수밖에 없다. 두 사람은 각기 다른 과거나 교육, 인생관, 편견, 버릇, 결점 등을 갖고 있다. 요컨대 남자와 여자라는 완전히 다른 심리를 갖고 있다. 부부는 조만간에 처음 생각했던 것만큼 비슷하지는 않음을 알게 될 것이다.

또는 한쪽이 다른 쪽에 자기를 강요하는 일이 생길지도 모른다. 이

때 이미 참된 대화는 있을 수 없다. 한편의 인격이 무시되어 자유롭게 태도를 결정하는 것이 불가능하기 때문이다. 또는 대화가 야릇한 우회로를 거치는 경우도 있다. 부부 중 한쪽이 "나는 당신이 그렇게 하는 것을 이해할 수 없다"고 말하는 경우가 있으리라. 이때는 이미 말한, 저 비판당하고 배반당할지도 모른다는 공포가 생길 것이고, 고백을 피함으로써 도피하려는 기분이 생길 것이다.

실로 역설적이지만, 많은 가정에서 부부 생활에 아름다운 조화를 유지하고 사랑을 지키려고 하는 마음가짐으로 인해 참된 투명에서 서로가 서서히 멀어지는 경우가 있다. "저는 남편과 이 일에 대해서 말하는 것을 피하고 있어요. 그분은 화만 내니까요. 갑자기 화를 내서 말다툼이 벌어지죠. 그리고 서로 제멋대로 떠들고는 나중에 후회하고 말아요. 이게 도대체 무슨 도움이 되겠습니까? 서로를 점점 멀어지게 만들 뿐이지요."

그들은 어떻게 해서든지 자기를 잘 이해해주기를 바라는 것이다. 나는 이러한 태도를 비난하는 것은 아니다. 그것은 때로 가장 좋은 해결법이 될 수도 있다. 이로 인해 여러 부부가 어떤 겉보기의 조화를 이루고 또 멋진 순간을 체험하며 기쁨도 괴로움도 충분히 서로 나누어가지면서도 점점 더 서로 멀어지고 있다. 두 사람 사이에서 참된 대화는 차츰 어려워지는 것이다.

상대가 진실을 말하는지 의심하기 시작하면, 그것이 비록 사랑을 존속시키려는 강한 의지 때문이라고 하더라도, 반드시 사랑은 부정되고 어떤 의미에서는 결혼도 부정된다. 그것은 신이 만든 "그들은 이제 둘이 아니라 한 몸이다"[11]라는 결혼의 계율을 어기는 것이다. 여기서는

172

부모와 아이의 관계와 마찬가지로, 서로의 비밀을 지키는 권리는 이미 아무런 문제도 아니다. 이때 상대는 특별한 상의의 상대로서 정녕 자유롭게 선택한 사람이기 때문이다. 같은 뜻을《성서》가 분명히 말하고 있다. "남자는 어버이를 떠나 아내와 어울려 한 몸이 되게 되었다."[12]

그러나 가장 행복한 결혼에서조차도, 인간적 결합은 일단 이루어지면 끝까지 변하지 않는 영원한 상태가 아니다. 집에 빛이 좀 더 잘 들어오게 하기 위해서는 정기적으로 창문을 청소해야만 하는 것과 같다. 아무리 인적이 드물고 경치가 아름다운 시골에서도 창은 서서히 그 투명성을 상실하는데, 하물며 도시의 창은 말할 것도 없다. 마찬가지로 부부 사이에서도 참된 대화는 어떤 비밀을 고백함으로써 정기적으로 갱신되어야 한다. 그리고 부부의 이상이 높고 진지할수록, 무엇인가를 숨기고 있다고 고백하는 것은 더욱 어려워진다.

성관계의 영역에서도 우리가 비밀에 관해 말한 것, 즉 우선 후퇴하고 그다음에 자기를 맡긴다는 이중의 움직임이 있음을 확실히 발견할 수 있다. 수치심의 참된 의미는 선택한 사람에게 언젠가 자신을 맡기기 위해 비밀을 지키려는 태도다. 선택한 사람과는 끊어질 수 없는 유대를 맺게 되어 평생 동안 관계해야만 한다. 여자는 본능의 먼 목적에 대해서는 아마도 아무것도 모르는 채로, 아버지 앞에서 옷을 벗는 것에 어떤 수치심을 느끼기 시작한다. 아버지는 이러한 수치심을 때로 어처구니없다고 생각한다. 그래서 아버지는 비밀의 예에서처럼 같은 잘못을 범한다. 즉 그들은 딸의 감정에 상처를 입히는 것이다.

이러한 수치심의 나타남은 바로 인격이 탄생했다는 징조다. 이윽고 이 비밀을 버리고 자기를 주고 비밀을 벗어버리게 되면, 여기서 숭고한 인격의 확인, 인생에의 위대한 관여, 자유로운 태도 결정이 나타난다.

그러나 결혼한 많은 이들이 잘못된 가르침이나 심리적 혼란의 희생양이 되어서 이러한 태도의 역전을 충분히 이해하지 못하고 있다. 그들은 정신적인 교감이나 도덕적인 투명성을 열심히 구하다가 육체적인 자기 포기에 어떤 저항감을 갖게 된다. 그러나 그때 부부간의 참된 대화를 가로막는 장애물이 생김을 알지 못하는 것이다.

한편 반대로 성관계로 인한 결합이 주는 강한 일체감 속에서 정신적 대화의 대용물을 찾는 사람들도 있다. 그들은 두 개성 사이의 곤란한 대립을 육체적 사랑이라는 안이한 방법으로 간단히 단절하려고 한다. 이것은 약혼 시절부터 이미 볼 수 있는 것으로 결혼에 앞서 이미 육체관계를 갖기 시작한 사람들은 언제나 조금쯤은 자기를 속이고 있는 것이다. 그들은 그렇게 함으로써 서로의 마음이 결합되었다고 믿지만, 사실은 결합의 의의를 약화하고 있다. 완전한 책임감은 이러한 암묵의 양해에 의해서가 아니라 교회의 정식 '수락', 또는 호적에 기입하는 서명에 의해서 생기기 때문이다.

물론 결혼이나 약혼을 하지 않은 사람의 성적 관계가 인격을 포기하는 한 길이라는 것을 분명히 말할 수 있다. 여기에는 완전한 책임이라는 것이 없기 때문이다.

따라서 결혼은 서약의 강력함과 준엄한 대화의 성질을 요구하기 때문에 참된 인간을 형성할 수 있는 가장 좋은 장소다. 독신 생활이 곤란한 것은 억누르기 어려운 본능의 유혹 때문이 아니다. 오히려 독신자들의 경우 이성과의 풍요한 대화는 성적인 사랑의 은밀한 공명과 섞일지도 모를 위험을 내포하고 있기 때문이다. 그러나 그들을 이러한 위험에서 지켜주는 것 역시 하나의 서약, 즉 결혼처럼 엄격한 도덕적 배려를 촉구하는 선에 대한 서약인 것이다. 이러한 희생을 치름으로써 그들은 인격을 발전시키는 데 매우 풍요롭게 기여하는 대화를 이성과 나눌 수 있다.

장애물

이제 새로운 장을 쓰려 한다. 앞 장의 끝 무렵에서 나는 활기가 넘치는 것을 느꼈다. 내 생각을 써내려가는 것이 쉬운 일이라 생각되었다. 지금 빈 종이를 앞에 놓고 있고, 머릿속에서는 이 장의 내용이 형태가 잡히지 않은 채로 소용돌이가 되어 맴돌고 있다. 시간은 자꾸 지나간다. 생각을 메모해놓은 작은 종잇조각의 순서를 바꾸어본다. 도대체 어디서부터 시작하면 좋을지 알 수 없다. 피로감이 엄습해온다.

어떤 일이 일어나고 있는지 나는 잘 알고 있다. 대화를 할 때도 이럴 때가 있다. 인간적인 접촉은 깨지기 쉬운 것이지 결코 부동의 확실성을 가진 것이 아니다. 인간적 접촉은 상대를 만날 때마다 다시 발견해야 하는 것이다. 인간적인 접촉이 확립되어야 말이 쉽게 나오고 그 말 하나하나가 진실하고 생생하고 본질적인 것으로 생각된다. 반대로 인간적인 접촉이 확립되기 전에는 말 하나하나가 공허하고 진부하고 사소한 것으로 생각된다. 아무리 애를 써도 쉽게 접촉할 수 없을 때가 있다. 마음이 덜 일치되어 서먹하고, 서먹하기 때문에 마음을 터놓을 수가 없는 경우가 있는 것이다. 나와 환자도 마음의 일치를 추구한다. 그러기

176

위해 쓸데없는 말을 하거나 농담을 하고 주제에서 탈선해 서먹서먹함을 숨기려고 한다. 그런데 상대가 이 점을 눈치채고 있음을 알게 되면 더욱 서먹해진다.

글을 쓴다는 것도 독자와의 대화를 확립하는 것이다. 다만 그 대답은 상상할 수밖에 없다. 나는 이 장의 서두를 다음과 같이 생각하고 있었다. '모든 인간이 이렇게도 참된 대화를 갈망하고 있는데, 왜 그런 대화는 드물고 확립하기 어려운가?' 나는 곧 독자가 제기할 비판적인 반발을 생각하게 되었다. 어떤 사람은 내가 구분한 것들이 쓸데없이 모든 일을 복잡하게 만든다고 생각할 수도 있다. 내가 병적으로 예민한 것이다. 인간적인 접촉은 건전한 사람에게는 그렇게 드문 것이 아니다. 너무 미묘한 분석도 필요 없고 단순하고 자연스러운 분석으로 충분한 것이다. 한편 내 글이 너무나 당연한 것이라고 하는 사람도 있을 것이다. 누구나 일상의 경험을 통해서 알고 있는 일을 표현하기 위해 일부러 책을 쓸 필요가 있을까? 그것은 알려져 있는 문을 부숴버리려고 하는 것과 같다.

또한 다른 사람들은 내가 '참된 대화'라는 말을 너무 남용한다고 비난할지도 모른다. 내가 가능한 한 잘 써서 인간의 사람됨에 대한 연구에 독창적인 공헌을 하려고 한다는 것을 의심하는 사람은 없을 것이다. 그런 전제하에 만일 내가 더 잘 쓰지 못한다면, 내게 능력이 없기 때문일 것이다. 더구나 이 글은 인쇄될 것이므로 더욱 엄중한 비판을 받게 되는 것도 당연한 일이리라. 사실상 어느 우화 작가의 말에 귀를 기울이고 그와 더불어 "행복하게 살기 위해서는 숨어서 살자"라고 말하는 게 나을지도 모른다.

그래서 우리는 자기 자신을 숨긴다. 아니, 자기를 보여주고 자기를 숨긴다는 두 가지 태도로 분열되어 있다. 예컨대 나를 칭찬하러 온 사람이 있다고 하자. 나는 칭찬을 들어 기쁘다고 소박하게 말하지 않고, 공허한 말을 늘어놓으며 그렇지 않은 척한다. 겸손한 척하는 것이다. 그러나 상대는 그 사실을 놓치지 않는다. 어떤 여성 환자의 말이 생각난다. "인생이란 서로 숨은 척하는 숨바꼭질입니다." 그렇더라도 나는 인격적인 접촉을 촉구하길 그만두지는 않는다. 그것은 내 인생의 보물이다.

이 책을 쓰면서 나는 우회로나 기교를 부리지 않고 독자와 직접 접촉하고자 했으며 오랫동안 내 마음에서 떠나지 않던 생각을 털어놓고 내 신념을 전하려고 한다. 나를 신중하게 만들던 것, 즉 독자의 비판에 대한 어리석은 걱정을 이미 고백한 지금은 이 일이 훨씬 쉬워졌다. 독자들이 내가 나 자신에 대해서만 말한다고 비난하더라도 그렇게 마음에 걸리지 않을 것 같다. 나는 이 한 권의 책을 통해 내 여러 가지 생각만이 아니라 바로 나의 참된 인간을 보여주고자 하기 때문이다.

참된 접촉을 가로막는 것은 이미 말한 것처럼 사회의 외적인 상황에만 있는 것도 아니고 우리의 현실적 존재 방식에 얽혀 있는 불확실성 속에만 있는 것도 아니다. 그것은 더 광대하고 적극적인 힘으로서 도주 본능, 대화를 피하고 싶다는 본능이라고 해도 좋다. 내 친구 장 드 루즈몽의 말이 생각한다. "인간은 인간을 구하면서 동시에 인간에게서 달아나려 한다."[13]

보통의 대화를 관통하는 것을 생각해보라. 표면적인 인상의 교환, 예컨대 "날씨가 참 좋습니다" 또는 "안녕하세요?"처럼 조금도 진심이

담기지 않은 상투적인 표현. 자기를 정당화하거나 다소라도 교묘하게 자기를 돋보이게 하려는 목적을 숨긴 이야깃거리. 아첨으로 가득 찬 찬사. 개방적이거나 우회적인 비판. 여기서도 나는 이상에 치우치지 않도록 하라고 강조하고 싶다. 대화에서 표면적인 것을 모두 제거한다면 그 대화는 정녕 비인간적일 것이다. 그것은 부드러움이 없는 현학적인 대화가 되고 모든 은총과 운율을 상실할 것이다.

이러한 일상생활의 대화가 참된 접촉으로 가는 뛰어난 길이고 일종의 교제 수단이며 속마음을 교류하기 위한 서곡이고 서로가 결합하는 단순하고 자연스러운 방법이 되는 것은 있을 수 있는 일이다. 그러나 이것이 가끔은 인간적 접촉을 가로막는다는 점도 인정해야 한다. 이는 마치 연극은 시작되지 않고 재미있는 개막 전 행사만 길어지는 것과 같아서, 타인과의 기분 좋고 흥미 있는 교제는 가능하겠지만 참된 대화로 이끄는 주제에 이르는 일은 거의 없다.

사람들은 누구나 가능한 한 방패 뒤에 숨으려 한다. 어떤 사람의 경우에 그것은 침묵이 되어 비집고 들어갈 틈이 없는 은신처를 만든다. 반면 다른 사람의 경우에는 끝없는 수다로 자기 자신을 숨기는 경우도 있다. 또한 박식, 인용, 추상, 이론, 학자적 어투, 전문용어 등도 방패가 될 수 있고, 상투적인 대답, 진부한 핑계, 잘난 척하는 충고도 모두 그러하다.

어떤 사람은 내성적인 태도의 그늘 속에 숨어서 아무도 어떤 말을 해야 될지 모르게 만들며, 또 어떤 사람은 확신에 찬 태도로 자기를 결점이 적은 사람으로 보이려 한다. 어떤 때는 지성에 호소하며 말장난을 하지만, 조금 지나면 바보인 체하며 사실은 아무것도 몰랐던 것처럼 대답할 수도 있다. 때로는 연령의 그늘에, 대학교수라는 직함의 그늘에, 정치적 지위의 그늘에, 또는 사람들의 주목을 끄는 평판의 그늘에 자기를 숨기는 경우도 있는가 하면, 여성은 빛나는 아름다움의 배후에, 또는 남편이 지닌 명성의 배후에 숨어버릴 수 있다. 또한 남편의 경우도 마찬가지여서 아내의 배후에 숨을 수 있다. 겉보기 모습은 자진하여 참된 인간의 문지기가 되려고 한다.

농담이나 재치 있는 말은 어색한 대화를 언제나 일찍 끝내준다. 나는 여기서 인생을 더욱 부드럽게 하는 기지를 책망할 생각은 없다. 나는 그림이 있는 신문에서는 우선 만화가의 희화를 본다. 내게는 그들의 천직이 뛰어나고 인간에게 유익한 것이라 생각된다. 그들은 도덕학자들보다도 직접적으로 미묘하게 쓸모 있는 진리를 알려주기 때문이다. 그런데 만화가들이 자기를 검증하는 자료보다 다른 사람을 놀리는 자료를 더 많이 발견하려고 한다는 것에는 의심할 여지가 없다. 그리고 나 자신도 만화가와 같은 오해를 받고 있다. 어떤 부인이 의기양양해서 하던 말이 아직도 기억난다. "저는 남편에게 선생님이 쓰신 그 부분을 읽어보라고 했어요. 거기에 남편의 문제점이 분명히 나와 있으니까요." 이 부부 사이에서 참된 접촉이 더는 이루어지지 않게 되는 건 말할 것도 없다.

대화가 귀찮아지면, 지금 한창 화제가 되고 있는 시사 문제, 정치 문제, 또는 문제시되고 있는 화가의 일을 약간 흘리는 것만으로도 충분하다. 그러면 대화는 곧 마음에 걸리지 않는 영역으로 넘어가고, 어느 것이나 개인과는 전혀 관계없는 것이 되며, 때로는 그렇게 함으로써 박식함을 보여주거나 역설적 견해를 말할 기회를 갖게 되면 그것은 유혹적인 것이 되기조차 한다.

일도 마찬가지로 방패 역할을 할 때가 있다. 매일 밤 일을 집으로 가져가는 사람이 있는데, 이것은 아내나 아이들과 진지한 대화를 나누지 못하게 한다. 또는 귀가하자마자 신문으로 얼굴을 가리고 아내가 걱정스러운 일을 이야기해도 신문에 몰두한 척하는 사람도 있다. 또는 중요하고 절박한 결단을 내려야 할 때, 한편에 라디오를 틀어놓고 콘서트를 듣거나 스포츠 방송에 귀를 기울이기도 한다. 어떤 여성이 아들을 데리고 온 적이 있는데, 그 아들의 장래는 중증 성격장애 때문에 위험에 처해 있었다. 그는 고등학교에서 휴학을 하도록 지시받은 참이었다. "이 일에 대해 남편께서는 어떻게 생각하십니까?" "남편 말은 하지도 마세요. 그분은 내가 뭔가 중요한 말을 하려고 하자마자 모자를 쓰고 클럽으로 가버리니까요."

부인의 경우에는 자신도 모르는 중에 대화를 피해 집안일에 도피하는 때가 대단히 많다. 그녀는 언제나 다림질을 해야 하고, 그 일을 미루지 못한다. 또한 아이들의 학교 숙제도 돌봐주어야 한다. 많은 부부가 말없는 양해 아래서 서로 얼굴을 마주하는 것을 피하고 있다. 항상 손님을 초대하거나 영화 구경을 한다. 휴가철이 되면 언제나 그렇듯 친구들과 어울려서 떠난다.

대화란 둘이 마주앉았을 때만 가능하다는 것은 자명한 이치다. 제 삼자가 있는 한, 그 사람이 아무리 가깝고 친밀하더라도 대화는 순수할 수 없다. 어떤 친척이 환자를 데리고 왔을 때 이를 잘 알 수 있다. 가령 그를 데리고 온 사람이 아내라 하더라도, 그리고 그가 내게 하는 말 모두를 이미 아내가 알고 있다고 하더라도, 그 일부는 그녀에게 하는 말이 되고 정말로 내게만 하려는 말은 아닌 것이 된다. 구경꾼이 있는 한, 당연히 약간의 연극이 있기 마련이다.

"급히 당신을 만나러 왔습니다"라고 하는 것은 "나는 당신과 둘이 서만 생각하고 기탄없는 설명이 필요한 문제를 다룰 만한 마음의 준비가 되어 있지 않다"고 말하는 것과 동일한 때가 있다. 아무 말 하지 않더라도 간단한 몸짓만으로 상대에게 귀찮고 속 깊은 대화는 시작하고 싶지 않다는 뜻을 전할 수 있다. 이렇게 해서 많은 사람은 이해받지 못한 채 언제나 바쁘게 빠져나간다. 그는 뛰어난 헌신과 열의를 갖고 차례로 일을 쫓아 뛰어다닌다. 그는 기술적 문제에 관해서는 활발한 지성과 능력을 발휘할 것이다. 그러나 그들은 가장 은밀한 화제를 첨가할 여유는 없다. 이 은밀한 화제만이 그들을 인간적으로 결합하는데도 말이다.

그들 자신도 이 점을 탄식하는 경우가 많다. 그러나 그들은 계획을 줄이기는커녕 오히려 증가시킨다. 그래서 완전히 지친 다음에는 이 피로 자체가 참된 접촉을 가로막게 된다. 실업가가 심신이 지친 채로 집에 돌아온다. 아내는 밖에서 여러 가지 책임을 진 남편이 집안 문제로 속을 썩고 싶어 하지 않는다는 것을 잘 알고 있다. 그렇기 때문에 아이들이 아버지와 접촉하려고 할 때마다 아내는 "아빠는 무척 피곤해요. 편히 쉬셔야 해요." 하며 아이들을 떼어놓는 경우도 있다.

병이나 허약한 몸은 사람들을 인생과 멀어지게 한다. 그래서 환자는 모든 정신적 고뇌를 맛보고 그 결과로 자신의 병을 악화시키는 경우가 많다. 그렇지만 한편으로는 병이 인생의 타격에서 그를 보호해준다는 점을 알지 못하는 경우도 많다. 병이 나아서는 안 된다는 생각이 부지중에 마음속에 스며드는 일도 있다. 완쾌하게 되면 병이 막아주던 문제와 당장 대결해야만 하기 때문이다. 이러한 사실은 환자들의 치유를 내적으로 가로막을 수 있다.

또한 곤란한 상황과 마주쳐야 할 때마다 매우 현실적이고 심한 편두통이나 내장의 대단히 괴로운 발작, 또는 주체할 수 없는 설사 등이 갑자기 일어나는 때도 있다. 귀가 잘 들리지 않는 사람들도 귀찮은 대화를 피하고 싶을 때는 자신의 결함에서 일종의 쾌감을 느낀다고 고백했다. 신경증, 신경과민, 불쾌 등도 마찬가지로서, 이것은 때로는 '나를 건드리면 안 된다'는 보호적 경고로 나타난다. 한편 어떤 것에도 동요하지 않을 유쾌한 태도도 장벽의 역할을 할 때가 있다.

현대심리학이 연구하는 '유아 퇴행'이라고 불리는 것도 사태는 다르지 않다. 어떤 영역, 예컨대 지적 또는 직업적 생활에서는 충분히 발달한 어른이 어떤 환경에서는 어린아이 같은 행동을 하는 경우가 있다. 예를 들면 어머니와 같은 보호를 기대하고 있는 아내와의 관계에서, 또는 한결같이 무서워서 얼굴을 들 수 없는 아버지와의 관계에서, 또는 그들에게서는 영웅과 같은 마술적 힘을 갖고 있는 친구와의 관계 등에서. 어른이 된다고 하는 것은 바로 일대일의 대화를 시작하는 것에 지나지 않는데, 사람들은 유아적인 반응으로 이를 피하려고 한다.

나는 오늘도 어떤 사업가와 이야기하면서 그 점을 생각했다. 처음에 내게 상의하러 온 사람은 그의 아내였다. 그런데 그녀는 나와 대화를 끝내고 자기 마음속에서 발견한 것을 모두 남편에게 말했다. 이렇게 해서 그들은 둘 다 함께 성장하고 사랑을 발견했다는 감정을 갖게 되었고, 그것은 참으로 멋진 일이었다. 결혼의 참된 의의는 부부가 서로

도와서 참된 인간, 즉 더는 인생을 회피하려 하지 않는 책임 있고 자율적인 인간이 되는 데 있기 때문이다.

오늘 내게 새로운 경험을 말하려고 온 사람은 남편이었다. 그는 솔직하게 다음과 같이 덧붙였다. "더는 피하지 않겠다고 결심했을 때 인생은 감동적이기는 했지만 또한 혹독한 것이기도 했습니다." "그럴까요?" 나는 말했다. "우리는 항상 피난처를 구하고 있는 것이 아닐까요? 인생의 타격에서 자기를 지키기 위해 작은 오두막집을 짓고 있는 것이 아닐까요?"

이러한 의미에서 돈이나 명성이나 직업은 은신처가 되는 듯하다. 돈은 그것에 따르는 위엄 때문에, 또한 그 돈으로 선행을 해서 사람들에게서 감사를 받을 수 있기 때문에 그러한 것이다. 그래서 부모는 돈으로 아이들의 입을 막으려고 한다. 아이들이 어른이 되어 결혼을 해도 부모는 아이와의 관계를 유아적인 단계에 머무르게 하고, 손이 크다는 것을 구실 삼아 아이들을 경제적 의존의 상태에 둠으로써 일대일로 관계 맺는 것을 피하려 한다. 또한 남편들이 선물을 줌으로써 아내와의 사이에서 생기는 귀찮은 일을 결말지으려 하는 것도 흔히 볼 수 있는 일이다.

어느 날 의사에게 충분히 공급되는 어떤 약의 샘플을 어느 환자에게 준 적이 있다. 그리고 그렇게 함으로써 깊은 대화를 해야 하는 수고를 피하고 있는 나 자신을 발견했다. 대화를 하면 시간이 걸리고 귀찮은 일이 생길 거라고 생각했거나 그때 서두를 일이 있었던 것인지도 모른다. 그때 일을 나는 잘 기억하고 있다. 한 여성이 진찰이 끝나자 갑자기 말했다. "저는 남편을 어떻게 하면 좋을지 모르겠어요. 그이는 언제나 감기에 걸려 있는데, 어떤 전문의의 치료를 받아도 낫지 않아요." 그 순간 나는 나 자신의 경험을 상기했다. 나도 전에는 몇 달씩 감기에 걸려 있었다. 신체의 저항력을 높이기 위해서는 생활 전체를 바꾸어야 했다. 그러나 그 내용을 어떻게 단 몇 분 동안에 설명할 수 있겠는가. 그것은 흔히 병에 대해서 지니고 있는 단순하고 기계적인 관념과는 상당히 거리가 먼 것이다. 그래서 나는 약 선반에서 기름기가 있는 살균제를 꺼내서 "이 약을 드셔보라고 하세요"라고 말했던 것이다.

우리는 누군가를 위해 봉사했을 때, 그것이 큰 희생을 요구하지 않았다 하더라도 그 사람을 위해서는 더는 아무 일도 해주지 않아도 된다고 생각하게 된다. 이는 모든 직업 생활에서도 볼 수 있는 사실이다. 자신의 의무를 다하고 기술적 역할을 완전히 수행하고 나서, 예컨대 환자에게 환자로서 당연히 기대할 수 있는 일이나 상관 및 부하에게 그들이 당연히 기대할 권리를 가진 일을 해주고 나서는, 이 일을 해준 이상 그들이 인간으로서 기대할 만한 일을 거기에 덧붙이는 것은 불필요하다고 생각하는 것이다.

기술이란 근본적으로 모두 비인격적이다. 의사는 자신의 진찰을 확인하기 위해 냉정하게 정해진 질문을 하고, 해야 할 동작을 하고, 필요한 기구를 사용한다. 그는 환자의 진찰에 중요한 결과를 도출해내기 위해 마음속으로 과학적인 토의를 지속한다. 이러한 모든 일은 일종의 공정한 분위기를 만드는데, 이는 더 인간적인 대화를 시작하기 어렵게 한다. 그러나 때로 의사에게는 인간적인 대화야말로 필요한 것이다. 그리고 그들 스스로도 이런 대화가 기술적인 활동 — 사실은 이런 활동으로 인간적인 대화를 피하고 있지만 — 보다 어려운 일임을 인정한다. 그렇지만 의사는 기술적 활동만으로도 이미 의사 역할을 광범하게 하고 있기 때문에 기술적 활동에만 엄밀하게 머물러 있다고 해서 책망할 수는 없다.

이러한 사정은 모든 직업에 해당된다. 그래서 쥘 로맹이 '공공 조직'[14]이라고 부른 것, 즉 각자가 자기에게 맡겨진 관습적인 의무를 매우 정확히 수행하게 하는 사회 전체의 완성된 구조는 이미 단지 인격적 접촉에 대한 우려할 만한 장애로만 나타나는 것이 아니다. 그것은 우리의 허물어지기 쉬운 인격을 숨기는 쇠 그물로도 나타나는 것이다.

이는 틀림없는 사실이다. 우리는 방어벽 뒤에 인격을 숨기고 있다. 방어벽의 틈으로만 인격을 엿볼 수 있을 뿐이다. 어떤 한 면은 보이지만 다른 면은 조심스럽게 숨겨둔다. 누구나 생각하듯이 우리가 결점만을 숨기는 것은 아니다. 때로는 자기의 가장 귀중한 부를 숨기기도 한다. 얼마나 많은 사람이 몰래 시를 써서 서랍 속에 넣고 열쇠로 잠가 조심스럽게 숨겨두고 있는가. 또한 얼마나 많은 사람이 아무도 얼씬하지 않는 창고의 한 구석을 그림을 그리기 위한 아틀리에로 개조해두고 있는가.

어떤 신비주의자가 찾아와서 지금까지 두세 번 환상을 느꼈다고 말했다. 나는 그의 이야기에 사로잡히고 흥미를 느꼈다. 그리고 얼핏 보기에는 합리적으로 보이는 이 사람에게 정신적 사상, 참된 계시에 대한 깊은 직관력이 있음을 발견했다. 그의 말에 따르면, 그는 단 한 번 그의 경험을 우회적으로 자기 형제에게 말한 적이 있었다고 한다. 그러자 형제가 그의 정신적 건강이 불안하다고 느낀다는 것을 알았다. 아니, 알았다고 생각했다. 그 후로 그는 그 보물을 조심스럽게 감추고 살았다. 나는 이 말을 듣고 그가 왜 앞서 환성과 환각의 차이를 물었는지 이해했다.

경험은 그것이 우리에게 가치가 있으면 있을수록 더욱더 우리 인생에 깊은 자국을 남기고 우리 마음을 차지한다. 한편 우리는 이 경험이 부적당한 말이나 착각으로 인해 오해받거나 평가절하되는 것을 크게 걱정한다. 영혼이란 미묘하고 섬세할수록 더욱 상처입기 쉬운 것이다. 인간은 혼자 있으면 내 친구이자 방금 말한 저 신비주의자처럼 자기 자신의 직관력, 사고력, 가장 깊숙한 감정이 진짜일까 하는 의문을 품지 않을 수 없다. 사실상 그는 자신의 눈으로 볼 수 있는 인생과 자신의 환상에 완전히 지배받고 있는 은밀한 인생 사이에 존재하는 차이로 말미암아 고뇌하고 있는 것이다.

이미 말한 것처럼 우리의 '겉보기 모습'과 '참된 인격'의 불일치도 우리를 괴롭히지만, 동시에 우리에게는 이러한 불일치를 조심스럽게 보존하려는 면도 있다. 인격의 가장 귀중한 부분을 드러내면 혹시나 그것이 상처를 입지 않을까 걱정하기 때문이다. 우리의 예술적·철학적·종교적 신념에 대해서도 가끔 같은 일이 일어난다. 이러한 신념이 다른 사람의 비판이나 심한 반박을 견뎌내기에는 너무나 약하다고 생각되기 때문이다. 그러나 신념이란 표명되고 지지받을 때 확실하고 동요하지 않는 것이 되는 법이다.

우리는 자신의 보물을 소중히 여긴다. 특히 보물 중의 보물로서 우리 인격을 소중히 여긴다. 어제 내 여성 환자 중 한 사람이 말했다. "사실 전 제가 모든 사람에게서 나 자신을 지키는 것으로 인생을 보냈다는 것을 잘 알고 있어요." 인간에게는 분명히 다른 사람을 비판하는 경향이 있다. 그들은 신참자의 사소한 결점을 들추어내 그의 열의를 식혀 버리고 재능 있는 사람을 헐뜯음으로써 자신감을 회복하려 한다. 누구에게나 질투심이 있어서 쉽게 다른 사람을 비판할 수 있다. 우리가 두려움을 갖고 있다는 것, 그리고 그 두려움을 숨기고 있다는 점을 인정하기로 하자. 포렐 박사도 다음과 같이 말하고 있다. "살아가는 기술이란 다른 사람의 공포를 일으키는 기술인 동시에 자신의 근원적인 두려움을 숨기는 기술이기도 하다."[15]

물론 우리가 가장 두려워하는 것은 자기의 결점이나 과거가 발각되는 것이다. 많은 사람이 인간이란 내가 말하는 것과는 다르다고 이의를 제기한다. "당신 책을 읽으면, 어느 가정에나 비극이 있고 모든 생활에 은밀한 비밀이 숨겨져 있습니다. 당신은 전문 지식에 중독된 상태입니다"라고 하는 사람도 있다. 또 어떤 사람은 이를 칼뱅파적 비관주의의 탓으로 돌린다.[16] 그러나 내 입장에서 그들의 낙관주의는 너무 소박한 것 같다. 그들은 외관에만 마음을 쓰는 것이다.

나는 환자만을 보는 것이 아니라 건강한 사람도 많이 만난다. 그들이 어느 때보다도 개방적인 마음가짐으로 진찰실에 오고자 결심한 것을 보면, 겉으로 보이는 그들 생활의 배후에서 무슨 일이 일어나고 있는지 엿볼 수 있다. 사람들이 대단히 훌륭한 가정이라고 즐겨 말하는 가족도 식사 때마다 서로 때리고 맞는 참혹한 장면을 연출하는 경우도 있다. 손님이 하나라도 있으면 충분히 분별과 예의를 갖추는, 지성이 풍부하고 섬세한 이 사람들에게서 그런 일이 벌어질 거라고는 조금도 예상할 수 없다.

인간이 어떤 상황에서 은밀한 행동에 부끄러움을 느끼고 이를 숨기기 위해 전력을 다하는 것은 최고의 이상을 갖고 교육을 받았으며 고도로 성장하고 세련되어 있는 바로 그때인 것이다. 또한 인간이 자신을 엄격히 비판하면서도 정작 다른 사람에게서 받는 비판을 두려워하는 까닭은 바로 그들 자신이 왜 자기를 방어하지 못하는지 모르기 때문이다. 별로 교양이 없고 조잡한 사람들이 진실의 햇빛 밑에 자기를 드러내는 경우가 더 많다.

가족 중 한 사람이 심리학자에게 상담받기를 원할 때, 가족들이 반대하고 나서는 태도는 이 점을 잘 보여준다. 가족은 그가 가족의 비밀을 누설할까 봐 걱정하는 것이다. 가족은 그를 책망하고 어떤 사생활을 말하려 하는지 알려고 하며 몹시 추궁을 하고 마침내는 위협하기까지 한다. 또는 거꾸로 가족생활이 훌륭하고 안정되어 있더라도 직업 생활에서 일어나는 일을 조심스럽게 숨기려 하는 경우도 있다. 반드시 모든 사람에게 비극이 있다고 할 수는 없지만, 어쨌든 각 가정에는 이야깃거리가 될 만한 불쾌한 일이 많을 것이다. 베르그송이 어딘가에서 다음과 같이 말한 것도 그 때문이다. "다른 사람들이 우리 비밀을 존중하는 것처럼 다른 사람의 비밀을 존중하라."

물론 나는 커다란 비밀에 대해서만 발설하지 않도록 주의하고 있다. 인생의 미세한 부분에서도 우리 존재의 여러 가지 양상이 드러난다. 하물며 다른 사람들에게 보이길 원하는 우리 자신의 이미지와 그 양상이 일치하지 않는 경우, 커다란 비극에 뒤지지 않을 고통을 느끼고 만다. 어느 경우에나 분명히 인정할 수 있는 일이지만, 우리 태도의 참된 동기는 단순히 말해 게으름이거나 자존심이고, 질투거나 이해이고, 탐욕이거나 야심이다. 우리는 이를 서둘러서 어떤 속임수 설명으로 숨기려 한다. 어떤 증상이 불분명한 경우, 우리는 이에 대해 과학적 용어를 남발하면서 그럴듯한 논의를 함으로써 자신의 무지를 숨기려 한다. 나 자신도 환자의 이름을 잊었을 때는 기억을 더듬으며 약간 과장되게 은근한 태도를 보이거나, 또는 내가 그를 기억하고 있음을 알리기 위해 이전에 나눈 대화의 세세한 내용을 말하기도 한다. 또한 편지를 쓰겠다고 하고 잊었을 때는 내가 얼마나 바빴는지를 강조해서 자기변호를 할 것이다.

생각나는 일이 있다. 어느 날 친구와 심리학적·정신적 대문제에 대해 논쟁하며 오랜 산보를 하고 돌아오던 중에 트럼프 점(占)이 잘 나왔을 때 얼마나 기쁜지 모른다고 그에게 말했다. 물론 주저하는 마음이 없었던 것은 아니다. 그가 날 무척 바보스러운 짓을 하는 사람이라고 생각할까 봐 두려웠기 때문이다. 그런데 며칠 후 그 친구가 아내와 트럼프 점을 시작했는데 아주 재미있다고 편지를 보내왔다.

누구에게나 버릇이나 결점은 있다. 속담에도 나오듯이 하인에게는 영웅이 없다. 누구나 열중하는 대상을 갖고 있고 그것 없이는 살지 못하는 습관을 갖고 있어서, 이 때문에 약간 체면이 깎인다고 느낄 때가 있다. 자기가 벌어온 돈을 아내에게 숨기고 있는 남편이 얼마나 많은가. 아내에게는 가계부 절약을 엄하게 명령해놓고 정작 자기는 쓸데없는 즐거움에 돈을 낭비한 것을 아내뿐만 아니라 자기 자신에게도 숨기고 싶기 때문인 것이다. 한편 흔히 아내는 사지 않고는 견딜 수 없는 비싼 화장품대를 식료품비로 계산한다.

우리는 모두 이처럼 진실을 두려워한다. 자기를 알고 싶다고 주장하면서 자기를 아는 것을 두려워하는 것이다. 관상가나 정신 기술자나 정신요법가에게 의논하러 가면서도 언제나 조금쯤은 그들에게 두려움을 느낀다. 우리가 정정할 필요를 느끼는 것은 다른 사람이 우리에 대해 만든 이미지만이 아니다. 자기가 자신에 대해 만든 이미지도 정정해야 한다. 타인이나 자신의 발견을 지향하는 싱싱하고 단호한 태도를 모처럼 갖고 있으면서도, 우리는 곧 자기 자신도 알았고 주위에 있는 사람들도 알았다는 어처구니없는 자만심에 빠지고 만다. 자기 아내를 잘 알고 있다고 생각하며 약혼 시절의 사랑에 찬 호기심을 상실한 남편이 얼마나 많은가.

환자를 병원으로, 정신병자를 정신병원으로, 신경증 환자를 요양소로, 말썽 많은 아이들을 소년원으로 보내는 것은 말할 것도 없이 그들을 더 잘 돌보기 위해서다. 그러나 분명히 말하느냐 말하지 않느냐는 차치하고, 이는 동시에 인간의 취약성을 보여주는 증인들을 시야에서 멀리하려는 의도를 약간은 포함한다는 것도 확실한 사실이리라. 문명 사회는 고뇌나 비극을 보는 것을 좋아하지 않는다. 고뇌나 비극이 일어나면 우선은 갑자기 격렬한 동정의 감정을 불러일으키지만 (피에르 신부의 성공이라든가 이번 다음에 벌어지는 의연금 모집을 생각해보라) 대중은 곧 그것에서 시선을 돌려버리고 만다. 사람들은 일상생활의 어느 때도 고뇌할 일이나 비참한 일에 부딪히는 것을 좋아하지 않는다.

허약자, 장애인, 또는 신경성 질환을 지닌 사람들은 이러한 점을 통절하게 느낀다. 그들은 자신의 약점을 숨기기 위해 끈기 있게 책략을 부리기도 한다. 마음의 커다란 아픔조차도, 그것이 처음에는 아무리 자연스럽게 생긴 것이어도 다른 행복한 사람들을 방해하지 않기 위해서 곧 숨겨야 한다고 생각한다. 여기에는 한층 깊은 이유가 있고, 이것은 인간적인 접촉을 방해한다. 즉 인간은 마음속으로 자기가 커다란 고뇌 앞에서 무력하다는 것을 무서울 만큼 잘 알고 있고, 이를 일부러 경험하는 것을 싫어하는 것이다.

어떤 먼 지방에서 우리를 만나러 온 부부가 있었다. 이 부부는 몇 주일 전에 비극적으로 아이를 잃고 심한 절망에 빠져 있었다. 대화가 끝나 밤이 될 무렵 그들은 이러한 정신적 고독을 말했다. 그들은 처음에 큰 동정을 받았지만 며칠이 지나고 나서 자신들의 고뇌를 장황하고 솔직하게 말할 수 없게 되었다. 커다란 불행은 많은 문제를 일으키지만, 이에 대해서 다른 사람들은 어떠한 대답도 할 수 없기 때문이다. 아무 대답도 할 수 없다는 어색함을 느끼면 좀 더 마음 편하게 논의할 수 있는 일로 화제를 옮겨 이야기를 하게 된다. 이처럼 대부분의 의사도 병의 배후에 숨겨진 인생의 큰 문제를 직감하면서도, 환자가 마음을 여는 일이 없으면 이 풀기 어려운 문제를 해결하는 데 어떻게 도움을 주어야 할지 몰라 걱정하면서 그 문제까지 다루는 것만은 피하려 한다. 그렇지만 가령 대답을 할 수 없더라도 환자는 적어도 자신의 말에 귀 기울여주기만은 바라고 있다.

마지막으로 감동하는 것에 대한 두려움도 있다. 많은 사람은 마음에 감동을 느끼고 눈물을 흘리면서도 자신의 심정과 약한 마음을 폭로하게 되지는 않을까 하는 걱정 때문에 인간적인 화제에 접근하기를 꺼린다. 그들은 마음이 약하다는 이유로 비난받을까 봐 경계하는 것이다. 감동한다는 것을 부끄러워하는 잘못된 생각이 매우 널러 퍼져 있는 것이다. 눈물을 흘리게 하는 연극이나 환각을 일으키는 영화가 환영을 받는 것은 아마도 일상생활에서는 억압박고 있는 감정을 때로는 그 감정이 허용되는 곳에서 발산하고 싶다는 욕구 때문일 것이다.

　가끔 의사는, 그리고 더욱 흔하게는 가족이 목숨이 얼마 남지 않은 환자의 머리맡에서 그가 나을 수 있다는 환상을 갖게 하려고 애를 쓴다. 물론 이는 아직 생명이 붙어 있는 한 치유의 가능성이 비록 작게나마 남아 있기 때문이지만, 역시 환자의 마음을 지탱하기 위해서라고 말하는 것이 좀 더 정직할 것이다. 그러나 때로는 환자가 속지 않는 경우가 있다. 그리고 실제로는 환자가 자각적으로 죽음에 직면할 만한 정신적 완성에 도달해 있는데도 그의 질문을 모두 피하는 사태가 벌어지기도 한다. 이 경우 주위 사람들이 가장 귀중하다 할 수 있는 대화의 기회를 버린 것이 아니고 무엇이겠는가. 임박한 이별을 예상한 매우 엄숙한 대화였으련만.

　서로 사랑한다는 말을 간단히 건네는 것조차도 못하게 된 부부가 얼마나 많은가. 기쁨조차도 흔히 억제되고 있다. 어젯밤 한 어머니가 딸의 약혼을 알리러 왔다. "사윗감은 부인 마음에 드십니까?" "네, 물론이지요." "그러면 부인은 딸의 목을 얼싸안아 주셨습니까?" "아니요, 그렇게는 못하겠더군요. 다만 이렇게 말했어요. 밤이 늦었으니 어서 자거라. 조만간 다시 이야기하자."

　"선생님은 가혹한 분이세요"라고 어제 어떤 여성 환자가 말했다. 그리고 곧 덧붙였다. "그렇지만 그렇기 때문에 선생님에게 치료받고 싶어요." 독자들은 아마도 내가 그녀에게 질문 공세를 퍼부었으리라고 생각하리라. 그러나 결코 그렇지 않다. 나는 단지 귀를 기울였을 뿐이었다. 나는 고뇌하는 이 영혼이 바라는 만큼 열중해서 귀를 기울였을 뿐이었다. 나는 그녀의 마음속에 나도 잘 알고 있는 내면적인 투쟁, 참으로 성실해지기 위한 투쟁이 일어나고 있음을 느꼈던 것이다.

나는 정말이지 온 마음을 다해 다시금 인간적으로 되고 겉보기 모습을 벗어버려 참된 인간을 발견하고 나아가 인간적 접촉과 공동체 의식을 발견하려 한다. 그러나 이러한 소망이 마음속에서 무서운 장애에 부딪칠 때가 있다. 방금 말한 여성 환자는 머리를 움켜쥐고 오랜 침묵 사이사이에 조금씩 상세한 점을 덧붙여 나갔다. 그렇게 세부적인 사실을 말하지 않았다면 해방된 기분을 느끼지 못했을 것이다. 그녀는 그 점을 잘 알고 있었다. 그래서 갑자기 말을 중단하고 "선생님은 가혹한 분이세요. 그렇지만 그렇기 때문에 선생님에게 치료받고 싶습니다"라고 말했던 것이다.

성실성이란 문제에서 어중간함은 있을 수 없다. 한 가지를 털어놓으면 고백은 차례차례 이어지고 마침내는 가장 말하기 어려운 것조차도 마음에 떠오른다. 그때 우리의 몸은 한순간 굳어진다. 대화를 그만두고 싶다고 강렬하게 원하게 된다. 그러나 어느 정도까지만 마음을 열고 더 나아가지 않는다는 것은 얼마나 아쉬운 일인가. 마음을 열 때 생명은 흐르고 있었던 것이다. 생명은 우리가 가혹하기를 바란다. 그러면서도 우리가 무슨 일이 일어나고 있는지 이해하고 따뜻한 마음으로 승리를 거머쥐기를 바란다.

때로는 무서울 만큼 싫은 기억이 되살아나기도 한다. 너무나 싫어서 그 누구에게도 말하지 않은 기억이 되살아나는 것이다. 그러므로 이 기억은 두 가지 의미에서 해롭다. 첫째는 이 기억으로 인해 생긴 지워버릴 수 없는 아픔이고, 둘째는 이를 비밀로 지키려는 노력으로 인해 생기는, 영혼을 짓누를 정도의 압박이다. 이를 털어놓고 말하는 것은 그 기억을 다시 한번 경험하는 것이고, 이에 어쩔 수 없이 딸려오는 견딜 수 없는 감정 —사람들이 은밀하게 피하려는 감정— 을 재발견하는 것이다. 이야기가 타부가 된 화제에 접근하면 심한 고통을 느끼는 것이다.

그러나 성실성을 향한 길, 즉 인간을 발견해가는 길 위에서는 우리 스스로가 책임을 느끼고 죄를 자각하게 하는 다른 기억이 되살아난다. "죄란 매우 인간적인 것"이라고 뒤카티옹은 말한다.[17] 말하자면 장애가 되는 것은 후회이고 치욕이며 심판받는 데 대한 두려움이다. 이를 치유하는 것은 우선 장애를 극복하는 것을 도와주고 이어서 죄를 씻어주는 은총이다.

나는 이미 몇 번이나 고백에 대해 말했다. 그리고 언제나 오해가 따랐다. 신학자들은 내가 의사들에게 신부를 대신하라고 하는 것이 아니냐며 걱정하지만,[18] 나는 한 번도 그런 일을 한 적이 없고 앞으로도 결코 하지 않을 것이다. 가톨릭교도라면 고해소에 가서 비밀스럽게 죄악을 소멸하는 선언을 받아야 할 것이고, 나는 그에게 그렇게 하라고 권할 것이다. 의사에게 고백했다고 해서 고해를 하지 않아도 되는 것이 아님은 명백하다. 인간은 교회를 속인 채 신과 합일할 수는 없다.

그러나 신학자들도 있는 그대로 사실을 보아야 한다. 우리 주위에는 참회하기 어려운 사람들이 많이 있다. 이것은 로마가톨릭교회나 동방정교회의 경우에도 마찬가지이고, 규칙적으로 진지한 마음으로 고해소에 다니는 사람들의 경우에도 마찬가지다. 이들도 개인적으로 면담을 하다가 갑자기 지금까지 고백해온 잘못보다 훨씬 결정적인 잘못을 저질렀음을 깨달을 때가 있다.

또한 틀림없이 참회를 피하기 위해 교회를 떠났다가도 의사와 상담을 하고 해방의 감정을 느낀 후 교회로 되돌아가는 사람들도 있다. 참회의 효용성을 몹시 억제하고 있는 프로테스탄트에서도 사정은 다르지 않다. 듀리앙 목사는 최근 종교개혁가들이 얼마나 집요하게 참회를 규칙적으로 실행하도록 권했는지 상기하라고 말한다.[19] 이것은 프로테스탄트 교회에 참회를 부활시키는 것이 얼마나 중요한지 정당하게 증명한다. 그러나 정교회가 신도 앞에서 한 참회도 인정하는 데 비해 듀리앙 목사는 로마가톨릭교회의 경우와 마찬가지로 성직자에게 한 참회에 한해서만 종교적 가치를 인정한다.

마지막으로 비종교인, 착실하지 못한 신자, 불가지론자, 더 나아가서 종교에 대단히 공격적인 사람들이 있는데, 이들도 신자와 마찬가지로 후회의 뜻을 말하고 싶다는 욕구를 품고 있다. 대화가 진정한 고백의 성격을 띠는 그 순간에 내가 신부로 역할할 것이 걱정스럽다는 이유로 그러한 대화를 반대하는 신학자들은 없을 것이다. 오히려 이때 의사는 신부가 할 수 없는 역할을 대신하고 있다고 해야 할 것이다.

따라서 나는 여기서 비밀스러운 흔적을 남기는 참회에 대해서는 말하지 않을 것이다. 그것은 신학자의 영역에 속한다. 스토커 박사는 가능한 한 혼란을 피하기 위해 의사의 진찰실에서 하는 잘못의 고백을 '사귐(Kommunikation)'이라 부르자고 제안했다.[20] 그러므로 나는 여기서 의사이자 심리학자로서, 영혼에 일어나는 일, 인격에 가장 특유한 사건으로서 '사귐'에 대해서 말하려 한다. 특히 사귐에 의해 생기는 정신적 태도를 주제로 삼으려 한다. 이것은 한마디로 말해 자기 자신과 대화 상대에 대한 우리의 성실한 태도를 말할 뿐이다. 우리는 신에게도 타인에게도 성실한 다음에야 비로소 스스로에 대해서도 완전히 성실하다고 말할 수 있다. 자연주의자처럼 말한다면, 이것은 정신의 법칙이다. 내가 잘못 말하는 것이 아니라고 한다면, 에큐메니컬 연구소에서 벌어진 정신요법가와 신학자의 연석회의에서 듀랑 박사가 심리학적 도덕이라고 부른 것도 바로 이러한 성실성과 관련될 것이다.

여기서 문제되는 고백의 특징은 책임에 대한 강조로서 인격의 재생을 촉구하는 행위다. 듀랑 박사를 비롯해 프로이트 학파를 자처하는 여러 정신요법가들, 다시 말해 아주 완전하게 기계론적인 심리학자로서 인간의 책임을 부정하는 사람들조차도 책임감이라는 것이 인간 해방의 조건으로서 얼마나 특별한 가치를 지니는지에 주목할 수밖에 없게 되었다는 사실은 참으로 놀라운 일이다.

나는 고백(사귐)의 의학적 가치를 고집할 생각은 없다. 그러나 약간이라도 후회에 대한 의식이 사그라들지 않으면 오랜 세월에 걸쳐 인생이 억압되고 육체적으로도 정신적으로도 저항력을 박탈당하는 경우가 있다. 실제로 몇 가지 심신상관적인 장애의 진짜 원인이 후회에 대한 의식인 경우는 많다. 그것은 일종의 마개가 되는데, 고백이 이 마개를 날려버린다. 그러면 이내 인생의 흐름이 회복된다. 존 데레카 박사가 의사를 "인류의 자연스러운 고해 신부"라고 부른 것도 바로 이 때문이고, 미쉬레는 "모든 의학에는 완전한 고백이 필요하다"고 말한다. 20세기 초에 베른의 뒤부아 박사는 스스로 기독교도라고 언급하지는 않았지만 "당신의 병을 고백하라"고 말하고 있다.[21]

이로써 참된 인간적 대화가 시작된다. 이것은 서로 책임을 지는 대화, 마음속으로는 어디까지나 자유로운 대화다. 그렇다고 의사들이 환자들을 고해 신부로 생각한다는 것은 아니다. 우리 자신이 종교적이든 아니든 간에 오직 '교회'를 따라서 고백하는 것이 문제다. 그러면 환자를 자유로운 존재로서 받아들이고 인간적이고 단순하며 진실한 대화를 발견할 수 있겠지만, 그렇지 않으면 대화는 도저히 불가능할 것이다. 따라서 우리의 고해 신부적 역할은 우리 자신이 한 고백의 경험과 밀접하게 결부되어 있음을 알 수 있다.

이제 현대사회에서는 인간적 접촉을 확립하기 위해 선의만으로는 충분하지 않음을 이해할 수 있게 되었다. 나는 지금까지 나처럼 현대사회가 얼마나 비인격화되었는지를 증명하는 사람들을 여럿 만났다. 그들은 이 점을 탄식하고 있지만, 왜 이 문제와 종교를 결부해야 하는지는 모른다. 그들은 휴머니즘적인 이상만으로 충분하다고 생각한다. 그들은 그들 주위에 더욱 인간적인 정신을 도입하려고 진지하게 노력하는 것이다. 나는 이 일을 기쁘게 생각한다. 그러나 동시에 그들이 몽상가에 지나지 않으며 아직도 극복하지 못한 장애가 얼마나 큰지를 모르고 있다는 점도 잘 알고 있다.

참으로 인간적인 생활을 발견하기 위해서는 대단히 비싼 대가를 치러야 한다. 그것은 책임을 느끼든지 그렇지 않든지 하는 것이다. 그것은 틀림없이 절망이든 고백이든 은총이든 그 어느 쪽으로 이끌어가겠지만, 여기에는 인간적인 선을 넘어서는 무언가가 필요하다. 즉 새로운 정신 상태, 인간적인 혁명, 하나의 기적이 필요한 것이다.

가장 괴로운 기억, 가장 엄한 후회, 가장 내면적인 신념을 비밀에 부치고 있는 사람은 자신의 모든 행위나 인간관계를 필연적으로 유보할 수밖에 없고, 이는 누구나 직감적으로 느낄 수 있는 것이다. 이러한 유보는 다른 사람에게 전염되는 것이라서 인간적인 접촉이 피어나는 것을 방해할 것이다. 마찬가지로 고백을 통해 과거의 중압에서 해방된 자역시 해방된 과거에 대해 아무 말을 하지 않더라도 다른 사람에게 영향을 미친다. 즉 이 사람과 접촉하면 누구라도 더 인간적인 면을 발견하는 것이다. 인간적인 세계를 만들어내기 위해서는 인격, 즉 자유롭고 책임 있는 인간으로 다시 태어날 필요가 있다. 이 새로운 탄생은 최초의 탄생과는 달라서 우리 자신의 결의를 통해 열매 맺는 것이 아니다. 이 새로운 탄생에는 은총, 신과의 만남, 신과의 대화가 있어야 한다.

살아 있는 신

내 생각을 분명히 말해두고자 한다. 우리가 봐온 대로 인간은 자기 인격을 있는 그대로 발견하고 보여주는 것이 두려워서 대화를 피한다. 그러나 동시에 바로 그 사람이 자신의 저항을 극복하고 다른 사람과 참되게 접촉했을 때는 대화를 구하고 인간적 생활에 눈뜨게 된다는 것을 알았다. 그때 참된 인간이 겉보기 모습을 넘어서서 나타난다. 이는 성직자와 나누는 영혼의 치료로서의 대화나 의사와 나누는 정신요법적 대화에 있어서만 나타나는 것이 아니다. 그것은 일상생활에서, 친구와의 깊은 접촉에서, 또한 한순간 일어났다 사라지는 진정한 눈길의 교환에서조차도 나타나는 것이다.

이러한 경험은 우리가 앞서 말한 것처럼 고백을 할 때, 즉 인간이 가장 깊은 비밀, 말하자면 최고의 감동이나 후회로 충만한 비밀을 다른 사람에게 털어놓을 때 최고도에 이른다. 그때 마음속 깊은 곳에 있는 장애에서 커다란 투쟁이 일어나고, 이를 매개로 우리에게 무슨 일이 일어나고 있는지 충분히 검증할 수 있다.

고백하는 자에게 승리를 안겨주는 것은 무엇인가? 물론 그것은 대화의 분위기, 사랑받고 있으며 이해받고 있다는 확신일 것이다. 그러나 여기에는 동시에 저항할 수 없는 내면적인 힘도 속한다. 내면의 힘은 철저하게 성실할 것을, 그리고 겉보기의 가면을 벗어던져 참된 인간을 보여줄 것을 요구한다.

상담자가 이렇게 열렬한 투쟁을 벌이게 되면 그는 침묵을 지키고 대화는 중단되기 일쑤다. 이는 그의 마음속에서 다른 대화, 즉 내면적 대화가 전개되고 있기 때문이다. 가령 그가 종교를 갖지 않고 자기 자신과의 투쟁만을 생각할 때도 그러하다. 우리 모두가 그런 것처럼, 그의 마음속에 있는 모든 것이 강하게 저항하고 있다. 그런데도 그가 말을 한다고 하면, 그것은 이미 그 자신에게서 나오는 말이 아니라 그보다도 훨씬 강한 힘에서 나오는 말이다. 즉 그가 말하게 하는 것은 신이다. 앞서 "선생님은 냉혹한 사람"이라고 말한 환자는 단지 자신의 내면적 대화에서 나온 대답을 소리 높여 말한 것에 지나지 않는다.

그로 인해 평행한 두 대화, 두 사람의 인간적 접촉이 생기게 된다. 하나는 다른 사람과의 대화이며 또 하나는 신과의 대화다. 그리고 두 대화는 서로 긴밀하게 결합되어 있다. 말하자면 예수가 같은 것이라고 선언한 신에 대한 사랑과 이웃에 대한 사랑이라는 두 개의 지고한 명령이 결합되어 있는 것처럼.[22] 이는 진정한 사실이어서 신과 나누는 대화뿐이라면 어떠한 고백도 해방적인 것이 되지 못하고, 사람들을 떠나 오래 고립되면 신과의 대화도 있을 수 없게 된다. 은자들에게조차도 대화 상대는 필요하다. 또한 거꾸로 신과의 내면적 대화가 뒷받침되지 않으면 참된 인간적 대화도 있을 수 없다는 것은 말할 것도 없다.

중요한 것은 이렇듯 신과 나누는 대화다. 이것은 우리를 해방시키고 인격에 눈뜨게 하며 인격을 밝혀준다. 상담자와 내가 나누는 말은 두 사람을 감동하게 하는 영혼의 내적인 움직임이 없으면 어떠한 의미도 갖지 못하기 때문이고, 영혼이 움직인다는 것은 바로 그 순간에 그도 나도 신과 인간적으로 접촉한다는 것을 의미하기 때문이다. 그렇기 때문에 이때 침묵은 언어를 넘어서는 풍부한 의미를 갖는다.

두 사람이 함께 신과 관계 맺어야만 한다. 그때 둘 사이에는 참된 자기에 눈뜨게 하는 동시에 다른 사람과의 교감을 촉구하는 신이 존재한다. 언젠가 이러한 대화 끝에, 신에 대해서는 서로 아무 말도 한 적이 없었지만 나도 모르게 저절로 다음과 같이 말한 적이 있다. "어떻습니까? 오늘 대화는 마치 기도 같지 않았나요?" 이것은 정말이다. 가령 상담자가 나와 신앙이 다르더라도, 또 그렇게 생각하고 있다 하더라도 정말인 것이다. 나는 여기서 사실 자체를 말하는 것이지 사실을 해석해서 말하는 것이 아니다. 신의 요구와 인간의 저항 사이에는 투쟁이 있고, 신의 찌르는 듯한 목소리와 이 목소리가 요구하는 대답 사이에는 대화가 있다.

따라서 스스로 분명히 인식하지 못한 채 신과 대화를 나누고 있는 사람이 많다. 그리고 이것은 단지 우리가 무슨 일이 일어나고 있는지 충분히 검증하기 위해서 선택한, 고백이라는 최고의 순간만이 아니라 마음속에서 여러 가지 가치 체계가 문제가 될 때마다, 또한 진·선·미, 정의 등의 규범이 고려될 때마다 일어난다.

인간이 동물과 다른 점은 자기 자신에게 질문을 한다는 것이다. 인간은 세계에 대해서, 자기 자신에 대해서, 사물의 의미에 대해서, 병이나 치료, 삶이나 죽음의 의미에 대해서 자기 자신에게 질문을 던진다.

인간은 스스로의 결점, 책임, 잘못을 자각하고 여기에 어떠한 해결책이 있는지 자문한다. 나는 인간이 이러한 질문을 던지는 것은 신이 그렇게 하도록 했기 때문이고, 인간 자신이 알지 못하고 있더라도 신이 그에게 말을 건네기 때문임을 알고 있다. 신은 신자에게만 아니라 모든 사람에게 평등하게 말을 건넨다. 신앙이란 다만 그 이야기 상대를 인정하는지 그렇지 않은지 하는 문제에 지나지 않는다.

따라서 앞에서 인간적 대화에 대해서 말한 모든 사항을 신과 나누는 이러한 대화에서도 발견하게 될 것이다. 신과 나누는 대화는 인간적 대화와 결합하고 거기에 참된 의미와 가치를 부여한다. 그것은 인간과 동물이 구별되는 '새로운 차원'을 보여주는 것이다. 이 때문에 대화는 정신적·창조적인 사건, 참된 인간을 만들어내는 사건이 된다. "인간을 이루는 것은 정신적인 것이다"라고 스토커 박사는 말하며,[23] 메다 박사는 "신앙이야말로 인간과 관련해서 가장 본질적인 사건"[24]이라 말한다. "인격이란 대화다"라고 한 오레리 박사의 의미도 이제 충분히 밝혀졌다. 즉 그 의미는 신과의 대화, 인격적인 신과의 인간적인 만남, 신에 대한 책임이다.

인간적인 대화처럼 신과 나누는 대화도 드물게만 나타난다. 매우 강한 신앙을 가진 사람도 신의 목소리가 아득해지는 듯한 고갈 상태에 빠지는 일이 있다. 그러나 신과 이렇게 마주하는 것이 마치 어두운 밤의 섬광처럼 아주 희귀한 순간에만, 그 장중함과 풍요함에서만 경험된다고 해서 문제될 것이 있는가? 이러한 순간이 있기만 하다면, 이것은 오랫동안 이루어진 자동적인 생활보다 우리 생애와 전인격에 훨씬 큰 의미를 지닌다. 이야말로 그 말의 가장 충실한 의미에 있어서 우리 미래를 결정하는 결정적 순간이고, 우리를 새로운 방향으로 인도하는 교차로인 것이다. 우리는 앞으로 이 방향으로 살아 나가게 될 것이다.

타인과의 만남에 결정적인 시간이 있다고 한 것은 그 인간적인 대화의 배후에 신적인 대화라는 또 하나의 대화가 결부되어 있기 때문이었다. 우리를 완전히 책임질 정도로 접근해오는 사람이 있는 경우, 신자신도 그 사람을 통해서 우리에게 접근하고 완전한 관계를 강요한다. 나는 우리의 상대가 반드시 신의 말씀 자체를 말한다고 하는 것이 아니다. 다만 신이 스스로 우리에게 말하고 싶은 것을 이러한 인간적 접촉을 통해서 이해하게 된다고 말하고 있는 것이다.

또한 이 두 가지 대화가 엄밀하게 함께 가지 않는 경우도 있을 수 있다. 산기슭에 뚫린 자동차 도로처럼 두 대화는 흩어졌다가 다시 결합하기도 한다. 고독 속에서 신과의 만남을 경험하는 경우도 있겠지만, 그것은 다른 사람과의 만남에 의해 이미 준비되어 있던 것이고, 다른 사람과의 만남을 더 깊게 해주는 것에 지나지 않는다.

신의 말씀이 뜻밖의 방법으로 주어지더라도, 또는 갑자기 인생의 방향을 바꾸게 하는 내면적인 부름과 급격한 회심이 있었다 하더라도, 사실 신은 훨씬 이전부터 말을 건네오고 있었던 것이다. 이 대화가 백일하에 드러나기까지 무의식의 어둠 속에서 오랫동안 진전되고 있었음을 우리는 알 수 있다. 그때 신이 언제나 모든 사물과 인간을 통해서 말하고, 시인을 통해서, 음악가를 통해서, 어린아이나 노인을 통해서 말하고 있음을 이해한다. 또한 본보기가 되는 위대한 신앙인만을 통해서가 아니라 어느 누구를 막론해서 말하며, 꽃이든 동물이든 꿈이든 현실이든 모든 것을 통해서 말한다는 것도 이해한다.

신은 의사에게는 환자의 고통과 고뇌를 통해서, 그리고 환자들의 솔직한 이야기나 고백을 통해서 말한다. 신은 병과 치료를 통해서도 말하고 기쁨과 괴로움을 통해서도 말한다. 신의 말은 비유적이지만, 이를 이해하면 자연도 역사도 우리 인생의 각 사건도 새로운 의미를 띠기 시작한다. 어떤 여성 환자가 올해 여름에 경험한 일을 말해주었다. 그녀는 곁에서 간병을 하고 싶어 하는 어머니의 비난을 무시하고 다른 힘에 밀려서 멀고 먼 시골로 떠났다. 거기서 그녀는 내리쬐는 햇빛 속에서 풀밭에 누워 이전처럼 자연과 교감할 수 있었다. 그녀는 어떤 은총을 경험한 것이다. 그런 경험을 한 덕에 그녀는 지금 내 진찰실에 있다. 그녀의 인생은 그날부터 다르게 흐르기 시작했다.

그러나 특히 신의 말씀을 잘 들을 수 있는 것은 계시되고 구현된 '말씀'의 책인 《성서》를 통해서일 것이다. 신과의 인간적인 접촉이 확립되는 것은 바로 이 《성서》를 매개로 해서다. 그리고 이러한 접촉이 일단 확립되면, 《성서》를 읽는 것은 이미 노력이 필요한 의무나 풀기 어려운 수수께끼 또는 일반적인 교훈으로 생각되지 않고 사소한 말이나 이야기라도 이상할 만큼 친밀하게 들리는 인간적인 대화가 된다.

그러면 《성서》는 왜 언제나 '살아 있는 신'에 대해 말하는가? 그것은 《성서》가 말하는 신이 시공을 떠난 만물의 근원이나 정신의 최고 개념, 즉 철학자들이 말하는 신이 아니기 때문이다. 신은 살아 있는 인격, 질문하고 간섭하고 행위하고 고민하는 인격이며, 예수에 의해 역사 속으로 들어오고 '성령'에 의해 인간 속으로 들어온 인격이다. 이러한 인격적인 신에게서 우리가 지금까지 배워온 인간의 여러 특성을 볼 수 있다. 그것은 운동, 충동, 지도적 힘이지 고정된 본질이 아니다.

동시에 《성서》는 인간이란 무엇인지 알려준다. 즉 인간이란 신이 말을 건네는 존재이고 또한 그렇게 함으로써 신이 인격적 관계를 맺을 수 있는 존재다. 비유기적 세계, 모든 식물과 동물, 다시 말해 단지 일방적으로 신을 비개성적으로 따르기만 하는 세계를 창조한 다음에 신은 자기 모습을 닮은 인간을 창조했다. 말하자면 인격적 존재, 대화의 상대, 신이 말을 걸 수도 있고 대답할 수도 있는 존재, 신이 중요시하는 존재를 창조한 것이다. 신은 존재의 자유, 비밀, 거부나 침묵을 존중하면서도 그 대답을 기대하고 있다.

빈트셸러 목사는 최근 논문에서 인격의 개념을 《성서》의 빛에 비추어서 연구했다.[25] 여기서 인간은 언제나 통일체로서 나타나고, 언제나 '신 앞에' 그 전체성에 있어서 존재한다. 육체, 신체, 영혼, 이성이라는 말은 각기 인간의 분명한 부분들로서 이러한 것들이 어떤 형식으로 합쳐져서 인간을 이루는 것이라 생각된다. 하지만 《성서》는 이 용어들을 그렇게 명확히 구분하지 않고 오히려 '어떤 각도에서 그때그때 본 인간 전체'를 가리킨다. '정신'도 이미 인간을 구성하는 한 부분을 가리키는 것이 아니다. "정신에 대해서 말하는 것은 신의 질문을 받고 있다는 의미에서의 인간 전체를 염두에 두는 것이다. (…) 이 순간부터 인간은 '인격'이 된다. 그것은 그가 신과 인격적 관계를 맺는 것을 의미하기 때문이다."

따라서 《성서》는 신이 말을 건 인간, 신의 말씀에 귀를 기울인 인간이 쓴 책이 된다. 《성서》는 처음부터 끝까지 하나의 대화, 명확하고 구체적이며 살아 있는 대화의 연속이다. 앞서 대화에 대해 말한 모든 것이 여기에 있다. 우리는 이 대화를 구하면서도 피하고, 이 대화를 열망하면서도 두려워한다. 아담은 에덴동산에서 신의 책망을 받았을 때 무서워했고, 카인도 신의 신문을 무서워했다. 모세는 타오르는 장작을 앞에 놓고 두려움을 느꼈고, 이사야는 하나님의 모습을 보고 두려워했다. 동정녀 마리아조차도 천사 가브리엘이 인사를 하러 왔을 때 두려워했고, 그리스도가 탄생하는 날 밤의 양치기들도 무서워했다.

신과의 대화가 언제나 평화롭고 화기애애한 것이라고 할 수는 없다. 그것은 때로는 극적이기도 하고 과격하기도 하다. 시편을 펴보면 알 수 있다. 그 속에는 신에 대한 욕설이 가득 차 있다. 네덜란드에서 열린 어떤 의학회에서 나는 봔 룬 박사가 한 놀라운 이야기를 들었다. 그의 환자들이 정신요법의 인도에 따라 성실함의 단계에 도달했을 때, 그들 대다수가 신을 향한 반항심을 고백했다는 것이다. 이것은 나 자신이 경험한 것이기도 하다. 그리고 나는 이 반항심이 오랫동안 머물러 있던 위선의 침묵 상태에서 벗어난 것을 마음속에서 기뻐했다.

신과의 대화를 시작하기 위해서 반항심이 침묵하도록 해야 한다고 생각하지 말기 바란다. 오히려 진실한 대화는 신에 대한 반항심을 표명했을 때 시작된다. 이런 말을 하니 내가 어떤 친구와 결합하던 상황이 생각난다. 나는 그에 대해 아는 것이 별로 없었다. 나보다 약간 나이 어린 그가 같은 연구회에 막 가담했을 때였다. 베른 지구의 축제에 우리 지구를 대표해서 함께 파견되었을 때 우리는 그곳에 너무 일찍 도착했다. 그래서 아르 강 연안에서 얼마 동안 휴식을 취했다. 평범한 대화가 시작되었는데, 그가 갑자기 말을 중단하고 느닷없이 직접적인 질문을 들이댔다. "지금 당신이 내게 반대하고 있는 점을 말씀해주십시오."

이처럼 더 깊은 친밀성으로 이끌어갈 게 틀림없는 신과의 인격적 관계는 때로는 폭풍 같은 격렬한 해명으로 시작하기도 한다. 스스로는 신을 믿고 있지 않다고 생각하던 사람이 갑자기 신에게 의지하고 있었음을 깨닫기도 한다. 그의 마음속에는 신에 대한 원망이 가득 차 있어서 그가 겪은 불행의 책임이 모두 신에게 있다고 생각하고 있었던 것이다. 이 원망을 표명함으로써 그는 더욱 진지해지고, 따라서 대화도 시작된다.

진지함은 대화의 조건이다. 인간을 대할 때 진지해지기란 매우 어려운 것이다. 신을 대할 때도 마찬가지다. 그러나 이때 이 어려움은 단지 우리 쪽에 있을 뿐이다. 다음은 내가 최근에 받은 편지의 한 구절이다. "저는 가끔 참된 인간적 진지함은 무엇인지, 참된 투명성은 무엇인지 생각해봅니다. (…) 이것은 매우 어려운 일이고 거의 있을 수 없는 일이기도 합니다. 우리의 진지함은 듣는 이의 태도에 달려 있기도 합니다. 경계를 허물고 길을 평탄하게 만들어주는 사람도 있고, 침입자처럼 문을 열어젖히고 우리 내부로 들어오는 사람도 있습니다. 우리를 가로막고 문을 잠그고 도랑을 파고 벽을 세우는 사람도 있고, 우리를 혼란에 빠뜨리고 우리의 잘못된 소리만을 듣는 사람도 있으며, 우리로서는 언제까지나 알아들을 수 없는 말을 하는 이방인으로 남는 사람도 있습니다. 그런데 반대로 우리가 듣는 사람의 입장에 놓인다면 다른 사람의 진지함에 대해 어떤 태도를 취하게 될까요? 여기서 우리는 신에 대해 생각할 수밖에 없습니다. 신은 단지 '내가 하는 말을 들으라'고 명령할 뿐 아니라 '네가 하는 말을 듣고 있다'고 말할 수 있는 존재이기도 하기 때문입니다."

신에 대해서 말해야 할 것을 솔직하게 말하고, 또한 신이 내게 인간 적으로 말하고 싶은 것에 귀 기울이는 것. 이것이야말로 나를 참된 인간, 자유롭고 책임 있는 인간으로 만드는 대화다. 그것은 자기가 신과 인간적으로 관계 맺고 있음을 아는 것인데, 신과의 이러한 인간적 관계가 바로 신앙을 갖는 것이다.《성서》에서 "신을 알고 있다" 또는 "신의 이름을 인정한다"고 하는 것도 바로 이를 말하는 것이고, 이것은 분명히 신의 인격을 인정하는 것이다. 이름은 인격의 상징이기 때문이다. 가령 그 대화가 한순간에 지나지 않는다 하더라도 그 순간은 창조적이다. 그때는 인격이 용솟음치듯 나타나서 퍼지고 세계의 모든 것은 사라지는 것처럼 여겨진다. 따라서 여기서 문제가 되는 것은 오직 대화일 뿐, 일상생활에서 연출되는 겉보기 모습은 이미 그림자도 찾아보기 어렵다. 신은 결코 겉보기 모습에 마음을 쓰지 않고 곧바로 인격과 접촉하기 때문이다.

"도저히 기도할 마음이 들지 않아요. 어떻게 해야 할까요?"라고 묻는 사람을 흔히 만난다. "저와 이야기하고 있는 것처럼, 아니 그보다 더 솔직하게 하나님과 이야기하십시오"라고 나는 대답한다. 성 바오로는 가장 진실한 기도는 한숨뿐이라고 말한다. 한숨은 여러 말보다 더 많은 것을 말해줄 수 있다. 그래서 나는 마음의 안식 자체인 생기 있고 자연스러운 이 현실을 딱딱한 형식에 가둬두지 말라고 말하고 싶다.

생각이 정리되지 않고 언어로 표현되지 않더라도 신과 더할 나위 없이 인격적으로 대화하도록 하는 침묵의 빛나는 시간이 있다. 약속보다도 더욱 우리를 신에 몰두시키는 환희의 폭발이 있다. 가르침을 받은 찬양의 말보다도 더욱 순수하게 울리는 비통의 외침이 있다. 어릴 적부터 반복하는 예배의 기도도 성심을 다해서 할 때는 사상의 근원적 표명을 탐구하는 기도보다 훨씬 참으로 인간적인 것이 될 수 있다. 우리의 개인적 경험이 다른 사람의 규범이 되는 일은 결코 없다. 중요한 것은 생명이고 자발성이다. 사람들에게는 각기 다른 기질이 있다. 어떤 사람은 더 비관적이고 어떤 사람은 더 구상적이다. 지성이 뛰어난 사람이 있는가 하면 감정이 강한 사람도 있다. 따라서 신과의 관계는 각자의 독특한 기질에 따라 특색을 지닌다.

앞에서 인간의 대화에 대해 말할 때 대화를 두 가지 면으로 구별한 것을 기억할 것이다. 하나는 깊고 눈에 보이지 않는 인격끼리의 접촉이고, 또 하나는 행동이나 언어를 통해 성립되어 우리의 기질적 특색을 보여주는 외면적 대화다. 신과의 대화도 마찬가지여서 깊고 인격적인 만남은 이를 표명하는 외면적 대화를 통해서만 경험할 수 있다.

마찬가지로 대화에서 신의 소리라고 부르는 것은 단순한 몽상도 아니고 환각도 아니다. 이 점과 관련해 뭔가 잘못 생각하고 있는 것은 아닌지, 자신의 무의식의 소리나 욕구 자체를 신의 소리로 착각하고 있는 것은 아닌지 염려되어 내게 물어보는 사람이 꽤 많다. 그러나 우리는 때로 신이 우리를 혼란에 빠뜨려 상처를 입었다며 신을 탓하기도 한다. 분명히 우리가 잘못 생각하는 경우도 있겠지만, 심리학은 이 점에 있어서 큰 도움이 될 것이다. 예컨대 언제나 아버지에게 억눌려 지내던 사람은 신에게도 언제나 억눌려 지내는 것으로 생각하기 쉽다는 사실을 심리학을 통해 알 수 있기 때문이다.

그러나 잘못 생각하는 것은 아닌지 하는 걱정은 우리를 마비시킨다. 그렇다면 때로는 대화를 중단하는 것보다 잘못 생각하는 것이 낫다고 생각해야 한다. 대화가 있기만 하다면, 우리가 어떤 점에서 잘못을 범했는지 언젠가는 신이 가르쳐줄 것이기 때문이다. 신의 소리는 때로《성서》의 한 구절이 되어 마음속으로 스며들고, 때로는 친구가 건넨 한마디 말로 떠오르기도 하는가 하면, 자기가 스스로에게 묻는 질문의 형식이 되기도 하고, 때로는 뜻밖에 신 앞에 서 있는 듯한 느낌이 드는 사고의 형식을 취하기도 한다.

나는 이전에 있었던 제야에 대해 항상 생각한다. 그날 나를 키워준 숙부와 함께 관례에 따라 교회 앞뜰에서 제야의 종소리를 맞이하려고 아내를 남겨두고 집을 나섰다. 집에 돌아왔을 때, 나는 아내가 돌연 태도가 변해 당황해하고 있는 것을 보았다. "갑자기 하나님의 훌륭함을 느끼고 잘 알게 된 듯한 기분이 들었어요"라고 아내는 말했다. 아내는 종소리, 말하자면 시간의 무한한 걸음을 알리는 종소리를 들었을 때, 신이 자기가 지금까지 상상하던 것보다 훨씬 위대하다는 것을 깨닫게 되었던 것이다. 신의 소리가 종소리를 통해 그녀에게 도달했던 것이다. 신은 아내에게 말을 건넸고, 아내는 이에 응답했다. 아내의 대답이 무엇인지는 그 빛나는 표정을 통해 알 수 있었다. 그 대답이 너무나 선명하고 진지해 나조차도 강렬한 감동을 받았다.

아내에게 인생 최대의 사건이 일어난 것이다. 그것은 창조주와 피조물의 인격적인 만남, 신의 소리와 인간의 소리가 나눈 대화라는 사건이었다. 신의 소리는 너무나 무한해서 이를 표현하기에는 언어가 불충분하다고 생각되는데도, 결국은 세상의 모든 잡음을 통해서 우리에게 도달한다. 반면 인간의 소리는 너무나 미약해 도저히 이에 응답할 수 없을 정도다. 이 양자의 대화란 얼마나 믿기 어려운 것인가. 이처럼 두 대화자는 불균형을 이루고 있지만 또 한편으로는 매우 닮아 있다. 이는 신이 "당신의 모습대로"[26] 인간을 창조했기 때문이며, 그러한 까닭으로 두 인격은 대화를 나눌 수 있다.

그 무렵 나와 아내는 몹시 지쳐 있었다. 나는 이미 몇 년 동안 교회 일에 열심히 종사하고 있었다. 그러나 잘 알다시피 교회에서는 예상되는 것과는 달리 너무나 보잘것없는 듯한 문제가 항상 발생한다. 마침 그럴 때 신이 자기 모습을 드러내주었다. 신은 너무나 비좁은 불모의 논쟁 그물에 갇혀 있던 나를 구해주었다. 이렇게 시작된 그 일 년간 신은 우리가 연달은 경험을 통해 개인 생활, 부부 생활, 직업 생활을 모두 새롭게 하고, 교회에서 정신적 봉사를 실천하도록 인도해주었다.

물론 우리는 이미 기독교 신자였다. 그러나 인간적이라고는 할 수 없는 신자였다. 그러나 우리는 신을 향해 정성껏 봉사함으로써 신의 소리에 귀 기울일 것을, 시간을 들여 정성껏, 그것도 생생하게 듣는 것을 배웠다. 이 대화는 우리 부부의 대화에 섞이고 새로운 가치와 풍요함을 더해주었다. 대답을 해나가는 동안 오해도 있고 착각도 있고 전적으로 침묵하는 때도 있었다. 그래도 우리는 이 대화를 통해 생각할 수 없을 정도로 먼 곳까지 인도받았다.

그러나 기도를 통해 하나님에게 말을 건다고 해서 모두가 신의 소리를 듣는 것은 아니다. 대부분 듣는다 하더라도 막연하게 듣는다. 신에게 기도함으로써 생기는 생각을 종이 위에 기록해둘 수 있다면 그렇게 해보라. 그 기도를 더 유효하고 풍요하고 명확하게 하는 데 도움이 될 것이다. 기도는 마치 하나의 유기체처럼 스스로 발전해나간다. 기도는 지도력, 자동성, 모색, 변동, 편향, 조절적 수정, 증대, 확립이라는 생명의 여러 특성을 갖추고 있다. "기도를 하는 사람은 누구나 신과 일종의 대화를 나누고 있다고 느낀다"[27]고 메다 박사는 말했다.

여기서 기도가 내성이나 내면적 '일기'와 얼마나 다른지 지적해야겠다. 기도란 정녕 대화이고 '타자', 즉 신의 존재를 전제한다는 점에서 내면적 일기와 다르다. 비록 정신요법가가 침묵을 지키더라도, 내적 성찰과 정신요법적 치료 사이에도 같은 차이가 있다. 정신요법가의 존재가 사태를 새롭게 하는 것이다. 많은 사람이 이 점을 오해해서 내적 성찰을 정신요법이라고 생각하지만, 이보다 더 큰 오해는 없다. 내적 성찰은 우리를 자신 속에 갇히게 하고, 이미 말한 것처럼 마침내는 인격이 소멸되는 듯한 고독에 빠지게 한다. 이와는 반대로 정신요법적 대화, 더 나아가 신과의 대화에서 인격은 스스로를 긍정하고 확립된 인간관계를 통해 스스로를 명확히 한다.

그러나 유감스럽게도 때로는 나 자신의 기도가 내적 성찰로 바뀔 때가 있다. 나는 그 차이를 잘 안다. 실제로 이때 나는 신보다 오히려 나 자신에게 귀를 기울이고 몰두하기 시작한다. 이럴 때일수록 인간적인 대화를 통해 신과의 대화를 다시금 회복하려고 해야만 한다. 다른 기독교 신자와 만나서 그들의 증언을 듣고 그들이 참된 영감으로 인정한 것을 들음으로써 나 자신이 하는 기도의 성격이 새로워지는 것이다.

이렇게 해서 내 기도는, 도르가 더욱 착잡해지기만 한다고 한, 저 내적 성찰의 '혼돈한' 독백과는 완전히 다른 것이 된다. 뿐만 아니라 신을 향한 사랑에 놀랄 만큼 눈을 뜨게 되고 또한 이를 발전시키면서 나 자신의 새 출발을 촉구하고 인격의 발견에 이르기도 한다. 우리는 우리를 샅샅이 알고 사랑하며 용서하는 신 앞에서만 비로소 자신을 있는 그대로 바라볼 수 있기 때문이다. 모리악은 다음과 같이 말한다. "우리는 누구나 무릎을 꿇고 땅에 엎드려서 신의 눈길이 나를 보게 할 때만 비로소 자기 자신을 정확하게 바라볼 수 있다."[28]

이처럼 성실하고 빈번하게 신과 만남으로써 《성서》의 살아 있는 신, 인간적인 신을 발견할 수 있다. 무엇보다 이 신이야말로 친히 우리의 일을 걱정하고 머리털까지도 헤아리는 신이며,[29] 오직 전체로서의 인간만이 아니라 개개인으로서의 우리를 사랑하는 신이며, 인간 전체의 운명만이 아니라 한 사람 한 사람의 사소한 고뇌까지도 걱정해주는 신이고, 인간 전체에게 말을 건네면서 동시에 한 사람 한 사람에게 말을 건네는 신이며, 예언자가 말하듯이 우리의 이름으로 우리를 부르는 신이다.[30] 이야말로 바로 인격적인 신이 아닌가.

이와 관련해서 의학박사이기도 한 수도사 돈바이스 베르거는 다음과 같이 말하고 있다. "정신과 육체의 복합체이자 이성적 동물이라고 하는 인간의 성질을 지키는 것만으로는 인격을 지킬 수 없다. 단순히 인간으로서가 아니라 피에르, 폴, 장, 자크로서 이러저러하게 독특하고 따로 떼어낼 수도 대체할 수도 없는, 신에 의해 소망되기도 하고 사랑받기도 하는 자로서의 인간을 지켜야만 한다."[31]

신은 종소리나 설교자의 목소리를 통해 우리에게 말한다. 신의 말은 엘리아에게 말한 것처럼 미풍의 속삭임이 되기도 하고, 욥의 경우처럼 번개 소리가 되기도 한다. 또한 신은 우리 자신의 사고—우리가 이 사고를 신에게 맡겼을 때 한한 말이기는 하지만—, 감정, 직관을 통해서도 말한다. 우리는 때로 신에게 엄청난 질문을 던진다. 신은 이에 바로 대답하지 않으며 때로는 아무런 대답도 하지 않는다. 하지만 우리에게 필요한 일에 대해서는 매일 말을 건네며, 우리의 인격을 키우고 인도하도록 격려한다. 은총은 조금씩 분배되고 있는 것이다.

신은 각자에게 알맞은 형식으로 모두에게 말을 건넨다. 이 점에 대해 다른 사람과 비교하려고 하거나 신은 예컨대 수첩에 많은 것을 기록해놓는 사람과 비슷하지 않을까 하고 의심하는 것처럼 하찮은 일은 없다. 또한 심리학이 밝힌 것이지만, 교육을 많이 받아 항상 자기 자신을 의심하게 된 사람은 신의 목소리를 듣는 것에 대해서도 의심을 품게 되고, 그 결과 신의 소리를 듣는 귀를 갖지 못하게 된다.

그럼에도 《성서》는 현실적이다. 《성서》는 우리 경험과 일치한다. 《성서》는 신과 나누는 대화가 얼마나 풍요로운지 보여주지만, 쉬운 것이라고 생각하게 하지는 않는다. 《성서》란 중단되고 회복되길 반복하는 대화에 관한 이야기라고 할 수 있으리라. 《성서》는 첫 페이지부터 인간의 드라마를 보여준다. 인간은 바로 신과의 친밀하고 변함없는 대화를 위해 창조된 자로서 언제나 신과의 대화에 향수를 느끼면서도, 실제로는 이러한 대화를 단편적이고 불충분하고 불완전한 형태로만 발견한다. 《성서》는 인간 사이의 대화도 마찬가지로 방해받아 왔음을 보여준다. 즉 인간이 고독 속에 빠져 있다는 것을 알려주는 것이다.

지금까지 검증해온 모든 사실, 즉 참된 인간을 완전하고 적나라한 모습으로 파악하는 것은 불가능하고, 참된 인간 사이에 완전한 접촉을 확립하려고 해도 반드시 겉보기 모습이 그림자처럼 따라다닌다는 점은 '계시'라는 사상에 비추어 볼 때 그 의미를 명백하게 파악할 수 있다. 우리는 혼란한 세계 속에서 살고 있다. 신과 우리, 또는 우리와 이웃 사이에서 언제나 자유롭게 흐르고 있어야 할 생명의 흐름이 박탈당하고 있다는 점에서 이 혼란한 양상의 일면을 발견할 수 있다. 생명의 흐름은 마치 유기체 속에서 각 세포가 체액의 일정한 작용으로 인해 언제나 다른 세포와 연락을 취하는 것처럼 우리 사이에서 흐르고 있어야 하는 것이다.

혼란의 또 한 양상으로 앞에서 지적한 인간의 두 성격, 즉 선택과 책임에 관련되는 것을 들 수 있다. 선택의 비극에 대해서는 사르트르가 분명히 했다.[32] 그는 선택에 쫓기면서도 선택을 하지 못하는 인간의 모습을 보여준다. 이 철학자는 그 사실에서 인간이 고뇌할 수밖에 없는 근본 원인을 발견한다. 책임의 문제에 대해서는 보르도대학의 법학교수 자크 엘륄(Jacques Ellul(1912~1994))이 3회 프랑스 프로테스탄트 사회의학회에서 매우 날카로운 연구를 발표했다.[33] 책임을 진다는 것은 대답해야만 한다는 것이다. 책임은 인간이 신의 말을 듣고 있다는 사실에서 생겨난다. 엘륄 교수는 신이 던진 최초의 두 가지 중대한 질문을 강조한다. 하나는 아담에게 던진 "너, 어디 있느냐?"[34]라는 질문이고, 또 하나는 카인에게 던진 "네 아우 아벨이 어디 있느냐?"[35]라는 질문이다. 그런데 인간은 이러한 두 질문 중 어느 것에 대해서도 대답하지 못한다.

이 두 가지 질문을 이 책에서 쓰고 있는 용어로 표현한다면, 인격의 문제와 타자와의 인격적 접촉이라는 문제에 각기 해당함을 알 수 있다. '너는 어디 있는가? 너의 인격은 어디 있는가?' 하는 문제는 앞서 '유토피아'를 다룰 때 살펴보았다. 인격이란 파악하기 힘든 것으로서 언제나 크든 적든 겉보기 모습의 뒤에 숨어 있다. '너의 형제를 어떻게 했는가? 너를 결합하던 연대를 어떻게 했는가?' 하는 데 대해서는 '장애물'이란 문제를 살피면서 논했다. 접촉은 방해받고 있으며 매우 큰 장애에 직면해 있다.

그래서 엘륄은 《성서》의 빛에 비추어서 예수 그리스도가 인간을 대신해 이에 대답하고 있음을 보여준다. 두 질문에는 그리스도만이 대답할 수 있는 것이다. 예수 그리스도는 인간의 책임을 떠안는다. 이것이 속죄의 의미 중 하나이지만, 사르트르는 이를 인정하지 않는다. 그렇다면 우리를 침묵 속에 놓아두는 신의 질문을 대신해 예수 그리스도가 우리에게 묻는 질문이 있다. "네가 정말 나를 사랑하느냐?"[36]라고 한 것이 그것이다. 이 질문도 이 책의 용어로 바꿀 수 있다. 즉 예수 그리스도만이 이 질문의 가장 충실한 의미에 있어서 인격인 것이다. "자, 이 사람이다."[37] 그리스도만이 모든 겉보기를 벗어던진 인격이고, 그리스도만이 신과의 대화도 인간과의 대화도 완전히 떠맡고 있는 것이다.

그러므로 예수 그리스도는 회복된 대화다. 우리 쪽에서 신으로 접근해갈 수는 없기 때문에 예수가 대신해 우리에게 접근해오는 신이 되는 것이다. 신과의 대화를 대신해 더 가깝게 다가갈 수 있는 예수 그리스도와의 대화가 생긴다. 그것이 기독교도가 매일 먹는 양식이다. 파스칼이 "예수를 떠나서 우리는 삶이 무엇이고 죽음이 무엇이고 신과 우리 자신이 무엇인지 알지 못한다. 따라서 예수 그리스도를 유일한 대상으로 하는 《성서》가 없다면, 우리는 아무것도 알지 못하고 신의 본성에 대해서뿐만 아니라 우리 자신의 본성에 대해서도 애매성과 혼란 외에는 아무것도 발견하지 못한다"고 말한 것도 이 때문이다.

대화의 회복이라는 예수 그리스도의 역할에 대해서는 스트라스부르 회의의 강연에서 앙리 옥센바인이 매우 명확하게 말했다.[38] 그는 인간의 상황을 삼각형의 이미지에 비유해 설명한다. 모서리 세 곳 중 한 곳에 위치한 인간은 이중의 관계에 놓여 있다. 하나는 삼각형의 정점에 놓여 있는 신과의 관계, 또 하나는 마주 본 모서리에 있는 이웃과의 관계다. 그러나 그는 "그 속에서 창조된 이러한 관계도 이제는 단절되었다"고 말한다.

《성서》에서 육체라는 말은 이렇듯 인간이 타락한 상태를 가리킨다. 말하자면 육체는 인간의 이른바 '뛰어난 부분'인 정신과 대립되는 것으로서 '열등한 부분'을 뜻하는 것이 아니다. 육체는 예수 그리스도 없는 '인간의 모든 생활'을 의미하지만, 정신은 "신이 소망하여 창조한 통일체인 예수 그리스도를 통한 회복을 뜻한다. 즉 정신을 통해 인간은 스스로에 의해서 존재하기를 그만두고, 회복된 삼각형의 관계를 보존하는 인간이 된다. 천사 같은 존재가 아니라 참된 인간적 존재, 즉 인격이 되는 것이다."

이때 인간은 영혼, 즉 "파괴되기 쉬운 내재적·일시적 생명"에서 "우리 밖에서 영원히 주어지는 생명"으로 옮겨가는데,《성서》는 "이 생명이 예수 그리스도를 떠나서 존재하지 않는다"는 것을 알려준다.

그러므로《신약성서》는 어디를 펴보든지 이 책에서 유일하게 물어온 대답을 제시해준다.《신약성서》는 여러 뛰어난 대화를 담고 있다. 예수 그리스도는 이러한 대화를 통해 자신과 만난 사람들의 생활을 바꾸어놓고, 겉보기 모습에 파묻혀 있는 그들의 인격을 드러내며 참된 인간적 접촉이 무엇인가를 보여준다. 초기 교회에 있었던 참된 공동체의 발현을 보게 되는 것이다. 거기서 매우 중요한 역할을 하고 있던 이언(異言, 성령강림절에 성 베드로가 말한 언어는 아랍어였으나 그곳에 있던 모든 사람이 그의 말을 알아들었는데, 이런 경우를 이언이라고 함)은 지금도 일부 공동체에서 실제로 볼 수 있다. 이언은 표현하기 어려운 것을 표현하고 신과의 대화에서 명확한 언어라는 좁은 한계를 넘어서고 싶다는 정신의 욕구에 부응하는 것으로 생각된다.

이처럼 예수 그리스도는 회복된 접촉이다. 그를 통해서 신과의 접촉을 재발견하는 것, 즉 생명, 자연성, 자유, 이웃을 재발견하는 것이다. 앞서도 비인격화된 세계를 치유하기에 선의만으로는 불충분하다고 말하지 않았는가. 그래서 속죄, 예수를 매개로 한 대화의 부활이 필요할 것이다. 그리고 환자와의 접촉뿐만 아니라 신과의 접촉을 구할 때도 그리스도는 눈에 보이지 않게 현존한다. 예수 그리스도는 매우 인간적인 신이고 자신의 인격을 십자가에 매달기까지 한 신이다.

언젠가 한 과부를 만난 적이 있다. 그녀는 엄청난 고통을 견뎌온 사람으로서 지금도 그 고통을 견디고 있다. 그러나 그녀의 생활은 그녀를 예수 그리스도와 결합해준 매우 인간적인 신앙심으로 인해 빛나고 있다. 그녀는 나이도 많고 앓고 있는 병도 있었지만 나를 방문할 때마다 기도를 통해 얻은 신선한 기쁨을 표현해냈다.

그녀는 아주 젊어서 약혼자와 사별하는 비극을 맞이했다. 가정을 꾸리고 남편과 자녀들과 함께 지낸다는 그녀의 아름다운 모든 꿈은 한순간에 무너지고 말았다. 그녀는 신앙으로 고통을 이겨왔지만 상처는 결코 아물지 않았다. 그러나 지금 그녀는 신을 생각함으로써 이 시련 때문에 그녀가 인생에 대해 얼마나 마음을 닫고 있었는지 이해했다고 했다. 자신에게서 중요한 것을 빼앗아간 인생에 대해 부정적인 태도를 갖게 된 것이다. "이런 태도가 얼마만큼 제 건강과 생명력을 못 쓰게 만들었는지 아실 거예요"라고 그녀는 덧붙였다. 그러나 독자는 오해하지 않길 바란다. 그녀의 인생은 인간적 접촉과 정신적 결실로 풍요로웠다. 그녀가 한 말에는 가슴을 뭉클하게 하는 진실이 숨어 있었다. 예수 그리스도와 나눈 친밀한 대화로 인해 새로운 생명의 샘이 솟아올랐고, 그 샘물은 그녀가 겪은 시련의 커다란 둑을 넘어 흘러나온 것이다.

그녀는 신의 소리를 듣고 이에 응답하는 방법을 알고 있었다. 가령 인생이 아무리 비참하더라도, 신에게 "Yes"라고 하는 것은 인생을 향해 "Yes"라고 하는 것과 같다. 이는 다시 한번 적극적으로 사는 것을 말한다. 신의 부름은 적극적이기 때문이다.

신의 소리와 양심의 소리를 동일시하는 사람이 많다. 여기서 신의 소리는 그런 것이 아님을 말해두어야겠다. 양심의 소리란 무엇보다 후회의 의식을 말할 것이다. 이러한 도덕적 의식은 분명히 신에게서 유래한다. 바뢱 박사는 이런 의식의 심리학을 참으로 명쾌하게 해명했다.[39] 그런데 그가 증명한 것처럼 양심의 소리가 인간의 특질이기는 해도, 신이 우리에게 하는 말과 관련해서는 서문과 같은 것이다. 이것은 마치《성서》의 첫머리에서 예수 그리스도가 한 말 "회개하라"가 끝머리에서 한 말 "천국이 가까이 왔다"[40]의 서문에 지나지 않았던 것과 마찬가지다.

이 장 첫머리에서 지적한 것처럼, 환자가 완전한 고백을 위해 힘들게 싸우고 있는 동안, 내적인 대화에 마음을 빼앗기고 있는 환자의 양심의 소리는 "너는 죄를 지었다"고 말한다. 그러나 신의 소리는 이에 덧붙여서 "고백하라"고 명령한다. 전자는 전적으로 부정적이지만, 후자는 긍정적이다. 하나는 압박할 뿐이지만, 또 하나는 불러들여서 해방과 생명으로 이끌어간다.

너무나 도식화한 것은 아닌가 싶다. 인간의 인격은 우리가 그것에 부여하려 하는 어떠한 정의와 도식에서도 벗어나는 것임을 이미 살펴봤다. 더구나 신은 우리가 생각할 수 있는 모든 표현을 초월해 있다. 그렇지만 나는 감히 이 부정적인 목소리와 긍정적인 목소리를 강하게 비교하고 싶다. 너무나 많은 사람이 부정적인 목소리에 얽매여 있기 때문이다.

신은 비난하기 위해서만 입을 여는 것이 아니다. 신이 비난하는 것은 오직 참된 대화, 즉 해방과 행동으로 향하는 길을 열기 위해서다. 신은 말을 건네고 손을 내밀며 인생에 목적을 부여하고 실천할 것을 촉구한다. 그리고 그렇게 함으로써 인격을 깨운다. 지베크 교수의 "신의 부름이 인격을 창조한다"는 말은 잘 알려져 있다.

신은 양 떼의 뒤를 쫓고 있는 양치기 아모스를 부른다.[41] 신은 아모스를 자동적이고 한정된 생명에서 분리해 왕과 백성 앞에서 예언자로 만들었다. 아모스가 아무리 내적인 성찰을 거듭했더라도 자신의 참된 인격을 발견하지는 못했을 것이다. 단지 신의 부름에 응함으로써만 자신의 인격을 나타낼 수 있었던 것이다. 여기서도 생명과 인격의 특질을 발견할 수 있다. 생명은 본질이 아니라 실천이고, 정적인 것이 아니라 동적인 것이다.

이처럼《성서》곳곳에서 신과 나눈 대화를 통해 움직이기 시작한 인간이 자신의 참된 차원을 발견하고 겉보기라는 답답한 웃옷을 소리 나게 찢어버리며 성장하는 것을 볼 수 있다. 여기서 우리는 인격의 중심 문제에 부딪친다. 내적 성찰에는 왜 출구가 없었는지 이해하게 되는 것이다. 오늘날 우리가 아무리 충실하고 세심하게 자기를 검증하더라도 내일 신이 우리의 마음속에 일으킬 일을 발견하지는 못할 것이다. 인간의 인격은 완성된 것이 아니라 가능성이고 발전이며, 신이 인정하고 하루하루 그를 인도하여 실현하게 하는 하나의 초안에 지나지 않는다.

　오레리 박사가 말한 것도 바로 이 점이다.[42] 그는 심층심리학의 한 개념인 이드(id, 프로이트가 주창한 용어로 개인의 정신 활동을 지배하는 무의식의 경향)를 암시한다. 하지만 이것은 인간 본성의 총체를 포함하며 따라서 자아(ego)라는 의식적 개념보다는 훨씬 넓은 의미를 갖는다. 박사는 인격의 개념에 이드의 경우와 마찬가지로 전체성이 포함되며 또한 책임 있는 관계라는 것이 따른다고 덧붙인다. 그는 다음과 같이 말한다. "말하자면 인격은 방향 잡힌 '이드'의 문제로서 단지 세계와 조화롭게 존재하는 방식으로만 안주하는 것이 아니다. 또한 인격은 제2의 인격, 즉 나에게 접근하는 '너'와의 관계에서 존재하는 것이고 너에게 대답해야만 하며 너에 대해 책임을 져야 하는 것이다." 그리고 "태초에 말씀이 있었다"는 〈요한복음〉의 첫머리는 가장 분명하게 인격의 개념을 세계와 인간 형상의 중심에 놓는다고 덧붙인다.

　마찬가지로 《성서》의 모든 부분은 신이 세운 계획의 전망에 따라 전개된다. 신은 각 인격을 향해 스스로의 인간적 운명을 실현함으로써 신의 계획을 이루라고 호소한다. 바리새인이고 율법박사이자 세심하게 《성서》를 연구해 신과 진리의 정수를 발견하고자 애쓴 성 바오로를 생각하기 바란다. 다마스코로 가는 도중에 갑자기 대화가 터져 나오고부터[43] 그의 인생은 놀라운 모험으로 변했다. 그렇다고 해서 그가 신학자이기를 그만둔 것은 아니다. 그러나 그가 진리를 발견하는 것은 실천 속에서이고 예수 그리스도와의 싸움 속에서다. 그가 글로 남긴 것에서 그가 하루도 빠지지 않고 추구한 이 정열적인 대화의 메아리를 느낄 수밖에 없다. 그는 시련에서 구제되길 갈구한다. 신은 이에 응답한다. "너는 이미 내 은총을 충분히 받았다."[44] 그는 뒤돌아서서 늘 다니던 교회가 있는 아시아로 가려고 했지만, 신은 꿈속에 나타나서 말한다. 신은 한 마케도니아인의 모습을 통해서 바오로에게 유럽으로 가라고 요구한 것이다.[45]

이처럼 기도는 끊임없이 우리의 지평과 인격을 넓힌다. 기도는 우리가 습관이나 과거나 모든 겉보기를 통해 자신을 가둬두던 좁은 한계에서 우리 자신을 떼어낸다. 때로 신은 아주 명확하게 명령을 내리지만 일반적으로 그 의미를 우리가 바로 파악하는 일은 아주 드물다. 신이 결국 우리에 대해 어떤 계획을 갖고 어느 틈엔지 우리를 그 계획 속으로 끌어들였다고 깨닫는 것은 대체로 나중에 우리가 두루 지나온 길을 뒤돌아볼 때인 것이다.

인격, 그것은 우리 인생에 대한 신의 초안이며 신에 의해 방향을 부여받고 스스로를 이끌어가는 힘이다. 여러 가지 우여곡절은 있더라도 신은 우리를 신에게로 이끌어간다.

이 길에는 하나의 경계가 있지만, 우리는 알지 못하는 사이에 이 경계를 넘어선다. 다시 말해 신과의 인격적 접촉을 통해 우리는 사물의 세계에서 참된 인간의 세계로 옮겨간다.

4
앙가주망

사물의 세계와
인간의 세계

그렇다, 두 세계, 즉 사물의 세계와 인간의 세계가 있는 것이다. 나는 잊을 수 없는 이 표현을 오레리 박사에게서 빌려 쓰고 있는데, 그는 바이센슈타인 의학회에서 이 사상을 전개했다. 나는 여기서 그의 강연을 요약하지는 않을 것이다. 그렇게 하려면 독자들이 심층심리학의 개념이나 용어를 꽤 많이 알고 있어야 하고, 나에게도 이를 바르게 전달하는 기술이 있어야 하는데, 아무래도 내게는 이러한 기술이 모자라는 것 같기 때문이다. 그러나 독자도 나도 곧 이해할 수 있는 것이 있다. 즉 사물의 세계와 인간의 세계라는 두 세계가 있다는 사고방식은 진리를 말한다는 것이다.

두 세계가 있다. 이것은 세계를 보는 방식 또는 세계와 접촉하는 방식이 두 가지라는 뜻이다. 이는 세계에 접근하려는 정신의 존재 방식 때문이다. 우리는 물리학에서 생물학에 이르기까지의 사상, 심지어는 심리학에 이르기까지의 여러 가지 사상과 메커니즘 말고는 세계에 관해 보는 것이 없다고 말할 수 있다. 그러나 한편 이와는 반대로 세계에 대해 자신의 인격을 열어놓고 참된 인간에 대한 의식을 일깨울 수도 있다. 스스로 인격이 됨으로써 주위에서 많은 인격을 발견하고, 인격적 관계를 맺으려 노력하는 것이다.

분명히 인격은 파악하기 힘들며 항상 움직이고 있다. 인격을 개념이나 공식이나 정의에 얽매어놓을 수는 없다. 생명은 모두가 탐구할 수 있는 사물이 아니라 인간 힘의 중심, 지도적인 힘, 방향 부여, 또는 하나의 자세로서 우리에게 이에 대응하는 자세를 요구하고 우리를 움직이며 책임 있는 참여를 강요한다. 사물의 세계는 우리의 참여를 요구하지 않는다. 사물의 세계는 중성적인 것으로서 우리도 중성화한다. 냉정하고 객관적이며 비인간적인 우리는 눈먼 메커니즘이 가차 없이 전개되는 것을 구경할 뿐이다.

사물에 대해 눈을 감아야 한다든지 지적·객관적 생활을 버리고 사물의 질서나 메커니즘을 열렬히 연구하는 일을 그만두어야 한다고 주장하는 것이 아니다. 다만 나는 이것만으로 만족해서는 안 된다고 말할 뿐이다. 사물은 세계의 반쪽, 말하자면 정적이고 냉담하며 의미를 상실한 반쪽에 지나지 않기 때문이다. 천체는 눈이 빙빙 돌 만큼 빠른 속도로 돌고 있을 때도 궤도를 따라 같은 장소로 되돌아온다. 천체의 움직임은 영원의 재개이며 모든 사물의 순환을 보여준다.

인격은 정녕 의미를 가지며, 탄생하고 종말한다. 철학자들이 말하는 신은 부동의 존재이지만, 오직 인격적 신만이 역사에 대해서나 각 인간에 대해서 하나의 계획을 갖고 있다. 학자들이 말하는 인간이란 원자나 전자로 이루어진 광대한 무도곡 속에 삽입된 한 구절에 지나지 않는다. 오래된 샹송에서 "빙글빙글 세 번 돌고 자, 안녕"이라고 노래하는 것처럼, 인간은 한없는 론도를 춤추다가 어디론가 사라져버린다.

유치원에서 대학에 이르기까지 학교는 우리에게 사물을 인식하는 방법을 가르쳐준다. 즉 사물을 분리하고 식별하고 계량하고 측정하고 분류하는 법을 가르쳐준다. 몇 세기 동안 이 거대한 일이 어디까지 발달해왔는지 우리는 잘 알고 있다. 지금은 각자가 어떤 특정한 좁은 영역에 전문화되어야만 할 정도가 되었다. 이러한 사정은 정신의 존재 방식에 영향을 미칠 수밖에 없다. 정신은 객관적이지 않은 것은 인정하지 못하게 된 것이다.

이렇게 비인격화된 정신 상태에서는 인간조차도 사물이 된다. 해부학이나 생리학은 신체를 사물로 연구한다. 심리학은 인간의 마음을 사물이자 메커니즘으로 연구하고, 경제학 역시 인간을 사물이자 생산과 소비의 수단으로서 연구하며, 사회학은 인간을 사회의 한 요소로서 연구한다. 인간은 정치라는 장기판 위의 한 말이고 공장의 한 톱니바퀴이자 학습 기계이며 어디서나 군중의 일부분에 지나지 않는다.

앞서 '비인간적 사회'를 다루면서 이 모든 것에 대해서 이미 말했으므로 여기서 다시 다룰 생각은 없다. 다만 여기서 말하고 싶은 것은, 인격을 자각하게 되면 세계와 인간에 대한 이러한 일면적 견해에 어떠한 전환이 일어나는지 하는 점이다. 나는 앞에서 나 자신이 경험한 것에 대해 말했다. 나는 그 경험을 통해 교회 활동에서 정신적 봉사로, 기술적 의학에서 인간적 의학으로 옮겨왔다. 나는 인간의 세계를 발견하고 도처에서 참된 인간을 찾아냈다. 그 후로 나는 사물에도 관심을 기울일 뿐만 아니라 인간에 대해서도 더욱더 정열을 갖게 되었다.

교단의 집행부에 있는 옛 동료가 나를 찾아왔을 때 있었던 일이 기억난다. 나는 예전에 그에게 심하게 논쟁을 걸고는 했다. 다시 말해 이것은 그가 내게는 사물이었고 적이었음을 뜻한다. 나는 그의 사상과 그의 사상이 우리 논쟁에서 차지하는 중요성만 생각했다. 사상이란 인간에게서 분리해내면 단순한 사물, 추상, 토론을 위한 수단이 되고 만다.

이제 그가 마음을 열고자 나를 찾아왔다. 나도 그에게 나의 마음을 열었다. 그는 자신의 개인 생활과 여러 가지 괴로움을 말하려고 찾아온 것이다. 나는 일찍이 그의 사상을 타파하려고 애쓸 때는 결코 그의 인격을 찾아내려고 한 적이 없었지만, 이제는 발견하게 되었다. 나는 그의 인격, 비밀, 고독, 감정을 발견한 것이다. 더구나 그의 사상은 결코 추상적인 것이 아니라 그의 인격에 바탕을 두고 그를 방패처럼 지켜왔다는 것까지도 알았다. 나도 그에게 나의 개인적인 경험을 이야기했다. 그리고 이 옛날의 적이 나와 마찬가지의 욕구나 고난을 맛보고 나와 마찬가지로 생명과 인간적 접촉을 강하게 추구하고 있었음을 알았다.

환자들을 대하면서도 계속해서 커다란 놀라움이 이어졌다. 환자들이 지닌 병의 메커니즘에 대한 나의 인식에는 아무런 변화도 없었다. 하지만 나는 그들의 병이 그들 인생에 있어 하나의 의미를 지닌다는 것, 그 병이 비인격적인 사건이나 귀찮은 부수물이 아니라 인격에 깊이 뿌리박고 있다는 것, 즉 병은 그들 인격의 표현임을 이해한 것이다.

이와 마찬가지로 어떤 사무실에서 오랫동안 부하의 집무 태도, 역할과 특징, 결점만을 눈여겨 봐오던 상사가 갑자기 인간석인 접촉을 하게 되어 지금까지 표면의 배후에 감추어져 있던 것을 발견하게 되는 일도 있다. 지금까지 숨겨져 있던 은밀한 고뇌, 불행한 소년 시대에 입은 마음의 상처, 부서져버린 희망, 자신의 신념에 충실하려고 하는 투쟁 등을 알게 되는 것이다. 그때 비로소 상사는 부하들의 표면에 나타나 있는 특징이나 결함의 깊은 의미를 알게 된다. 이로 인해 일이 단순한 직무가 아니라 인격의 공동의 무대가 될 때 그 일이 어떤 의미를 갖는지도 이해하게 될 것이다.

이는 인생에 새로운 빛을 비추는 조명과 같다. "우리는 사물에 의해 사는 것이 아니라 사물의 의미에 의해 산다"고 생텍쥐페리는 말한다. 사물의 의미는 인격의 영역에 속한다. 인격의 세계에 눈뜰 때 사물 자체는 인격이 된다. 이야말로 앞에서 말한 것처럼 인간에서 사물로의 이행을 뒤집는 것이다. 이로 인해 동물도 식물도 사물도 인격의 특성을 갖게 된다.

우리가 소유하고 사랑하고 만나는 모든 것이 우리의 인격과 섞이고 하나가 되며, 그런 인격적 관련을 통해 어떤 의미를 띠게 된다. 내가 아는 사람 중에 전쟁의 가장 비극적인 상황 속에서 갑자기 영묘한 정신적 체험을 한 사람이 있다. 그는 그때 자신이 느낀 것을 감동적인 글 한 편으로 알려왔다. 그의 말에 따르면, 그때 그가 만나는 사람 모두가 자기의 운명을 형성하는 한 요소로 생각되었다는 것이다. 나는 그가 이 계시적인 체험을 한결같이 마음속에 간직하고 있음을 느꼈다. 또한 그에 따르면, 사랑이란 그간 그가 생각하고 있던 것과는 완전히 다른 것이었다. 사람들이 사랑이라고 부르는 것은 단순히 감각적인 작용과 감정적인 결합에 지나지 않았다. 하지만 그는 정신적 체험을 한 이후로 사랑이란 다른 사람의 운명과 인격적으로 관계되는 것임을 분명히 알게 되었다.

이처럼 인격이 사람 및 사물과 하나가 됨을 알게 되면 이것이 다른 사람에게도 마찬가지로 일어나는 일임을 알게 된다. 이때 사물은 이미 사물로 머물지 않고 투명해진다. 사물은 인격을 숨겨주는 칸막이가 아니라 오히려 인격으로 이끌어가는 지표가 된다. 그러면 세계는 생명을 얻고 말을 걸어온다. 세계와의 대화가 시작되는 것이다.

이러한 문제에 대해 바이센슈타인에서 논의하고 있을 때, 한 친구가 갑자기 아시시의 성 프란체스코의 위대한 모습을 지적하면서 그가 동물들과 나눈 대화, 특히 늑대나 작은 새들과 나눈 대화, 또한 형제인 태양과 나눈 대화를 떠올리라고 말했다. 이것은 틀림없는 일로서, 자기 자신이 완전히 인격이 된 성 프란체스코는 신과도 매우 인격적인 관계를 맺었으므로 모든 사물 속에서 신의 인격이 반영됨을 본 것이다.

이에 대해서 체스터톤〔Gilbert Keith Chesterton(1874~1936): 영국의 작가, 비평가. 후기 빅토리아 시대의 물질주의와 자기만족을 날카롭게 비판함〕이 인용한 말이 있다. "성 프란체스코는 나무로 숲을 본 일이 없었고 사람으로 군중을 본 일도 결코 없었다. (…) 그는 단지 무한한 다양성을 지니며 결코 단조로운 것이 되지 않는 신의 모습을 보았을 뿐이다. 그에게 인간은 언제나 인간이지 밀집한 군중이나 사막 속으로 사라져버리는 것이 아니었다. 그는 모든 인간을 찬양했다. 그는 단지 인간을 사랑했을 뿐 아니라 마음속에서 존경했던 것이다. (…) 그의 타는 듯한 시선을 본 사람은 모두 프란체스코가 요람에서 무덤에 이르기까지 그들의 독자적인 내면적 생활에 진정한 흥미를 갖고 그들을 인격으로서 평가하며 진지하게 받아들였음을 확신할 수밖에 없었다."

모든 사물에 신이 현존함을 깊이 깨닫고 있던 로랑 신부도 떠오른다.[1] 무한의 시(詩)란 이런 사람들에게서 탄생하며 우리를 깊이 감동시킨다. 시란 사물과의 인격적 관계, 사물에 대한 앙가주망에서 탄생하는 것이기 때문이다. 예술은 모두―그리고 종교도―이러한 것이다. 적어도 참된 예술, 참된 종교는 참된 연애와 마찬가지로 이러한 것이리라. 우리는 예술의 대상을 말하고, 종교의 대상으로서 신을 말하고, 본능의 대상으로서 이성을 말하지만, 대상이란 객체적인 것에서 생기는 것으로서 사물을 뜻한다. 따라서 우리가 접근하는 모든 것은, 우리가 사물로서 접근하는지 또는 인격으로서 접근하는지에 따라 사물로 나타나기도 하고 인격으로 나타나기도 한다.

하나의 인격이 되는 것, 인격의 세계를 발견하는 것, 인격의 의미를 획득하는 것, 상대의 사상이나 당파, 직함이나 겉보기보다는 인격에 관심을 갖는 것. 이러한 것은 정녕 하나의 계시로서 인생의 풍토를 완전히 바꾸어놓는다. 그것은 인생 전체에 스며드는 하나의 태도라고 해도 좋을 것이다. 바이센슈타인에서 나는 내 말을 놀라울 만큼 잘 번역해준 친구에게 찬사를 보냈는데, 그는 곧 내게 다음과 같이 대답했다. "왜 그런지 아는가? 스칸디나비아에서 온 한 친구가 우리가 외국어를 사용해서 알아듣기 매우 힘들다고 말했다네. 그래서 그를 위해서 번역한 걸세. 그에게서 잠시도 눈을 떼지 않고 끊임없이 그의 얼굴을 살펴서 과연 그가 이해했는지 여부를 확인하면서 말일세. 사상보다는 인간에게 관심을 두면, 오히려 사상을 훨씬 쉽게 표현할 수 있다네."

이 친구는 인격의 번역자가 된 것이다. 이것은 마치 인격의 의사가 있는 것과 마찬가지다. 또는 하나의 학급이라는 비인격적인 사물이 아니라 학생들의 인격을 향해 가르칠 때 인격의 교사가 존재하게 되는 것과 마찬가지 일이다. 이것은 바이센슈타인의 한 호텔 주인이 이내 인격의 주인이라고 불리게 된 것과 같은 일이다. 우리는 그가 우리를 단순한 손님으로 대하지 않고 우리의 인격에 흥미를 갖고 있다는 것을 알게 된 것이다. 마찬가지로 강연을 할 때도 청중을 익명의 군중이라 생각하지 않고 누군가의 얼굴을 조심스럽게 살피며 시선을 교차하면 화법은 완전히 바뀌어서 대화 같은 분위기가 퍼지게 된다.

이럴 때 직업상의 모든 관계는 새로운 성격을 갖게 된다. 단순한 직무 수행에 지나지 않았을 때는 맛볼 수 없었던 기쁨의 감정으로 가득 차게 되는 것이다. 모든 것이 인격적인 접촉, 타인을 이해하기 위한 기회가 되고, 타인의 행동, 반응, 의견 등을 설명하는 인격적 요소를 알 수 있는 기회가 된다. 다른 사람에게 결점이 있을 때 이에 화를 내지 않고 왜 그런 결점을 갖게 되었는지 이해하는 것이 훨씬 흥미 있는 일이고 또한 중요한 일이다. 그리고 어떤 생각을 상대방이 갖고 있을 때도 그 생각을 타파하려 하기보다는 왜 그런 생각을 갖게 되었는지 이해하려고 하는 편이, 그리고 타인을 겉보기만으로 판단하기보다 그의 말을 조용히 듣고 있는 편이 훨씬 흥미롭고 중요하다.

사무실이나 공장이나 연구소의 분위기도 지금까지 서로 이해하지 못하고 비판만 하던 사람들 사이에 인격적 관계가 생기면 완전히 변한다. 최근 한 강연에서 취리히 이공과 대학의 교수이자 《변증법》이라는 학술지를 창간한 곤세트 씨는 '대화의 법칙'에 대해 말했다. 그는 이 법칙이 내일의 대학을 지배하리라 생각하고 있다. 대화의 법칙이란 교수와 학생 사이의 인격적 접촉이고 지적 변증법에 대한 인간의 앙가주망에 지나지 않는다. 이 접촉, 이 앙가주망을 성립하려면, 교수는 자신의 학문에 너무나 열중한 나머지 그 학문을 전달해주려 하는 사람들의 인격을 잊는 일이 없도록 해야 한다.

나는 의학을 공부하는 학생을 인간의학으로 인도하기 위해 특별한 강의 과목을 만들 필요는 없다고 생각한다. 인간의학은 가르칠 수 있는 것이 아니라 자연히 통하게 되는 것이다. 이를 위해서는 교수와 학생 사이에 인격적 접촉이 있어야 하고, 무엇보다 교수가 인격의 의미를 알고 있어야 한다. 모든 의과대학에는 다행히도 이러한 교수들이 있고, 게다가 그들의 능력은 뛰어나다. 이러한 교수들에게서 전 생애에 걸쳐 지워지지 않는 큰 영향을 받는 것이다.

오늘날 얼마나 많은 의사가 현대의학을 발전시키는 데 전념하고 있는가? 그들은 놀라울 만큼 진보한 의학의 학문적·기술적 성과를 충분히 누리고 있다. 그러나 그들은 이러한 진보에 내포한 위험에도 대비하려 노력하고 있다. 진보의 결과로 생긴 전문화, 가정의의 점진적 감소, 사회보장 제도의 발달로 생긴 의학의 규격화와 기계화 등은 의학이 인간적·인격적 성격을 상실하게 할 위험을 초래하고 있다. 학문과 기술이라는, 의학의 근원적이고 환원 불가능한 두 구성 요소 사이에 실로 명백한 불균형이 존재하는 것이다. 어떤 면에서 보자면, 모든 부문에 걸쳐서 의심스러운 치료사가 이상하게 증가하고 있는 현재 상태는 공인된 의학이 인간적 의식을 결여한 것에서 비롯된 것이라 생각할 수도 있다. 현재 프랑스에는 의사 3만 8천 명과 치료사 4만 1천 명이 있다고 한다.[2]

그래서 의사 대부분은 실제로 이러한 불균형을 시정하려 노력하고 있다. 그들은 뛰어난 의사란 기술적 능력만이 아니라 인격적 영향력으로 탄생한다는 것을 잘 알고 있는 것이다. 의학은 조르주 뒤아멜(Georges

Duhamel(1884~1966)]이 말한 것처럼, 언제나 '독특한 대화'다. 그로 인해 어디서나 인간의학이 논의되며 이를 분명히 정의하고 보급하려는 노력을 볼 수 있게 되었다. 의학교수들도 개강을 맞아 이 점을 넌지시 내비쳤다. 베르당 박사의 외과학 강좌에서도,[3] 도레 박사의 정신요법 강좌에서도,[4] 또한 마크 박사의 내과 강좌에서도[5] 마찬가지다. 이러한 일치점을 볼 수 있게 된 것은 무엇보다도 의학에 종합적인 관점이 강렬하게 요망되고 있다는 산 증거일 것이다. 그러나 그 의도는 결코 새로운 것이 아니다. 노이바우어 박사는 소크라테스가 이미 "그리스의 의사들이 실패하는 것은 흔히 그들이 전체를 충분히 인식하지 못하고 있기 때문이다. 전체의 건강이 부분 부분의 건강에 불가결한 조건인 것이다"[6]라고 말했다는 점을 지적한다.

따라서 인간의학은 단 한 사람의 뛰어난 의사가 아니라 적어도 학자들의 집단이 시도하는 온갖 의학 부문의 지식 통합이라는, 실로 웅대한 과학이라고 생각할 수 있으리라. 이것은 카렐 박사가《인간, 그 미지의 것》이라는 책의 끝에서 전개하고 있는 사상이다. 이러한 시도가 얼마나 많은 장점을 갖고 있는지는 쉽게 상상할 수 있다. 그러나 동시에 그 어려움도 알 수 있다. 각 부문이 점점 전문화되면서 다른 부문의 의사가 이해하기 어려운 용어가 생기기 때문이다.

이러한 사실을 몇몇 인간의학 국제회의에서 보았다. 예컨대 평소 외과의나 정신요법의들은 의학회에서 자기와 같은 전공자들과만 교류할 수 있는데, 인간의학회에서는 이러한 경험을 연결할 수 있다고 말하는 사람들이 있었다. 그러나 어느 심층심리학 전문가의 발표를 도저히 이해할 수 없다고 고백한 외과의사도 있었고, 한편으로는 심리학자 역시 외과의의 관점을 이해하기 어렵다고 인정하고 있다.

그런데 여러 부문의 의사 외에도 교육학자, 사회학자, 철학자, 역사가, 신학자들까지도 참가한다면 과연 어떻게 될까? 이 학자들도 모두 인간을 파악하는 데 독특한 공헌을 하지만, 동시에 독자적인 용어를 사용한다. 게다가 동일한 전문 분야에서 속한 매우 뛰어난 학자들마저도 서로 다양한 견해를 가지고 있다. 이것은 분석적 심리학의 각 학파가 일으키는 논쟁을 생각해보면 충분히 짐작할 수 있다. 이들은 각기 중요한 발견을 하고 귀중한 지식을 많이 제공하지만, 참된 인간에 대해 이끌어낸 개념은 각기 정반대인 경우조차 있다.

이런 면에서 인간에 대한 수많은 지식을 차례차례 나열하는 것은 간단한 일이지만 그 지식을 종합하는 것은 특히 어려운 일이라고 할 수밖에 없다. 단지 병원 개업을 목적으로 하는 의사라면 인간의학에 접근하기가 매우 어려울 것이다. 그렇더라도 실제로 이러한 개업의들을 도와주어서 의학을 인간적으로 만드는 일이 중요하다. 그러나 우리가 이 책에서 봐온 것에 비추어 본다면, 과연 이렇게 해서 정말 인격을 파악할 수 있을지 매우 의심스럽다. 가령 내가 신체의 모든 물리적·화학적·생물학적 현상이나 영혼의 모든 심리적 현상 또는 인간에게 작용하는 정신적·사회적·역사적·철학적 요인을 다 알게 되었다 하더라도 그것만으로 내가 인간의학의 의사다워졌다고 할 수 있을까? 과연 환자와 인격적으로 접촉할 수 있게 될까?

결국 나도 사물의 세계에 머물러 있을 수밖에 없다. 사물에 대한 지식을 아무리 무한하게 쌓아올리더라도 인격에 대한 지식은 얻을 수 없다. 분명히 말해두지만, 나는 인간에 대한 과학적 지식을 통합하고자 하는 것이 쓸데없는 일이고 흥미 없는 일이라고 말하는 것은 아니다. 그러나 과학적 지식이 아무리 통합되더라도 인간의 일면, 그 현상적 측면, 메커니즘의 한쪽 면만을 알게 될 뿐이다. 이를 보충하기 위해서는 나아가 인격적 지식이 필요한데, 이것은 완전히 다른 차원, 즉 사물의 차원이 아니라 인격의 차원에 속하는 것이다. 그리고 그 지식은 개업의인지 박학한 전문가인지를 불문하고 모든 의사가 충분히 자기 것으로 만들 수 있는 것이다.

따라서 인간의학에서 결정적인 것은 인격의 세계에 마음을 여는 것이다. 이는 환자들에게 전개되고 있는 현상만이 아니라 그들의 인격을 보는 방법을 배울 때 가능하다. 또한 이렇게 할 수 있는지 없는지는 우리가 얼마나 많은 지식을 축적했는지에 달려 있지 않고 우리 자신이 얼마나 인격적으로 성장했는지에 달려 있다. 어떤 신학자는 이 점을 다음과 같이 말한다. "우리가 다른 사람의 인격을 발견하게 되는 것은 우리자신이 인격이 되는 사건을 통해서만이다."[7] 이것은 또한 폴 프라트너 박사가 "인간의학은 의사 한 사람 한 사람에게 내적인 변화를 촉구한다"[8]고 말한 까닭이기도 하다.

의사인 내가 인격이 되기 위해, 다시 말해 인간적 완성에 도달하기 위해 걷는 길을 환자들도 같이 걸어가게 된다. 그리고 나는 그들을 그길로 인도하기 위해 솔선해서 앞장서야만 한다. 그 길은 신과 인간이 나누는 인격적 대화의 길이고 다른 사람과 나누는 인간적 대화의 길인데, 여기에 결정적인 전환점이 있다. 즉 지금까지 우리가 말해온 저 결정적인 순간에 눈뜨게 되는 지점인 것이다. 그렇지만 동시에 일상의 끊임없는 생성, 즉 겉보기로부터의 끊임없는 탈피도 필요하다. 그때마다 우리는 신과도, 타인과도 인간적으로 접촉할 수 있다.

인간의학에 고유한 것은, 성실한 노력으로 인해 생기고 유지되는 인간적 접촉을 갈망하는 태도일 것이다. 이런 태도를 통해 나는 스스로 인격이 되는 동시에 환자가 인격이 되는 것을 도와줄 수 있다. 환자와 나 사이에는 서로를 대화의 상대로 맞이하는 자세의 변화가 생긴다. 네돈셀의 아름다운 표현에 따르면, "의식의 상호성"이 생기는 것이다.[9] 나는 환자가 내 인격을 발견하고 알아주기를 바라면서 동시에 환자의 인격을 발견하고 알 수 있다. 인간의학이 기술적 의학이 요구하지 않는 의사의 인격적 앙가주망을 요구하는 것은 바로 이 때문이다.

이는 완전히 새로운 자세이지만, 나 자신보다는 환자의 태도에 달려 있는 경우가 많다. 나와 함께 커다란 경험을 한 여성 환자의 예를 들기로 하자. 그녀는 극단적인 정신적 고독에 빠져 있었고, 너무나 내성적이어서 나를 처음 만났을 때 아무런 말도 할 수 없을 정도였다. 그녀는 무척이나 마음을 열고 싶어 했지만 그렇게 하지 못하고 있었다. 그녀는 내 질문에만 가끔 대답할 뿐이었다. 그런데 어느 날, 그녀가 갑자기 변했다. 그녀는 그 사실을 스스로 깨닫지 못하고 있었다. 대화가 끝난 다음 "오늘은 기적이 일어났군요"라고 내가 말했을 때 그녀는 깜짝 놀란 표정을 지었다. 잠시 생각한 다음 그녀는 대답했다. "그렇군요. 오늘은 제 마음대로 말을 할 수 있었네요." 인간적인 접촉이 확립된 것이다.

그러나 이때부터 이 접촉은 그녀만이 아니라 내 태도에도 달리게 되었다. 이 접촉이 무너질 가능성은 언제나 있었다. 어느 날인가 대화가 다시 궁색해진 때가 있었다. 그녀가 돌아간 다음, 하나님 앞에서 기도를 드리면서 나는 그 책임이 내게 있다는 것을 알았다. 그녀가 나를 공격했을 때 상당히 심하게 반응했던 것이다. 물론 나는 그녀가 그 점을 알지 못하도록 조심했다. 나는 그때 훌륭한 이론을 구사하면서 나를 정당화하느라 내가 어떤 일을 하고 있는지 미처 알지 못하고 있었다. 다시 말해 겉보기 모습에 사로잡혀서 참된 나를 숨기고 있었던 것이다. 나는 신과 대화를 나누면서 겨우 그 점을 깨닫게 되었고, 진지한 편지를 씀으로써 다시금 그녀와 인간적으로 대화할 수 있었다. 그리고 내게 마음을 열어주는 사람이 있을 때일수록 신과 더 긴밀한 대화를 나눌 필요가 있다는 것을 알게 되었다.

　의사의 인격, 인격적 생활의 질, 자기와 신, 그리고 환자에게 보이는 성의가 얼마나 중요한지를 지적한 저술가는 많다. 파리의 아르망 방상 박사,[10] 취리히의 알퐁스 메다 박사,[11] 사라고사의 라몽 레이 아르디트 교수,[12] 그 밖의 많은 사람이 같은 결론에 도달했다. 인간의학을 특징짓는 것은 의사와 환자 사이의 인격이 만나는 것이다.

　바이센슈타인에서 열린 회의에서 하이델베르크의 지베크 교수는 비인격적 장소라 할 수 있는 종합병원에서 어떻게 인격적 의료를 할 수 있는지 검증하려 했다. 실제로 환자는 개인병원에서보다도 종합병원에서 훨씬 더 자신을 사물, 증례, 단순한 숫자상의 한 사람으로 느낄 위험이 있다. 이에 대해서 여러 가지 대책을 세울 수 있지만 여기서 일일이 열거할 수는 없다. 그러나 가장 중요한 것은 의사의 인격 자체라고 지베크 교수는 말한다. 다시 말해 환자와의 관계만이 아니라 그 협력자인 의사, 조수, 간호사의 관계에 있어서 환자에게 용기를 주는 정신적 태도가 필요하다는 것이다.

　지베크 교수는 존재하는 것만으로도 주변에 인간적 분위기를 충분히 만들어내는 어떤 간호사를 예로 들었다. 나는 이러한 증언을 흔히 듣게 된다. 자신의 주변에 비인격적인 분위기를 만들어내는 사람들—겉보기의 인간—은 많다. 그러나 어느 한 사람이 참으로 인격적으로 된다면, 옆에 있는 사람이라면 누구든지 자신을 하나의 인격으로서 느끼게 되는 것이다.

의사가 자기 아내와 인격적으로 관계 맺지 못한다면 환자와 인격적 관계를 맺는 것은 기대할 수 없다. 인생은 한 가지 엄격한 법칙의 지배를 받고 있다. 인생은 한편으로 사물의 세계에서 움직이고 있다. 그곳에서는 모든 것이 사물이고 현상이고 겉보기일 뿐이며 신조차도 하나의 추상 개념에 지나지 않는다. 또 한편으로 인생은 인격의 세계에서 다시 태어난다. 신은 인격적으로 되고, 친밀한 가정에서만이 아니라 종합병원이라는 거대한 비인격적 기구 속에서도 참된 인간을 만날 수 있다.

어느 날 친구들과 함께 있었다. 그들은 내게 책을 조금 덜 쓰고 강연을 많이 하는 게 어떻겠냐고 권했다. 그들 말로는 내 책에서 인간적인 분위기를 찾아보기 어렵다는 것이다. 그러나 나는 그들의 말을 따르지 않았다. 친구가 아무리 귀한 것이더라도 그들이 하라는 대로 해서는 안 되기 때문이다. 참된 인간이 된다는 것은 자신의 인간적 신념에 바탕을 두고 행동하는 것이다. 물론 타인의 신념을 무시해서는 안 된다는 것은 말할 것도 없다. 내 친구들의 지적은 사실상 잘못된 것이 아니다. 살아 있는 언어는 인간적 대화의 주요한 수단이니까.

이 점은 환자와의 관계에서 배워 잘 알고 있다. 그들은 날 만나기 전 편지로 자기 인생의 긴 이야기를 써서 보낸다. 이런 편지는 나름대로 정보로서의 가치를 갖는다. 그러나 신상을 이야기하는 목적이 정보 제공에 있는 것이 아니라 인간적 접촉으로 이끌어가는 데 있다는 점은 분명하다. 살아 있는 목소리로 말하는 것은 분명하고 조직적인 방식으로 의사를 표시하지는 못하지만, 대신에 더욱 깊이 스스로의 인격을 나타낼 수 있게 한다.

또 흔히 있는 일이지만, 환자들은 다음 진찰이 있기 전에 편지를 보내기도 한다. 그들은 내게 말하기 어려웠던 것을 편지에 쓴다. 이것도 가치 있는 일이다. 편지를 쓴다는 것은 하나의 앙가주망이고, 환자들의 경우에는 다음번 대화에서 더 인간적이 되라고 자기 자신에게 강요하는 한 가지 수단이다. 그러나 이는 한편으로 말로 설명할 때의 긴박한 감정에서 도피하는 방법이기도 하다. 이 경우 편지는 대화의 경감, 즉 종이라는 물건을 매체로 하는, 덜 직접적인 대화에 지나지 않는다.

그러나 말로 하는 경우라도, 그것이 정보라든가 토론처럼 객관적이고 중성적인 것이면 그 자체가 하나의 비인격적인 사상이 되기도 한다. 아무리 역설적으로 보이더라도, 참된 대화는 절대 토론이 아니다. 양심의 문제에 대해 마음의 문을 열어주는 환자들에게 어떻게 대답해야 할지 모르겠다고 걱정하는 몇몇 동료들에게 이 말을 해두고 싶다. 여기서 지적 토론과 인간적 만남을 구별해두어야 한다. 관념을 표현하는 사람에게는 관념으로 응하는 것이 좋으리라. 그러나 인격으로 대하는 사람에게는 인격으로 응해야 한다. 그로 인해 흔히 침묵이 참된 마음에서 우러나오는 대답이 되기도 하는 것이다.

다시 말해 여기서 말하고자 하는 뜻의 대화는 인생이라든가 인간이라든가 신에 대해 철학적이거나 종교적인 논의를 하는 것이 아니다. 내게 정말 도움을 준 사람들은 내 고백에 충고나 권고나 교의로 대답해주는 사람들이 아니라 오히려 아무 대답도 하지 않은 채 조용히 내 이야기에 귀를 기울이고 나서 자기 생활, 고뇌, 체험을 말해주는 사람들이었다. 여기에는 상호성, 즉 대화가 있었던 것이다.

충고나 권고나 이론으로 대답하는 것은 한 단계 높은, 평등하지 않은 입장으로 자기를 높이는 것이다. 그것은 인간이 아니라 관념을 상대로 하는 것이고, 사물의 객관적 세계에 머무른 채 인격의 주관적 세계에 들어가려 하지 않는 것이다. 어떤 사람이 자기 인생의 열렬한 체험을 말해줄 때도 나는 내 대답의 대부분이 내 겉보기 인간에서 나오는 것에 지나지 않음을 느낀다. 그가 인생에 대한 반항심이나 종교에 대한 회의감을 말할 때 특히 그렇다. 그의 말에 대답하고 그의 말을 반박하는 것은 결국 이른바 불신자의 겉보기 모습에 신자의 겉보기 모습으로 대하는 것에 지나지 않을 것이다. 또한 그것은 하나님의 나라에서는 "첫째가 꼴찌가 되고"[13]라고 한 그리스도의 말을 부정하는 것이 되리라.

겉보기 모습이 사상 체계와 진리를 소유하고 표현하려는 것으로 나타나자마자 다른 사람을 도우려는 진지한 노력은 다른 사람을 해방시켜주기는커녕 오히려 압박을 가하고 강제를 가하는 것이 된다. 여기에는 인격끼리의 대화는 없고 개종을 권유하는 전도사식의 논의만 있을 뿐이다. "기성의 해결책을 강요하려고 하는 사람들, 자신의 학문이나 신학을 무리하게 강요하려는 사람들은 우리를 치료하지 못해요"라고 어떤 여성 환자는 말했다.

따라서 사람들이 인간의학을 '종교적 정신요법'으로 간주하고 만들어놓은 이미지가 얼마나 현실에서 동떨어진 것인지 쉽게 상상할 수 있다. 그들은 인간의학이 환자를 잘 설득하고 환자의 결함을 폭로하고 도덕을 가르치고 운명을 감수하도록 권고하고 마침내는 고해나 기도로 이끌어가는 것이라고 생각한다. 정말 그렇다면 인간의학은 참된 인간으로서가 아니라 겉보기 인간으로서 행동하는 것이고, 성직자의 위치에 서서 자기 것이 아닌 직책을 수행하는 것이 되리라.

경고하고 교정하고 교의를 가르치는 것이 목사의 임무이기는 해도 의사의 임무는 아니다. 예를 들어 가톨릭 교리에 마음이 끌린 프로테스탄트 여성 환자가 있었다. 그러나 그녀는 아직도 자신의 내면에서 이를 분명히 파악하지 못하고 있었다. 가톨릭에 대해 찬탄하면서도 아직 개종을 결심하지는 못하고 있었던 것이다. 이런 갈등이 그녀의 마음을 분열시켰다. 이것이 그녀가 앓고 있는 병의 원인임은 분명했다. 그리고 병은 신부나 목사를 찾아볼 때마다 더욱 심해질 뿐이었다. 그들은 서로 자기 자신의 교의에 따라 그녀를 설득하고 상대를 비판하려 했기 때문이다.

그렇다면 내가 이 신학자들의 논쟁에 가담한다고 해서 무슨 소용이 있었을 것인가. 그녀에게 프로테스탄트로서의 내 신념을 강요하고, 한편 가톨릭 신자인 또 다른 의사가 자신의 신념을 그녀에게 강요하려 했다면 어떻게 되었을 것인가. 실제로 그녀는 가톨릭 신자이자 정신요법가인 내 친구에게 상담을 했는데, 내가 그녀에게 프로테스탄트에 머물러 있도록 권고하지 않은 것처럼 내 친구도 그녀에게 개종을 권고하지 않았다. 그녀로서는 신학의 논쟁에서 떨어져 나와도 분명히 이야기할 수 있다. 그러니 그녀에게는 마음속 갈등을 있는 그대로 보여주는 것이 필요하다.

실제로 심리학자의 눈에 가톨릭과 프로테스탄트 교리 사이에서 생기는 방황은 그녀가 각 교의에 대해 갖고 있는 이미지 사이에서 방황하고 있는 것만큼 중요하지 않다. 하지만 이 방황에는 그녀 개인 생활의 여러 요인들, 거기서 작용하고 있는 관념 연합이 숨겨져 있으므로 우리는 이를 이해하고 그녀에게도 이해시켜야 한다. 이렇게 해야만 그녀도 참으로 인간적인 확신을 세울 수 있으며 자신의 인격에 지나친 선입관을 갖지 않고 괴로운 방황을 견뎌낼 수 있게 된다.

이처럼 프로테스탄트와 가톨릭을 불문하고 그리스도교와 다른 종교 사이에서, 또는 신앙과 회의 사이에서 자신이 방황하고 있음을 알고 거기에 사로잡힌 사람들이 얼마나 많을 것인가. 이러한 사람들을 도와서 그들 스스로가 깨닫도록 하고 더 성실하게 종교 생활을 할 수 있도록 하려면 그들의 인격에 흥미를 갖고 인간적인 대화를 나눔으로써 그 성장을 촉진할 필요가 있을 것이다. 종교조차도 교육과 습관을 통해 수동적으로 형성된 정신적 자동 현상의 총체에 지나지 않는다고 말하는 사람이 얼마나 많은가. 우리는 인간적인 결단을 내림으로써만 참된 인간이 될 수 있다.

따라서 인간의학은 다른 사람의 인격을 절대적으로 존경할 때만 가능하다. 이것이 의사 자신의 신념을 숨겨야 한다는 뜻은 결코 아니다. 오히려 다른 사람의 신념을 마음속에서 존중하면서 우리의 신념을 이론적인 방식이 아니라 참으로 인간적인 방식으로 나타내는 것을 뜻한다. 이때 비로소 종교나 철학이나 정치나 사회에 대한 모든 편견을 배제한 대화가 가능할 것이다.

이것은 보통 말하는 관용의 문제와는 다르다고 생각한다. 관용에는 자기만이 진리를 소유하고 있다는 일종의 자부심과 잘못된 사람을 잘 설득하려 노력하기보다는 단지 함께 사는 것을 용인하자고 하는 일종의 저자세가 있다. 그러나 중요한 것은 한층 깊은, 신과의 대화에 대해 지금까지 말한 것에 참으로 바탕을 두는 시각이다. 신과 나누는 대화야말로 본질적으로 개인적인 것이다. 따라서 우리는 모두 신과 나누는 대화에서 다른 사람을 위해서가 아닌 자기 자신을 위한 계시를 구하는 것이다.

이미 명백해진 것처럼 나는 여기서 교리에 대해 말하고 있는 것도 아니고, 신 자신에게서 사람들을 교육하도록 위탁받은 교회의 가르침에 대해 말하고 있는 것도 아니며, 영혼의 구제를 말하는 성직자들의 임무에 대해 말하고 있는 것도 아니다. 내가 말하는 것은 신의 의지를 어떻게 실제적·일상적으로 구할 수 있는가 하는 것이고, '신의 말씀', '교회'의 가르침, '성령' 등에 의해 깨우친 사람들은 누구든지 신의 의지의 부름을 받는다는 것이다. 그런데 신이 친히 부르는 소리에 귀 기울이고 더욱 진지한 방법으로 스스로의 인간적 확신을 확고히 하는 것은 전적으로 자기 자신의 책임이지 다른 사람의 책임이 아니다. 따라서 내가 다른 사람을 대신해 신에게서 계시를 받아 전달하는 일 역시 내가 할 일이 아니다.

최근 외국의 한 친구가 어떤 의학연구회에 필요하다면서 의학과 신앙의 관계에 관한 여러 문제를 묻는 설문지를 보내왔다. 이 설문지는 주로 의사가 환자가 지닌 병의 정신적 의미를 알아냈을 때 이를 환자에게 말해야 하는지 말아야 하는지를 물었다. 내 대답은 부정적이었다. 모든 사건의 정신적 의미란 본질적으로 주관적인 견해라 생각한다. 나는 나 자신이 지닌 병의 의미를 찾으려고 해야지 환자가 지닌 병의 의미에 관여하려 해서는 안 된다. 다른 사람이 지닌 병의 의미를 판단할 수 있다면, 실제로 환자들을 피고인으로 하는 재판관의 자리에 올라서는 것이다.

어쨌든 나는 의사들이 이처럼 주도권을 갖는다면 결코 풍요로운 결과에 이를 수 없다고 생각한다. 사건의 의미를 발견하고 신이 병을 통해 환자들에게 말하고 있는 의미를 알게 되는 정신적 체험은 내면에서, 즉 환자가 신과 나누는 내면적 대화에서 솟아나오는 것이어야 한다. 거꾸로 말해 환자가 이러한 경험을 하게 되면 반드시 의사에게 그 경험을 말할 수 있을 것이고, 그렇게 하면 의사도 자기가 세운 확신을 환자가 충분히 존경하고 있다는 점을 발견할 수 있을 것이다. 이것이야말로 인간적인 대화다. 이때 각자는 자신의 확신을 자유롭게 말할 뿐 다른 사람의 확신에 개입하는 일이 결코 없다.

나는 대화를 직업으로 하고 있다. 어느 날 정신요법가와 신학자들을 만난 적이 있는데 그들은 자기가 어느 학파에 속하는지 분명히 주장했다. 나는 내게 붙일 상표가 없어서 문득 떠오른 대로 소크라테스 학파에 속한다고 말했다. 나는 이 말로 소크라테스가 말한 성실한 대화의 방법을 빌려 쓰고 있다는 뜻을 나타내고 싶었던 것이다. 소크라테스는 나른 사람에 대해 자기 생각을 강요하지 않고 각자가 더 명료하게 자기 자신을 알고 인간적 확신을 획득하도록 도와주려고 했다.

여기에는 '정신요법'을 넘어서는 무언가가 있다. 정신요법이라는 말은 신경증을 치료하기 위해 전문의가 행하는 기술적 처치를 가리키는 것에 한정해야 할 것이다. 분명히 나 자신도 때때로 그런 처치를 할 때가 있고, 그때 대화는 정신요법적 역할을 수행하기도 한다. 그러나 대화는 정말이지 그것을 넘어선다. 대화는 인생을 지탱하는 것이라고 할 수도 있다. 모든 의사는 '정신요법가'가 되지 않더라도 결핵환자, 심장병 환자, 건강한 사람과도 대화를 나눌 수 있다. 모든 사람이 살아가기 위해서는, 그리고 인격, 즉 그 말의 가장 충실한 의미에서 인간이 되기 위해서는 도움을 받아야 한다. 그리고 누구든지 건강을 보존하거나 회복하는 데 이러한 변화를 필요로 한다.

보와 르 듀크(네덜란드)의 게리트 반 바렌 박사는 언젠가 신경증이라는 말이 남용되고 있다는 의견을 편지로 전했다. 신경증이라는 말은 전문의의 처치가 필요한 진짜 신경증, 즉 강박신경증, 불안신경증, 단념신경증에만 한정시켜야 하며, 심각한 갈등으로 괴로워하고 있는 사람에게 함부로 신경증이라는 이름을 쓰는 것은 좋지 않다는 것이었다. 이들은 고뇌에서 벗어나기 위해 의사에게 단지 대화라는 인생의 지주를 구하러 왔을 뿐이다. 그때 우리가 발견하고자 하는 것은 정신요법가가 아니라 참된 인간, 말하자면 참된 인간적 대화의 상대자다.

물론 의사에게 나타나는 것처럼 그들에게서도 심리학자들이 연구하고 기술해온 메커니즘의 작용을 볼 수 있다. 이 문제를 명백히 해두는 것은 그들과 우리 모두에게 유용할 것이다. 그러나 그들은 우리보다 조금 병들어 있을 뿐이라고 하는 게 좋을 것이다. 게다가 그런 사람들의 수는 많다. 적어도 모든 의사가 다루는 환자의 반수를 차지한다. 그리고 이 사람들의 정신적 고뇌도 육체적 장애도 너무나 엄혹한 인생의 갈등을 표현한 것에 지나지 않는다. 같은 환경에 놓인다면 의사들도 그들과 마찬가지로 '병자'가 될 것이다.

그들은 흔히 자신에게 너무나 쉽게 '신경증 환자'라는 병명이 붙는 것을 알고 고뇌한다. 의사가 인간으로서보다 심리학자로서 그들에게 접근하는 것도, 또한 그들에게서 인격보다는 심리학적 메커니즘만을 인정하는 것도 그들을 괴롭힌다. 따라서 의사들이 일군 심리학적 성과와 학문, 이로 인해 몸에 붙게 된 직업적 습관, 의사가 인간을 보는 방식 등이 인간적 접촉을 가로막는 일은 충분히 있을 수 있다. 의사가 이러한 지식을 익힌 것은 사람들에게 더욱 도움이 되기 위해서였다. 그런데 그것이 이제는 참된 인간을 사라지게 하는 커튼이 되려고 한다. 의사는 직업적·비인간적 겉보기의 존재가 되는 것이다.

신경증에 처했어도 다시금 참된 인간을 회복하기 위해서 기술적 정신 상태에서 해방되어야 한다. 언젠가 어떤 여성 환자가 지적해준 덕택에 이 점을 분명히 이해하게 되었다. 그녀는 이미 정신분석적 치료를 받고 있어서 상당히 좋아지는 중이었다. 내게 그녀를 맡긴 주치의와 이미 훌륭한 인간적 접촉을 확립했던 것이다. 그러나 그녀가 유감스럽게 생각하고 있는 일이 있었다. 그녀가 주치의 앞에서 매우 자연스러운 말을 하더라도 그가 곧 어떤 심리학적 규정을 내릴 것이라고 생각해온 것이다. 그녀의 말에 따르면, 주치의는 자기의 아주 작은 반응까지도 분석하고 여기에 유아 퇴행이라든지 투사 메커니즘이라든지 감정적 은혜나 전이의 징후를 일일이 찾아내려 했다는 것이다.

이처럼 심리학은 많은 사람의 마음을 압박해온 도덕적 중압에서 해방해주면서도, 한편으로는 그 자체가 하나의 판결로서 등장하게 될 위험이 있다. 언제나 게으름뱅이라는 말을 듣던 사람이 그의 이른바 게으름은 부모에 대한 억압된 반항을 표현한 것에 지나지 않는다는 것을 안다면 대단히 큰 도움을 받게 될 것이다. 그는 어떤 본질적 직관으로 부당하다고 느끼던 도덕적 평가에서 해방되었기 때문이다. 그러나 그가 하는 일 없이 돌아다닐 때마다 자기 행동에서 정신병리학적 징후를 발견하게 된다면, 심리학적으로 판결받고 있다는 느낌을 지울 수 없을 것이다.

심리학은 의사에게 인간적 이해를 위한 좋은 학교이며 인간적 접촉으로 가는 길이다. 심리학은 편견을 일소해주기 때문이다. 그러나 마음속에서 심리학자라는 겉보기 존재가 참된 인간보다 우위를 차지한다면, 심리학은 직업적으로 왜곡될 수밖에 없다. 인간의 행동을 보고 그 내면에서 작용하는 심리학적 메커니즘을 너무나 분명하게 적발하면 인간을 보지 못하고 자동인형을 보게 될 뿐이다. 이제는 일종의 소박함을 회복해야 할 때가 온 것이다.

대화와 인간적 접촉은 어떤 의미에서는 '하나님 나라'에 속한 것이 아니겠는가. 그리스도도 이와 관련해 어린아이를 닮지 않으면 하나님 나라에 들어오지 못한다고 가르친다.[14]

산다는 것은
선택한다는 것이다

한 젊은 여성이 진찰실로 들어온다. 그녀는 위장 장애로 고생을 하고 있었고 12명도 넘는 여러 의사에게서 진찰을 받았다고 했다. 그녀가 살고 있는 마을의 의사를 비롯해 도시나 종합병원의 여러 전문의에 이르기까지 차례차례 진찰을 받은 것이다. "모두 정상이라고 하더군요. 대단한 게 아니고 신경성이라고요. 그러나 그 말을 들어도 낫지가 않아요"라고 그녀는 말했다.

"신경성입니다."—이 말이야말로 앞에서 말한 안이하고 부당한 병명에 지나지 않는다. 이 병명이야말로 우리를 잘못에 빠지게 하고 환자가 자신의 신경에 마음을 쓰도록 만든다. 사실 그녀가 괴로워하는 것은 내부적으로 느끼는 격렬한 갈등 때문인데도 말이다. 해결해주어야 할 것은 이러한 갈등이다. 그런데 어떤 갈등인가? 그녀 자신은 아마도 모를 것이다. 이것을 밝히려면 시간도 걸릴 뿐만 아니라 힘들기도 할 것이다. 더구나 해결하는 것은 더욱 그렇다. 그렇지만 그녀에게만 너무 많은 시간을 할당할 수는 없는 노릇이다. 그녀가 말을 하는 동안 그런 생각이 들었다.

나는 그녀에게 다음과 같이 물었다. "몇 살이시죠?" "서른여섯 살입니다." "열 살쯤은 젊게 보이시네요." "네, 많이들 제가 훨씬 젊어 보인다고 말해요." "왜 그럴까요? 분명히 이유가 있을 텐데요." 인격을 의식하는 것은 굉장히 새로운 호기심을 불러일으킨다. 말하자면 각 기관(器官)이 연결되는 세부적 메커니즘뿐 아니라 인격이라는 각 단계의 총체적 의미를 이해하려는 호기심이 생기는 것이다. 신체는 인격을 표현하기 때문이다. 나이보다 젊게 보인다면, 그것은 인격이 자유롭게 발달하지 못했기 때문일 것이다.

그러나 이 환자는 내 질문의 뜻을 제대로 이해하지 못했다. 나는 그 뜻을 명확하게 해야만 했다. "당신은 누군가가, 또는 무언가가 당신의 성장을 방해하고 있다고 생각하지는 않나요?" 오랜 침묵이 이어졌다. 그녀는 깊은 생각에 잠겨 있었다. 마침내 그녀는 말했다. "제 어머니를 말씀하시는 걸까요? 어머니는 언제나 저를 조그만 계집아이처럼 다루거든요." 아이들의 성장을 방해하는 어머니가 반드시 나쁜 어머니, 어머니로서의 의무를 게을리하는 제멋대로의 또는 권위주의적인 어머니라고 할 수는 없다. 오히려 그런 어머니, 아이를 훌륭하게 길러내고 인간의 모든 과오에서 지켜주며 생존의 위기에서 구해주려고 항상 염려하는 어머니다. 단지 이 어머니는 아이들에게 좋은 충고를 너무나 자주 하는 바람에 아이를 우유부단하고 마음 약한 인간으로 만든다. 이미 봐온 것처럼, 그렇게 커온 아이는 참된 인간적 인생의 특징인 책임 있는 선택을 못한다. 그로 인해 인생의 흐름이 중단되는 것이다.

이렇게 해서 마음을 열게 되는 계기가 마련되었다. 이 여성 환자의 말에 따르면, 지금까지 두 번 약혼을 했는데, 결혼식 날짜가 가까워질 때마다 어머니가 병이 나는 바람에 결혼이 연기되었다고 했다. "어머니를 간병하는 것은 제 의무니까요. 어머니에게 제가 가장 필요할 때 어머니를 버리고 갈 수는 없잖아요." 약혼자 둘 모두 싫증을 느끼고 그녀 곁을 떠났다. 나는 지금 그녀가 세 번째 약혼을 하고 결혼 날짜가 임박해 있다는 것을 느낄 수 있었다. 그리고 그녀 어머니의 상태는 점점 나빠지고 있었다.

누구나 《성서》의 계율인 "남자는 어버이를 떠나 아내와 어울려 한 몸이 된다"[15]는 말을 알고 있다. 나는 이것을 이 환자에게 설명했다. 결혼은 모든 생명 활동처럼 근원적인 선택을 요구한다. 어머니든 약혼자든 어느 한쪽을 선택해야 한다. 나는 약혼자를 선택하고 결혼 날짜를 절대로 연기하지 말라고 충고했다. 어머니에게도 긴 편지를 썼다. 그녀는 선뜻 내 말에 따랐다. 이 환자는 결혼한 뒤 몇 개월 후, 다시 한번 나를 찾아왔다. 그녀에게서 이미 위장의 고통은 없어졌고, 어머니도 건강해졌다.

의사가 하는 일은 무엇보다도 치료하는 것이다. 어떤 경우에는 기술적인 처치만으로 잘 끝날 때도 있다. 하지만 대다수의 경우에 의사는 더 큰 사명, 즉 교육적인 일을 떠맡을 수밖에 없다. 의사는 사람들이 활기를 되찾고 생명의 법칙에 자신을 합치함으로써 생명의 흐름을 재발견하고 조화를 유지하면서 성인으로 성장하게끔 도와주어야 하는 것이다. 이것은 어느 경우에나 전문 의학의 근본적 목적이기도 하다. 즉 인격의 개화, 성장, 운명의 완성을 가로막는 심리적·육체적 장애 모두를 없애는 것이다. 차도를 뚫는 까닭은 길을 여는 즐거움이 아니라 차를 통하게 하려는 목적에 있다. 이와 마찬가지로 회복된 건강을 어떻게 활용하는지가 건강 자체보다도 훨씬 중요하다.

바로 이 점이 인생을 지탱한다. 그러기 위해서는 생명의 법칙을 인식해야 한다. 그 제1법칙은 자율적인 사람이 되는 것, 다시 말해 어른이 되고 책임을 지는 것이다. 산다는 것, 그것은 선택한다는 것에 지나지 않는다. 인간이 스스로의 인생을 형성해가는 것은 끊이지 않는 선택을 통해서다. 이처럼 어른이 된다고 하는 것이 프로이트 학파가 세운 계획의 전부다. 그들의 연구는 어른이 된다는 것의 의미를 충분히 알려주었다. 그들이 강조한 것은 우선 유아적인 성(性)에서 어른의 성으로 전환하는 것, 그다음에는 어린아이의 독점적 사랑에서 헌신적인 사랑으로 이행하는 것,[16] 마지막으로 자율성의 관념, 즉 있는 그대로의 자기를 확인하고 자기 자신이 되며 자기 자신과 완전히 일치해 다른 사람에게 유아적으로 의존하는 것에서 스스로를 해방시키는 것이다.

한 학생을 예로 들 수 있는데, 그는 어머니와 약혼자 사이에서 방황하고 있었다. 그는 자기의 관념과는 어긋나게 약혼자와 만나는 것을 단념하거나 만나더라도 몰래 만났다. 어머니를 자극하지 않기 위해서였다. 그러나 그 후로 그는 온갖 종류의 기묘한 장애로 고통받았다. "당신 인생의 목적은 어머니를 위해 사는 건가요?"라고 그에게 물었다. 몇 개월 후에 그는 이 단순한 질문이 그의 마음속을 완전히 뒤흔들어 놓았다는 편지를 보냈다. 그가 확고한 태도를 보이자 어머니가 약혼녀를 끝내 받아들였다는 것이다. 어떤 괴로움을 겪고 있다면, 대부분 자신의 약함 때문에 그러한 것이다.

여기서 나는 오해를 피하고 싶다. 나는 젊은이들에게 부모에게 반항하라거나 부모의 충고를 무시하라고 하는 것이 결코 아니다. 부모의 말에 따라야 한다든가 부모를 기쁘게 해드려야 한다는 신념을 가지고 있다면, 당연히 부모를 따라야 할 것이다. 인생을 부정하는 것은 스스로의 약함 때문에 자신의 뜻에 어긋나는 행동을 하는 것이다. 그런 행동은 스스로 결단을 내리는 책임을 지지 않으려고 하는 것이기 때문이다.

결단을 미루는 것은 인생에 독이 된다. 그것은 마음속에 언제나 갈등이 있으면서도 이를 해결하려는 용기를 갖지 못했거나 이를 자각하려는 용기가 없음을 뜻한다. 이러한 상태는 부모의 강력한 지배에 의존해온 사람들에게서 흔히 볼 수 있다. 그리고 부모가 죽은 다음에도 전 생애에 걸쳐 이러한 상태로 살아가는 경우도 있다. 이러한 사람들의 솔직한 고백에 따르면, 그들은 이미 자신의 취미, 신념, 인생의 목적이 무엇인지조차도 모른다고 한다. 그들은 환경의 지배를 받으며 흐르는 대로 떠도는 것이다. 가령 결심을 하더라도, 이내 내가 잘못한 것이 아닐까 하고 의심이 들기 시작한다. 애초에 선택을 요구하는 문제를 피하면, 어떠한 결단을 내려야 할지조차 모르는 어둠 속에 빠지고 마는 것이다.

이러한 환자들은 의사가 자기들을 대신해서 선택해주면 좋겠다고 생각할 것이다. 그들이 요구하는 것은 충고이고 자기의 책임을 덮는 의학적 진단이다. 이렇게 함으로써 그들의 우유부단함은 극복될지 모르지만, 인생 문제는 조금도 해결되지 않는다. 그들은 언제까지나 미숙아로서 의사의 도움을 요구하고 끊임없이 사람들에게 의존할 것이다. 이 점에 충분히 주의해야 한다. 의사는 규정하고 명령하는 데 익숙하다. 이것이 기술적 의학에서 의사가 하는 역할이기 때문이다. 의사 자신이 '아버지 콤플렉스'를 갖고 있기도 하다. 이런 경우 의사는 어린아이를 대하는 아버지처럼 환자에게 좋다고 생각하는 모든 일을 결정하려 한다. 때로는 환자의 자발적인 동의 없이 수술을 해버리는 독단을 보이기도 한다.

그래서 로마 교황 피우스 12세는 정신과의들이 모인 자리에서 "개인이 자기 자신의 일을 결정하는 권리, (…) 자신의 신체와 생명, 육체적·정신적 충족에 대한 개인의 권리"에 유의해야 한다고 강조했던 것이다.[17] 나는 이 문제에 대해 학술지《에스프리》에 발표한 에마뉘엘 무니에의 주목할 만한 조사를 이미 인용한 바 있다.[18] 파리의 신경외과 의사인 레몽 트로트 박사도 "인격의 영역은 더럽혀지지 않는 한 침범해서는 안 되며, 환자의 명백한 동의를 얻지 않는 한 개입할 수 없는 것"[19]이라고 분명히 말하고 있다. 인격을 존중한다는 것은 말하자면 스스로 자유로이 결단하는 권리를 존중하는 것에 지나지 않는다. 결단할 수 있는 권리야말로 인격을 만들어내는 자유롭고 책임 있는 앙가주망이기 때문이다. "인격이란 자유와 동의어"[20]라고 오타 박사도 말한다. 또한 이것은 로제 루이스-브리용 박사가 인격에 바탕을 둔 정신요법을 '무지향적 정신요법'이라고 말한 까닭이기도 하다.

이와 마찬가지로 기술적인 의학에서 의사가 처치 방식을 결정해야 할 때도 환자의 인격에 관심을 갖고 접근해야 하며, 환자가 자유롭게, 그리고 충분히 납득한 다음에 의사의 결정에 동의하도록 설득해야 한다. 하물며 인간의학의 경우라면 환자가 자기 인생의 존재 방식을 선택해야 할 때 의사는 더욱 신중하게 인격을 배려해야 할 것이다. 환자가 스스로 결정을 내리도록 도와주기는 하더라도, 환자를 대신해서 결정하려고 해서는 안 된다.

이때 가장 기본적인 요소는 믿음이다. 스스로 책임을 지고 선택한 일이면, 가령 거기에 어떤 문제가 포함되어 있더라도 절대적으로 자기의 선택을 믿어야 하는 것이다. 환자의 부모가—형제자매, 교사도 마찬가지지만—환자를 대신해서 모든 일을 결정하는 경우, 아무리 좋은 의도에서 그렇게 했다고 하더라도, 결국 그들은 환자의 판단을 조금도 믿지 않음을 환자에게 보여주는 것이다. 이로 인해 그들은 환자의 마음속에 자기 불신의 씨앗을 뿌려놓는다. 이 불신이야말로 환자를 유약하게 하고 결단하지 못하게 하며 성숙하지 못하게 하고, 환자의 마음속에 참된 인간의 의식이 깨어나는 것을 방해한다.

따라서 의사의 역할은 환자가 각기 인격이 되고 스스로 책임을 떠맡도록 도와주는 것이다. 그러나 이것은 제멋대로 해결하거나 영향을 미치는 것이 두려워서 입을 다물고 환자에게 아무런 의견도 말하지 않는 것을 뜻하지 않는다. 책임 있는 선택이란 자기가 처한 위험이 어떤지도 모르는 채 의사가 명백하게 해줄 문제의 여러 측면을 사려 깊게 살펴보지 않고 선택하는 것을 의미하지는 않는다.

다시 한 번 대화의 근본적 개념으로 돌아가기로 하자. 대화란 말해야 할 모든 것을 완전한 솔직함을 갖고 말하는 것이다. 이것은 오직 환자가 충분히 스스로 깨우쳐서 자기 행동 방침을 선택하도록 도우려는 것이다. 환자의 이러한 선택이 비록 의사의 선택과 다르더라도, 충분히 믿을 수 있는 것임을 환자가 느낄 수 있도록 대화할 필요가 있다.

언젠가 게리트 반 바렌 박사는 오늘날 책임감을 갖고 있는 사람이 얼마나 적은지 알고 나서 크게 우려된다는 요지의 편지를 보냈다. 나는 어느 마을에서 강연을 하던 중 그의 의견을 소개했다. 그곳에는 마을 이장과 의원 몇 명이 있었는데, 그중 한 사람이 일어나 말했다. "선생님은 우리의 이전 집회에서 문제가 되었던 사항을 기억하고 계실 겁니다. 그때 우리는 어떤 결단을 내려야 하는지 알고 있었습니다. 그러나 우리는 책임을 지지 않기 위해 그 사항을 주(州)의 행정청에 회부했습니다."

이러한 일은 단지 마을 의회에서만 일어나는 것이 아니다. 이것은 정치적·직업적·사회적 계층의 모든 단계에서 일어난다. 아내에게 가사의 책임을 떠넘기는 남편에서 노동자, 감독, 공무원, 고용주를 비롯해 의회에 책임을 전가하는 정부의 수뇌에 이르기까지 다른 사람이 지닌 권위의 그늘에 숨으려 하는 사람이 얼마나 많은가? 예를 들면 해고된 노동자의 마음을 가장 상하게 하는 것은 고용주가 직접 이를 알리지 않고 감독이나 사무원이 알린다는 것이다. 누구나 다른 사람에게 책임이 있었다고 말하거나 운명의 탓으로 돌림으로써 자기변명을 도모한다.

자기 의견이 이미 정해져 있는데도 결정의 중압을 덜기 위해서 다른 사람의 의견을 구하는 사람이 얼마나 많은가. 사르트르가 우리는 자기가 기대하고 있는 조언을 해줄 조언자를 선택한다고 말했을 때 그의 말이 잘못된 것이었을까? 부부 싸움을 하고 있는 남자가 이혼을 하는 쪽으로 생각이 기울어 있다면, 이혼 경험이 있는 정신과의에게 상담을 하러 갈 것이다. 그때 그 남자는 의사가 '인생에 있어서 때로는 사태를 직시해야 하고, 과거의 빚을 언제까지나 끌고 갈 것이 아니라 잃어버린 것은 잃어버린 것이라고 고백할 용기를 가져야 합니다'라고 말해주리라 기대한다. 한편 이와는 반대로 화해를 바란다면, 참된 용기란 도피하는 데 있지 않고 인생의 여러 문제와 대결하는 데 있음을 아는 정신과 의사와 상담할 것이다.

인격에 바탕을 둔 정신요법의는 소크라테스처럼 때로는 한 질문에 대해 다른 질문으로 대답한다. 아내를 배반했다고 고백하러 온 어느 남편이 "이것을 아내에게 말해야 한다고 생각하십니까?"라고 물었다. "당신 자신은 어떻게 생각하십니까?", 이것이 내 대답이었다.

자신의 신념에 따라 살려면 많은 용기가 필요하다. 그러므로 사회의 통념에서 벗어나서 주변 사람들과 다른 행동을 하려면 언제나 대단한 노력을 기울여야 한다. 그리고 세상의 관습에서 벗어나기 어려운 까닭은 누구나 이 관습에 따라 살기 때문이다. 사회도 겉보기 존재의 무대가 되고 있다. 로맹 롤랑(Romain Rolland(1866~1944))은 "단호하게 군중에서 떠나라"라고 말했다. 우리가 내면의 소리에 귀 기울이기 시작하자마자 사회라는 무대는 일변한다. 우리의 주위에서 겉보기 밑에 숨겨져 있던 참된 존재가 나타나는 것이다. 이것이 바로 카뮈가 《반항적 인간》에서 날카롭게 표현한 것이 아니고 무엇이겠는가.

가장 행복한 삶조차도 끊임없는 투쟁이다. 투쟁이 강요하는 여러 과제와 대결하고 투쟁이 일으키는 안팎의 갈등 ― 이것 자체가 인생이다 ―을 해결해야만 하는 것이다. 또한 투쟁은 자기 자신에게 충실하려 하고 자신의 신념과 능력에 책임지려는 것이라 할 수 있다. 어떤 여성 환자가 다음과 같은 편지를 보냈다. "자신의 책임을 하늘이 준 선물 같은 것으로 깨닫는 위치보다 희생자의 처지가 되는 편이 편합니다. 그러나 책임을 스스로 깨닫는 것이 내면적 성숙에 도달하는 본질적인 조건이 아니겠습니까?"

그녀는 또한 다음과 같이 덧붙였다. "자기 인생을 참으로 있는 그대로 받아들인다는 건 얼마나 어려운 일일까요? 그러나 전 모든 일이 이

것에 달려 있고, 그것이 행복해지는 열쇠임을 잘 알고 있습니다." 그녀의 말은 옳다. 인생을 받아들인다는 것은 단념하고 투쟁을 그만두는 것이 결코 아니다. 오히려 완전히 반대로 유전, 고통, 심리적 콤플렉스, 불공정이라는 온갖 악조건을 받아들이면서 그 투쟁을 있는 그대로 떠안는 것이다.

이 투쟁이 엄혹하다면, 진통제, 수면제, 안정요법을 취할 수 있다. 이는 후에 더 좋은 조건으로 싸우기 위해 필요한 안식이 될 것이다. 그러나 이는 투쟁을 피하는 한 방식이 되기도 한다. 그러므로 인격을 고려해 넣음으로써 기술적 의학이 내리는 지시에 문제가 없는지 다시 한번 살펴보아야 한다는 것을 알 수 있다. 리용의 윌리암 브뤼나 박사, 로잔느의 베르당 교수[21] 등 몇몇 외과의의 의견에 따르면, 외과 수술의 지시에 대해서조차도 같은 재검토가 필요하다.

또한 앞에서 말한 것에서 인간의학이 환자에게 연민의 정을 갖는 감성주의와는 거리가 멀다는 것을 이해할 수 있을 것이다. 참된 사랑이란 우리에게 상담을 하러 오는 사람들을 더할 나위 없는 큰 희망을 갖고 대하는 것이다. 즉 그들의 의기소침에 동조하지 않고 그들에게 용기를 주고자 우리도 용기를 발휘해 그들을 도와주는 것이다. 언젠가 나는 다른 사람들의 비평을 두려워한 나머지 자기 인생이 얼마나 가난해졌는지 절감하고 있는 어떤 여성 환자와 대화를 나눴다. 그녀는 자신을 비좁은 공간에서 제자리를 빙빙 도는 회전목마 같다고 생각하고 있었다. "그러면 울타리를 뛰어넘으세요"라고 나는 대답했다.

그렇다. 산다는 것은 울타리를 뛰어넘는 것이다. 그것은 조금씩 만들어져서 굳어버린 겉보기의 틀을 부셔버리는 것이라고 말할 수도 있다. "호랑이 굴에 들어가지 않고는 호랑이 새끼를 구하지 못한다"고 속담에서도 말하고 있지 않은가. 흔히 사람들은 현명하고 조심스럽게 자기 인생을 지키고 있다고 생각하지만, 사실은 서서히 억압하는 경우가 많다. 그리스도의 말씀인 "제 목숨을 살리려는 사람은 잃을 것이며"[22]라는 말이 생각난다. 이미 말한 것처럼, 결단을 내려야 하는 선택지 앞에서 주저하고 뒷걸음질하면 항상 더욱 우유부단해지고 자기의 신념이 무엇인지조차도 모르게 된다. 그러나 자기 내면의 소리에 과감하게 따르면 이 두터운 검은 구름도 한꺼번에 흩어지고 인생은 다시금 밝고 맑은 것이 되며, 인격은 아주 젊게 소생하고, 사물은 새삼스레 분명하게 보이며, 선택도 가능해진다.

풍요한 인생은 이상을 실현하는 인생이라고 말해왔다. 그렇다면 인격은 객관적 검증으로 발견되는, 미리 주어져 있는 현실이 아니다. 인격은 전적으로 주관적인 결단에 의해 창조된 것이며 선택의 결과로 생기는 것이다. "나는 '나 자신을 안다'고 표현하는 대신에 '나 자신을 선택한다'는 표현을 사용하기로 했다"[23]고 키르케고르는 말했다. 이제 인간을 대상이나 사물로서 인식한다고 주장하는 주지주의가 막다른 골목에 이르렀음을 이해할 수 있다.

앙드레 지드와 같은 '내적 일기'의 태도도 마찬가지다. 내적 일기는 자기 자신을 오인하거나 삭제하는 것을 너무나 걱정하다가 선택하는 것마저 거절한다. 이것은 학생 시절 내가 취했던 태도이기도 하다. 나는 모든 것에 흥미를 갖는 딜레탕트였다. 그러던 중 신과 나눈 대화가 내 인생의 한 전환점이 되었다. 신과 나눈 대화는 내 인생을 가난하게 하기는커녕 더 풍부하고 적극적이며 모험적인 것으로 만들었다.

선택하는 것은 단념하는 것이다. 선택은 받아들이지 않기로 한 것을 깨끗하게 버림으로써 자신의 인격을 확정하려는 것이다. 한편 지성은 모든 것을 등록하고 인격을 끝없는 진열장으로 만든다. 감성은 인생의 흐름을 선택하고 정리한다.

분열에 의해 찢기고 그대로 굳어버린 인생을 수없이 볼 수 있다. 예를 들면 꿈과 현실 사이에서, 또는 몇 갈래로 갈라진 흥미 사이에서 분열해버린 인생이 있다. 마음은 밖으로 향하지만 일이 발에 쇠사슬처럼 묶여버린 남자들이 많다. 또한 직업 생활과 아내 및 어머니로서의 생활 사이에서 분열된 여자들도 많다. 오늘날 같은 이상한 상황 속에서는 많은 사람이 어쩔 수 없이 집 밖에서 일해야 한다. 그러나 이때조차 마음속으로라도 선택을 내려야만 한다. 해야 할 일의 경중을 선택해야 하는 것이다.

마찬가지로 선택이 끊임없이 연기되어 임기응변이라 할 수 있는 인생도 있다. 또한 현재 자신의 인생에 전념하지 않는 사람들도 적지 않다. 그들은 올 리가 없는 때를, 그들의 참된 인생이 시작될지도 모를 때를 하염없이 기다리고만 있다. 결혼을 기다리고 있는 많은 여자의 경우가 좋은 예다. 결혼을 기다리는 것이 잘못되었다는 것이 아니다. 그러나 그로 인해 지금까지 살아온 그녀들의 인생이 어중간해지고 있는 그대로의 현재, 즉 독신 생활에 전념하지 않게 된다면, 그녀들은 더욱더 차갑고 재미없는 인간이 되고, 그 결과로 결혼할 기회까지도 줄어들 것이다. 그리고 끝내 결혼을 하지 못하게 된다면, 그녀들의 인생은 기다리는 것만으로 허비된 채 끝날 것이다.

이것은 자신의 현재 활동을 일시적이고 가짜에 지나지 않는다고 생각하는 많은 남자에게도 해당된다. 이러한 생각을 하는 한, 그들의 인생은 아무런 흥미도 매력도 없는 것이 된다. 그들은 차례로 그들의 가짜 활동을 바꾸어갈 수는 있다. 그러나 그 때문에 그가 무언가에 전념하는 능력은 계속해서 감소한다. 나는 현재 자신의 직업을 결코 벗어나지 말라고 말하는 것이 아니다. 다만 자신의 참된 직업을 선택한 사람이 아주 작다는 것에 놀랐을 뿐이다.

부모가 자신이 이루지 못한 꿈을 아이가 대신해서 이루어주길 원해서 아이가 부모의 뜻을 따라 직업을 결정하게 되는 경우가 많다. 이 경우 부모는 아이들이 방황하고 있기 때문에 충고했을 뿐이라고 말하리라. 이때 부모에게 지나치게 의존하는 아이들에게서 볼 수 있는, 저 내적 갈등에서 생기는 우유부단함의 문제가 다시 등장한다. 그러나 다른 많은 사람의 경우에는 무슨 이유로 직업을 선택하게 되었는지조차도 모르고 있다. 그들의 직업은 여러 가지 상황이 얼크러져서 생긴 것이지만, 이 상황에 대해서 그들은 수동적일 뿐 스스로 어떠한 선택도 시도하지 않는다.

어떤 사람은 자기 직업이 자기가 원하는 것이 아님을 알고 있고, 게다가 그것이 자기 내면의 소리에 단호하게 따르지 못한 결과임을 알고 있다. 이 경우 인격을 되찾기 위해서는 물질적 안정을 희생한다는 커다란 대가를 치러야 한다. 그러나 그렇게 하겠다고 결심했을 때는 그것이 아무리 늦었을지라도 풍요한 결실을 가져온다. 따라서 가짜 생활은 언제나 불모임을 알 수 있다. 가짜 생활은 차례로 일을 거듭함으로써 서서히 연장되기는 하더라도 전심전력을 기울여 이어지는 것이 아니기 때문이다. 하나의 직업을 갖는다는 것은 자신이 하는 일이 모두 하늘의 명령이라는 마음가짐을 갖는 것, 마음에 맞는 생활을 하는 것이다.

　그러나 실제 생활에서 두 갈래 길 중 어떤 길을 선택해야 하는지는 참으로 어려운 일이다. 즉 꿈의 조건을 실현하기 위해 현실의 조건을 단호하게 포기할 것인가, 아니면 현재 상황에 전념하기 위해 꿈을 단념할 것인가 하는 것이다. 가장 나쁜 것은 어느 쪽도 단념하지 않으려는 경우다. 어떤 것도 선택하지 않는 것보다는 가령 잘못되더라도 확신을 갖고 선택하는 것이 낫다.

　그렇지만 정직하게 말하면, 이 논리 역시 말장난이 되기 쉽다. 즉 선택만 한다면 그 선택이 어떠한 선택이더라도 괜찮은 것이 되는 것이다. 그러면 앞에서 말한 지드의 태도로 되돌아가는 것이 된다. 며칠 전 한 젊은 아가씨가 찾아왔다. 그녀는 너무나 소심해서 모험을 두려워하고 있었고, 그녀에게 자유로운 선택을 허용하지 않는 부모에 대한 반동으로서 자기를 확인하기를 열망하고 있었다. "누구든 스스로 자신만의 경험을 해야 해요"라고 그녀는 말했다. "물론이죠"라고 나는 대답했다. 그러나 다음과 같이 덧붙이는 것을 잊지 않았다. "그렇지만 경험만 하는 것에서 그친다면 어떠한 경험이라도 괜찮다고 할 수는 없습니다."

　스스로 책임을 진다고 해서 모든 일을 해보고 모든 것을 선택한다는 것은 결코 선택하는 것도 아니고 스스로의 책임을 명확하게 하는 것도 아니다. 그것은 제멋대로이기 때문이다. 따라서 당연한 일이지만, 참된 선택에는 가치 판단이 포함되어 있다. 반면 모든 가치를 부정하는 사르트르는 인간은 선택을 강요받으면서도 선택하지 못하는 막다른 골목으로 쫓기고 있다고 단정한다. 그러나 그가 주장하는 이론과는 달리 그의 글을 읽으면 그의 사상이 통일성이나 자기에의 성실성이라는 어떤 가치에 암암리에 의존하고 있음을 알 수 있다.

　이제 인간의학이 자연과학의 객관적 중립성이나 순수한 학자의 불가지론에서 우리를 벗어나게 한다는 것이 명백해졌다. 그렇다고 해서 이것이 필연적으로 기독교적 계시의 가치 체계를 도입하는 것은 아니다. 그러나 어쨌든 어떤 가치 체계, 따라서 정신적 기반이 있는 것은 분명하다. 적극적인 실천을 결의하는 배후에는 반드시 근원적이며 정신적인 선택, 다시 말해 자신의 신에 대한 선택이 있다. 그러면 각자에게 신이란 무엇인가? 그것은 어머니인 경우도 있고, 자신의 흥미, 본능, 쾌락인 경우도 있고, 이성이나 학문, 때로는 예수 그리스도인 경우도 있다. 이것은 폴 프라트너 박사가 명확하게 밝힌 것이다. "순수하게 과학적인 의학에서는 원인과 결과만이 있을 뿐이다. 그러므로 우리는 이유만을 알고 있고 목적을 알지 못한다. (…) 이러한 질문을 하는 것 자체가 사물을 정신적 관점에서 생각하려는 것이다. (…) 인간에게 가치를 부여하는 것은 정신적 요소다. (…) 인간은 배후에 심신상관의 세계를 갖고, 가치와 심미와 종교의 세계로 들어가는 것이다."[24]

　환자에게 의사의 가치 체계를 강요하는 것이 문제가 아니다. 그러나 환자가 인생의 기본적 기능인 선택을 스스로 발견하도록 도와준다면, 조만간 그들 자신이 가치의 문제를 묻게 될 것이고, 대화는 정신적인 것이 될 것이다. 그때 나는 철학자도 신학자도 아니고 단지 의사에 지나지 않는다는 점을 구실로 해서 그 대화를 중단할 수는 없다. 그러므로 중요한 것은 나 자신이 관점을 명확하게 하고, 내 신념을 다른 사람에게 강요하려고 하지는 않더라도 내 신념에 대해 책임을 지는 것이다.

　나는 앞에서 프로이트 학파가 말한 '어른이 되는 것'에 대해 논했다.

이것은 신앙이 없는 의사가 선택을 할 때마다 적용되는 결정적 기준이 될 것이다. 그러나 이것도 틀림없이 가치 부여이고, 단순한 자연주의적 개념 너머의 것이다. 또한 그것은 자연 자체를 하나의 가치, 즉 하나의 신으로 만드는 것이라 해도 좋다. 이러한 의사는 자신이 정신적으로는 중립이라고 주장하지만, 결국 환자에게 하나의 가치를 강요하고 있는 것이다. 환자더러 자기 자신에게 충실하라고 하는 것도 하나의 가치를 보여주는 것이다. 또한 융 학파의 이상인 '통합', 즉 억압된 기능을 깨닫고 스스로의 모든 존재를 책임지는 것도 하나의 가치다.

이미 여러 번이나 말한 것처럼, 기독교의 가치 체계는 심리학이 밝힌 이러한 여러 개념의 중요성에 결코 이의를 제기하는 것이 아니다. 오히려 기독교의 가치는 이러한 개념 모두를 포괄하고 또한 이를 초월하는 것이다. 그것은 그리스도가 말한 "새로 태어나는 것"[25]을 아는 것이다. 또한 성 바오로가 말한 "새로운 사람"[26]이 되는 것은 바로 어른이 되는 것이며, 신에 의해 명해진 충분한 인간성에 도달하는 것이고, 또는 그 이상이라고 해도 좋을 것이다. 이것은 그리스도의 속죄를 통해 신과 인격적으로 접촉하는 것, 신과 다시금 하나가 되는 것이다.

《성서》도 선택에 관한 책이다. 《성서》는 줄곧 인간을 매우 중요한 선택에 부딪치게 한다. 《성서》만 있다면 다른 모든 삶의 방법도 스스로 정해질 것이다. "나는 (…) 너희 앞에 생명과 죽음(…)을 내놓는다. 너희는 (…) 생명을 택하여라"[27]라는 모세의 계율에서 "한 종이 두 주인을 섬길 수 없다"[28]고 선언한 그리스도에 이르기까지 모두가 선택에 관한 것이다. 《성서》에 가득 찬 이러한 인간적 대화에서 하나님의 말씀은 인간을 향해 묻는다. 따라서 《성서》는 인간을 하나의 인격, 즉 대답해야 할 존재, 책임 있는 존재로 만드는 것이다. 예언자 엘리아가 "여러분은 언제까지 양다리를 걸치고 있을 작정입니까?"[29]라고 외치는《구약성서》에서 "너는 차지도 않고 뜨겁지도 않다. 차라리 네가 차든지 아니면 뜨겁든지 한다면 얼마나 좋겠느냐!"[30]라고 한 〈요한계시록〉에 이르기까지《성서》는 선택의 준엄하고 근원적인 성격을 강조한다.

동시에《성서》는 참된 인생이나 자유가 어디 있는지 보여준다. 이 점을 분명히 하기 위해서 나는 "스스로 자신만의 경험을 해야만 한다"고 한 젊은 아가씨의 경우를 다시 예로 들겠다. 그녀는 내가 "어떠한 경험이라도 괜찮다고 할 수는 없다"고 대답했을 때 내리깐 맑은 눈동자로 곧 이에 동의를 표했다. 즉 그녀는 참된 인생을 사는 데 부모의 권위를 부정하는 것은 불충분한 계기이므로 참으로 인간적인 계기를 추구해야 함을 분명히 이해한 것이다. 그녀는 부모의 감독에 싫증을 내고 있었다. 자기가 어린아이가 아님을 스스로 명백히 하기 위해 그녀는 부모의 감독을 경멸하고자 했다. 이는 분명 해방적인 행위라고 할 수는 있지만, 아직 자유라고는 할 수 없다.

아이들이 어릴 동안 부모는 명령으로 그들을 보호할 수 있다. 예컨대 차에 치이는 일이 없도록 혼자서 길을 횡단해서는 안 된다고 일러둘 수는 있는 것이다. 그러나 언젠가는 어린아이 혼자서 길을 건너야 하는 때가 올 것이다. 그렇지 않으면 그들은 신경증에 걸릴지도 모른다. 자동차가 아니라 신경증에 압도당하고 말지도 모르는 것이다. 따라서 밖으로부터의 보호를 대신해서 안으로부터의 보호, 즉 자기 자신의 판단, 개인적인 선택이라는 보호가 필요하다. 우리는 인생의 도처에서 자동차에 부딪치기 때문이다.

또한 이 젊은 아가씨는 자기 직업에 큰 불만을 느끼고 있었다. 그녀는 공부를 좋아하지 않았다. 공부를 했더라면 다른 길이 열렸을지도 모를 일이었다. 그래서 그녀는 여행을 하고 외국에서 직접적으로 체험해 시야를 넓히고 자기의 가치를 높이려 했다. 그러나 부모는 외국에서 받을 영향을 걱정해 금지했다. 게다가 부모는 그녀의 경제적인 장래를 염려해 "너처럼 좋은 직업을 갖고 있으면 자리를 꼭 지켜야 한다"고 말했다.

그녀는 인생에 대한 이러한 깊은 불만을 잊기 위해 술집을 드나들고 불량스런 패들과 어울리며 매일 밤을 보내게 되었다. 그녀는 "저는 그들과 어떤 나쁜 짓도 하지 않았어요"라고 단호히 덧붙였지만, 이는 바로 선택과 선악의 문제가 그녀의 고민임을 보여주는 증거다. 또한 그녀는 그들 중 어느 누구와도 결혼할 생각이 없다고 했다. 그들은 그녀의 눈에 '단순한 건달'에 지나지 않았다. "여자를 유희 상대로만 보는 남자들은 제 이상형과 완전히 달라요"라고 그녀는 말했다.

그러나 그녀는 자신이 그들에게 유희 상대에 지나지 않았다면 그들도 그녀에게 유희 상대에 지나지 않은 것임을 이내 인정했다. 사람은 장난감으로 어른이 되지는 않는다. 그런데도 고급하다든가 사치스럽다든가 해롭지 않다든가 하는 크고 작은 차이가 있기는 하지만, 어쨌든 장난감으로 만족하고 인생을 보내는 사람이 얼마나 많은가. 인생에 대한 불만에서 생기는 여러 문제를 해결하는 대신에 그들은 사소한 기쁨으로 자기 자신을 달랜다. 이러한 관점에서 본다면 예컨대 간통 따위도 어린아이의 장난과 비슷한 것이라 할 수 있으리라. 결혼도 하나의 선택으로 완전한 앙가주망이 없이는 성공하지 못한다. 반면 간통이 유치한 반응이라고 한 까닭은, 한편으로는 간통을 하는 것은 앙가주망의 책임을 피할 도피처를 찾는 것이기 때문이고, 또 한편으로는 장난에 지나지 않기 때문이다.

나는 마음 약한 사람의 고백에서 이러한 점을 자주 느낀다. 그들은 아내와 함께 살게 된 다음, 상호 적응이라는 어려운 문제, 인생의 여러 문제, 경제나 교육 문제 등 여러 걱정에 직면하게 된다. 요컨대 참된 대화를 해야 하는 것이다. 그런데 오히려 그는 자기가 유혹한 여자와 대화를 하고 있다고 착각하고 있다. 그녀 옆에 있음으로써 중요한 걱정거리를 모두 잊고 이 걱정거리에서 멀리 떨어짐으로써 달콤한 유혹과 위안을 발견한다. 그는 어린아이가 어머니에게 하듯 그녀에게 자기 불행을 말하는 것에서 기쁨을 느끼고 자기를 희생자로 보이게 함으로써 그녀의 마음에 감상을 일으킨다. 또한 자기가 이해받고 칭찬받고 위안받았다고 느낀다. 여기에는 갈등이 없다. 갈등이 생기더라도, 마치 장난감에 싫증이 난 어린아이가 훨씬 재미있어 보이는 다른 아이의 장난감을 탐내는 것처럼 또 다른 유흥을 찾을 수가 있을 것이다.

그는 이렇게 행동하면서 스스로 선택하고 스스로 자발성이라고 칭한 자신의 자유를 확인했다고 생각한다. 많은 이가 이러한 혼동에 빠져 있다. 많은 사람이 자기 자신이 된다는 것을 제멋대로 행동하는 것이라 믿고 있다. 그러나 이는 반성과 판단이 결여되어 있음을 뜻하는 것에 지나지 않고, 따라서 선택이라고 할 수 없다.

나는 이러한 일에 대해 어떤 남자와 며칠 동안 이야기해본 적이 있다. 그의 아내는 나를 찾아와서 남편이 비난한 자신의 결점을 고치고 부부 관계를 정상화하려 무척 노력하고 있었다. "전 아내가 상당히 변했다는 것은 인정해요. 하지만 왠지 성실성이 없다고 생각됩니다. 아내는 별로 자발적인 것 같지 않고 행동에는 계산된 구석이 있는 것 같습니다"라고 남편은 말했다. 나는 그에게 성실성에도 두 단계가 있음을 설명했다. 하나는 신혼 시절에 쉽게 이루어지는 자연스러운 것, 또 하나는 자기 자신을 억제하면서 참으로 성실하게 자신의 행동 방침을 선택하고 마지막까지 충실하게 지키는 것이다.

자발성이라는 문제가 중요하다는 것은 명백하다. 어떤 사람이 어릴 적에 가정의 강한 제약이든 사회적 적응에 대한 강제든 뭔가 마음에 상처를 받을 만한 일을 경험했다고 하자. 이때 그는 비겁함이라는 악순환에 빠지고 만다. 그는 자기 자신을 있는 그대로 보여주지도 못하고, 자신의 감정을 자유롭게 표현하기는커녕 이를 알지도 못한다. 우리는 그가 태어날 때 지녔던 과감한 자발성을 다시금 발견하고 겉보기의 허식을 벗어던져 참된 인격의 색채를 발견하도록 도와주어야 한다. 이것이 해방의 1단계이고, 여기서 생명의 흐름이 회복된다.

그러나 생명의 흐름은 이제 그에게 새로운 문제를 제기한다. 그것은 자기 행동의 지침을 어떻게 참으로 인간적으로 선택하는가, 또한 자신의 자유를 어떻게 이용하는가 하는 문제다. 이때는 이미 자연적인 자발성만으로는 불충분하다. 자연적인 자발성은 그를 동물로 만들 뿐 인격으로 만드는 일은 결코 없기 때문이다. 자발성이라는 이름 밑에서 그는 자기 자신에 대한 어떠한 배신이라도 정당화할 수 있을 것이다. '어떻게 하라는 말이야? 내가 그렇게 생겨먹은 걸 그냥 그대로 받아들여 달란 말이야'라고 생각하는 것이다. 그러므로 그를 참된 인간으로 만들기 위해서는 그의 원초적인 본능이나 자연성을 초월해야 한다는 것은 분명하다.

　이러한 점에서 나는 불가지론자인 내 동료들과 태도를 달리한다. 그들은 인격의 발달에 관해 순수한 자연주의적 개념을 갖고 있을 뿐이다. 물론 그들에게서 배우는 것이 많다는 점은 충분히 인정한다. 그러나 내게 인격은 자연을 넘어서는 것이다. 인격은 스스로의 선택에 의해서 자연을 지배하고 종속시키는, 초자연적이고 정신적인 힘이다. 그리고 인간을 하나의 인격으로 만드는 중요한 요소는 바로 선택의 성실성이다. 이미 말한 것처럼 이러한 성실성이 자연적 반응과는 완전히 다른 행동을 자기 자신에게 요구한다 하더라도 역시 그렇다.

　스스로 자기만의 경험을 하고자 한 젊은 아가씨는 부모의 감독에서 벗어나기 위해 생명의 약동에 몸을 맡겼다. 또한 그녀는 부모에 대한 반항만으로는 아직은 자유롭게 행동하고 있다고 할 수 없음을 잘 알고 있었다. 또한 자연적인 자발성에 따라 제멋대로 그때그때 선택하는 것이 단지 장난감으로 자기를 달래는 것에 지나지 않음을 잘 알고 있었다. 그렇다면 어떻게 해야 생기롭고 자유로울 수 있는가? 여기서 새롭고도 미묘한 장애, 즉 '감정전이'라는 문제가 생긴다.

　실제로 그녀는 유아적 의존의 감정을 부모에게서 의사로 옮길 수 있다. 그녀는 마음속에서 부모를 의사로 대체시키고 부모에게서 해방되기 위해 의사에게 매달리려 한다. 여기에도 선택은 있을 것이다. 그러나 아무런 책임이 없다. 그녀는 이렇게 함으로써 의사의 책임으로 자신의 책임을 은폐하려는 것이기 때문이다. 그녀는 무슨 일에서나 의사의 범례에 자신을 적응시키려 하고, 의사가 그녀에게 바라고 있다고 생각되는 대로 행동하고, 의사의 사상, 인생관, 세계관, 또는 그녀가 의사에게서 빌려온 사상에 파묻히려 한다. 결국 그녀는 의사의 심리학적 이론을 열렬히 선전하게 될 것이다.

여기에는 정상적이고 유효하며 피할 수 없는 현상, 즉 정신요법의 관계에만 고유한 것이 아닌 보편적인 현상이 있다. 즉 젊은이가 자기 자신을 의식하고 부모에게서 수동적으로 받아들인 여러 원리를 의심하기 시작했다면, 그는 자신에게 호의를 보이는 형, 선생, 보이스카우트 단장, 또는 소크라테스, 마르쿠스 아우렐리우스, 파스퇴르 같은 역사적 인물, 스탕달, 니체, 생텍쥐페리 같은 작가에게 매력을 느낄 것이다. 그는 라마르틴식 넥타이를 매고 렘브란트식 모자를 쓰게 될 것이다.

이처럼 우리는 전 생애에 걸쳐 다른 사람을 모방함으로써 자기 자신의 육체적·정신적 특성을 만든다. 이미 살펴본 것처럼, 인간은 필연적으로 어떤 역할, 즉 어떤 겉보기를 가질 수밖에 없는데, 바로 이렇게 선택하는 겉보기 모습에서 참된 인간의 모습이 나타난다. 그러나 동시에 겉보기는 우리를 제한하고 마음속에 자동 현상을 발생시켜서 생명을 질식시키고 자유마저 빼앗을 수 있다. 감정전이가 너무 극단적으로 일어나서 언제나 밀접한 의존의 형태를 취할 때 이런 현상이 일어난다.

이때 의사가 개종을 종용하게 되면, 환자는 허위로 마음을 돌리거나 철학에 빠지게 될 수 있다. 즉 환자 스스로는 자유라고 생각하지만 사실은 그렇지 않은 움직임을 일으킬 가능성이 있는 것이다. 그러므로 의사는 스스로를 내세우지 말아야 한다. 그러나 의사는 무엇으로 모습을 숨길 것인가? 다른 사람의 배후로? 그래서는 문제가 해결되지 않는다. 모든 인간적 모방은 환자의 지평을 한정하지만, 신만은 한계가 없다. 따라서 환자가 때때로 자기도 모르게 신과 나누는 인격적 대화를

272

충분히 존중하고 중요하게 여기는 것 말고는 달리 해결할 길이 없다.

사실상 흔히 환자는 자기 자신과 이야기하면서 자기의 이성에 의지해 하나의 철학이나 도덕을 만들어낼 수도 있다. 환자는 인도의 현자들, 공자, 플라톤, 또는 스토아학파의 사람들, 더 나아가서는 프로이트 학파의 학설, 마르크스주의나 실존주의에서 생각의 자료를 받아들일 수 있을 것이다. 이렇게 참된 진리를 터득해가면서 신의 계시 속에 포함되어 있는 모든 것을 하나하나 다시 모으고 있다고 할 수도 있을 것이다. 그리고 거기서 생명 존중, 이웃에 대한 사랑, 책임감, 정직의 불가결성 등 여러 원리를 발견할 것이다. 그렇다면 환자는 라몽 레이 아르디트 박사가 "어떤 영혼도 스스로 기독교에 속하는 것"[31]이라고 한 성 토마스 아퀴나스의 말을 상기하면서 지적한 것처럼, 신의 계시를 받기를 바라는 것이다. 그러나 그는 수액과 새싹으로 가득 찬 살아 있는 나무 대신에 꽃을 꺾어 만든 꽃다발을 만들어놓았을 뿐이므로, 거기에는 매우 교묘하게 모방된 몇 개의 인조 꽃이 섞일 위험이 있을 수밖에 없다.

또한 오늘날은 지난 세기와 비교할 때 이성이 인간을 인도한다는 믿음이 옅어지고 있다. 이러한 사실에는 원자폭탄이 관련되어 있다. 과학적 진보를 이끌어가고 있는 학자들도 과학적 진보가 초래하는 위험에 두려워하고 있다. 원자폭탄을 만드는 데 협력한 원자핵물리학자 중 한 사람인 로버트 문 교수는 일본 국민에게 공개적으로 사죄한 다음에 도덕재무장운동 모임에서 이 위험은 우리가 신의 소리에 귀 기울이기 시작했을 때만 사라질 것이라고 단언했다. "우리 시대는 성령이 첫째이고 이성은 둘째가 되는 시대가 되어야만 한다"[32]고 그는 덧붙여서 말했다.

한편 이성적 판단에 바탕을 두고 인생의 위대한 법칙을 재발견하려

하는 어처구니없는 노력은 필연적으로 답답해질 수밖에 없는 도덕과 추상적 체계를 만들어내는데, 이것은 모든 도덕주의가 그런 것처럼 인간을 압도하려 한다. 이것은 생명을 갖지 못하고 냉담하다. 그것은 매우 성실한 결의이지만, 이러한 원리를 계속 충실히 따른다는 것은 조만간에 불가능한 일이 될 것이다. 그때 신과 나누는 살아 있는 교감 속에서 또 하나의 해결 방법, 즉 용서의 체험을 하지 않는다면, 단지 절망이나 타협의 철학만이 남을 것이다.

기독교를 특징짓는 것은 그 선택이 원리에 의거하지 않고 참된 생명, 살아 있는 신, 그리스도에 의거한다는 점이다. 물론 여기에도 이성이 발견할 수 있는 도덕적 원리가 포함되어 있다. 그러나 기독교는 인간을 원리가 적용되는 단순한 기계라고 생각하지 않는다. 다시 말해 기독교는 인간을 하나의 인격으로서 파악한다. 또한 기독교는 인간에게 도덕 너머의 것을 보여준다. 인격적 관계, 그 원천 자체에서 흘러나오는 생명의 흐름, 그리고 참된 자유가 그것이다.

생명의 용솟음

지금까지 인격에 대해 고찰하면서 어떤 결론에 도달하게 되었는가? 생명, 자유, 인격이라는 개념이 독특하고도 긴밀하게 상호 연관되어 있음을 확인하게 되었는가? 이 책의 첫머리에서 내 고향 제네바의 두 축제에 대해 말했다. 나는 지금 이 글을 스위스 축제일인 8월 1일 하루 전날 쓰고 있다. 그날은 스위스 연방을 탄생시킨 베스트팔렌 조약 기념일이다. 그리고 오랜 세월 제네바는 스위스의 여러 주(州)와 동맹이나 군사협정을 거듭하다가 마침내는 스위스에 편입되었다.

8월 1일 저녁에는 제네바의 모든 마을이나 도시에서 종소리가 울려 퍼지고 산과 언덕의 꼭대기, 호수의 기슭에서 봉화가 오른다. 옛날 우리의 자유를 위협하는 외적이 가까이 와서 위험이 임박하면, 이처럼 봉화를 올려서 연방 사람들에게 싸우라고 호소했다. 내 조국은 신체를 갖고 있다. 산이나 골짜기나 도시나 들이 그것이다. 또한 조국은 영혼도 갖고 있다. 국민의 기쁨과 고통, 학자들의 지성, 끊임없는 근면에 대한 지향, 자유에 대한 정열 등이 그것이다.

그러나 내 조국은 그 이상의 것이다. 내 조국은 하나의 인격인 것이다. 베스트팔렌 조약은 '전능한 신의 이름'으로 이루어진 앙가주망이었다. 그것은 확신에 찬 선택이었고, 한 줌의 산악 지대 주민들을 합스부르크 왕가의 오래된 신하라는 비참한 상태에서 참된 인간적 존재로 드높여준 생명의 용솟음이었다. 그 후로도 역사가 흐르면서 이 생명의 용솟음은 여러 번 나타났다. 쓸모없는 전쟁이나 벼락부자 부르주아의 편협한 형식주의 밑에서 질식하고 있던 어두운 시대에도, 생명은 신의 명령을 받아 대담하게 목숨을 내건 사람들의 외침에 응해 새로이 되살아났던 것이다.

개인적 생명도 마찬가지다. 우리의 인격은 자유롭고 책임 있는 선택에 의해 갑자기 확립되는데, 그때 생명은 내면에서 용솟음쳐 나온다. 그런데 이윽고 생명은 스스로 만들어낸 자동 작용 속으로 차츰 잠기게 되고 우리는 그 속에 갇히게 된다. 겉보기 모습이 인격을 덮어버리는 것이다. 그러나 인격은 새로운 앙가주망에 의해서 다시 모습을 나타낸다. 생명은 부동의 상태에 있는 것이 아닌 것이다. 생명은 리듬이고 교류이며 재생의 연속이다. 생명이 유지되는 작용에서도 그 모습을 볼 수 있다. 즉 생명은 언제까지나 불변의 유기체 속에 머물러 있는 것이 아니다. 생명은 세대에서 세대로, 탄생에서 탄생으로 새로이 용솟음친다.

독자는 클로드 베르나르가 생물체에 대해 삶의 현상과 죽음의 현상이라는 '현상의 두 질서'를 구별한 것을 기억할 것이다. 그는 전자가 내면적이고 은밀하게 숨어 있다고 말한다. 삶의 현상은 과학적 관찰로는 파악되지 않는다. 삶의 현상은 단지 특유한 형태로 살고 있는 창조적인 것으로서, 이는 정신적 질서로 파악될 수 있다. 생명은 원인에 의해서가 아니라 목적에 의해 규정되며, 다른 사람, 이웃 사람, 신과의 만남에서 탄생하는데, 여기에는 앙가주망이 반드시 필요하다.

　이에 반해 죽음의 현상은 삶의 눈에 보이는 흔적이라 해도 좋다. 즉 죽음의 현상은 자동 작용이고 그 모든 것은 객관적으로 관찰하고 연구할 수 있다. 생리학이 밝힌 신체적 반사작용, 과학적인 심리학이 밝힌 심리적 결정론이 그것이다. 반사작용이 아무리 발달했다 하더라도 그것은 행동이 아니고 반작용에 지나지 않는다. 반사작용은 생명의 응결이고, 단지 자동 작용 속에만 살아남은, 자유를 빼앗긴 생명이다. 우리는 참으로 행동하고 있는지 아니면 일상적인 습관에 따라 단지 반사적으로 움직이고 있는지 항상 스스로에게 물어야 한다. 과연 우리는 기관차인지 객차인지, 다시 말해 자립적인 힘인지 단지 외부의 힘에 의해 끌려가고 있는 데 지나지 않는지를 스스로에게 물어야 한다. 즉 진짜인지 가짜인지를 물어야 하는 것이다.

　이처럼 참된 자유는 자동 작용에서 해방될 때 생기는데, 자유롭다는 것은 다시 한번 자기 자신이 된다는 것 말고 다른 것이 아니다. 물론 이때 자기 자신이란 생명에 제동을 거는 완강한 반사운동이나 기계장치 같은 생물학적인 것이 아니라 인격으로서의 자기 자신임은 말할 필요도 없다. 자기 자신이 된다는 것은 인생에서 참으로 풍요한 순간이다. 나는 서른다섯 살 때 아내와 오래 대화하던 끝에 갑자기 어릴 적 돌아가신 부모의 죽음에 대한 이야기가 나오자 눈물을 흘리게 된 순간을 잊지 못한다. 나는 내 전신을 뒤흔드는 오열 속에서 내면에 결정적인 변화가 일어난 것을 느꼈다. 나는 내 겉보기 모습에서, 즉 감정을 억압함으로써 무의식중에 생긴 심리적 대상 작용에서 해방된 것이다.

　그 후 진찰실에서 사람들이 나와 같은 순간을 경험하는 것을 얼마나 많이 봐왔던가. 그들은 무거운 옷을 벗어던진 듯했다. 몇 년 동안 그들 자신조차도 알지 못하고 입고 다니던 옷을. 이것이 바로 인간의학이다. 겉보기 모습을 부숴버리고 참된 인간을 재현하는 것이다. 그러나 그것이 부숴버리는 것인 이상, 마치 탄생의 고통과 같은 고통이 따른다. 겉보기 모습은 강력하고 자동 작용은 끊임없이 되풀이되어 더욱 강하게 우리를 지배한다. 우리가 어떤 사람을 코미디언 취급하거나 히스테리 환자로 취급한다면, 그 사람은 틀림없이 상처를 입을 것이다. 부당하게도 우리는 그가 원하기만 했다면 아주 다른 삶이 있었을 것이라고 그가 생각하게 만들었기 때문이다.

심리학적 결정론은 얼마나 무서운 것인가. 그 속에서 의지는 콘크리트를 손톱으로 긁을 때처럼 닳아버린다. '콤플렉스'는 용서를 모른다. 불안이라는 보초가 요새의 성벽을 지키고 있다. 어떤 젊은 아가씨의 예인데, 그녀는 심하게 고통받은 후 성에 관해 거부감을 느끼고 있었다. 그녀는 사랑을 강렬하게 원하면서도 동시에 사랑을 두려워하고 있었다. 그녀는 어떤 모임에 참석해서 어떤 젊은이에게서 참으로 순진하고 호의적인 인사를 받았다. 곧장 그녀의 마음속에서는 경계의 벨소리가 울려 퍼졌다. 그녀는 두렵고 겁이 나서 마침내는 기분이 나빠져 집에 돌아가야만 했다.

이러한 사례는 분석적 정신요법에 속하는 콤플렉스만이 아니라 인간의 습관적인 특징을 규정하는 모든 반사작용에도 해당된다. 인간의 행위는 언제나 부지중에 자동적인 감정의 반응을 통해 나타난다. 예컨대 질투의 힘을 생각해보라. 질투는 의지를 완전히 넘어선, 아니 때로는 의식조차도 초월한 힘인 것이다.

우리 곁을 떠나지 않는 그림자처럼 사랑에는 본능적인 질투가 항상 붙어 다닌다. 남편에게 배신당한 부인의 이야기를 하자면, 그녀는 종교적인 회심을 통해 지금까지 부끄럽다고 생각해온 질투의 장면에서 멋지게 해방되었다. 그런데 남편이 다시 새로운 여자에 몰두하게 되자 그녀는 다시 이전과 같은 반응에 사로잡혔고 이에 실망해서 자신의 신앙까지도 의심하게 되었다.

나는 그녀에게 의사들이 잘 알고 있는 자연적 본능의 힘을 상기시켜야 했다. 그것은 신학자들도 잘 알고 있는 것이다. 성 토마스 아퀴나스는 "은총은 자연을 억압하는 것이 아니다"라고 말했다. 분명히 우리는 은총을 통해 자연에 대한 승리를 획득하고 해방을 주는 생명의 용솟음을 느낄 것이다. 그러나 완전한 자유는 죽음의 저쪽, 부활의 저쪽에서만 볼 수 있을 뿐이다. 그런데도 그녀의 내면에서 어떤 변화가 일어났다. 그녀가 진찰실에 와서 자기의 질투심을 고백하고 신앙의 힘을 통해 새로이 이 질투를 극복하려 한 것이 무엇보다도 그 증거다.

자연적이고 본능적인 반응을 완전하고 영속적으로 없앤다는 것은 은총의 작용이라기보다는 오히려 무의식적인 억압이 작용한 결과라고 생각할 만한 이유가 있다. 나는 영속적이라고 말했는데, 그것은 커다란 정신적 체험을 한 최초의 순간에는 자신의 육체에서도 정신의 작용에서도 완전히 해방되었다고 느껴지기 때문이다. 그렇지만 이런 은총의 상태는 오래가지 않고 다시 자연적인 반사작용이 나타난다. 그렇다고 한다면, 그것은 해방이라기보다는 폐쇄이고 청산이라기보다는 억압이 될 것이다. 의학적인 용어를 사용해 말한다면, 여기에는 병리학적 반응이라는 위선적 해결과 은총이라는 참된 해결을 구분하는 특징적인 진단의 본질적인 징후가 있다고 할 수 있다.

나는 이 장을 쓰려고 며칠 동안 진찰을 중단하고 있다. 어떤 젊은 여성은 내가 이번 주에 치료를 할 수 없다고 하자 강하게 유감을 표시했다. 그러나 곧 그녀는 훌륭한 편지를 보내서 내게 용서를 빌고 자신의 태도로 내 일을 방해하기보다 협력하기를 바란다고 알려왔다. 그녀가 처음 보인 반응은 아주 자연적인 것인 반면, 그녀의 편지는 자연을 넘어선 것이라 할 수 있다. 이 두 가지 반응 사이에서 그녀는 스스로 반성한 것이다.

이처럼 지금 화제로 삼고 있는 자유는 흔히 '생명'의 분출 속에서 갑자기 나타난다. 생명의 이러한 분출을 통해 지금까지 우리를 규정해오던 자연적인 메커니즘에서 완전히 해방될 수 있다. 그렇지만 조촐한 자유로만 만족해야 할 때가 참으로 많다. 즉 자연적인 메커니즘을 언젠가는 극복해야 한다고 스스로 깨닫는 자유만을 누리는 것이다. 마찬가지로 용서라고 하는 것도 반항이라는 최초의 자연적 반응을 처음부터 없애는 것이 아니다. 용서는 우선 반항이 일어나더라도, 후에 이를 청산하는 기적적인 2차적 행위라고 할 수 있다.

프로이트가 말하는 검열 작용은 강력해서 이 은밀한 메커니즘을 자각하는 데 방해가 된다. 그러므로 이 메커니즘을 자각한 것만으로도 이미 상당한 해방을 이룩한 것이다. 그리고 이는 동시에 더 큰 자유를 향해 가는 문을 연다. 이러한 심리적 메커니즘은 의식되지 않는 한 상당히 강력한 것이지만, 의식되면 그 힘은 감소한다. 그리고 이때 신앙과 확신이 승리를 획득하는 것도 가능하다.

그렇더라도 어떠한 콤플렉스도 갖지 않고 살기를 꿈꾸는 것은 전적으로 공상이라 해도 좋다. 우리는 어느 때나 마음속에서 이미 없앴다고 생각하던 낡은 반사작용이 그대로 남아 있는 것을 알게 된다. 은총 속에서 사는 것이 비단에 싸여서 사는 것이 아니라고 하는 것도 바로 이 때문이다. 은총을 받은 일이 있는 사람이 타협이나 도피, 심리적 대상 작용으로 만족할 수 없다는 것은 당연하다. 그는 계속해서 용기를 가지고 성실하게 인생의 여러 가지 문제와 대결해야만 하는 것이다.

이처럼 자기의 가장 인격적인 면이라고 생각하는 것, 즉 자기 인격의 특징을 이루고 있다고 생각하는 것이 사실은 자동적인 것으로서 매우 비인격적인 경우가 흔히 있다. 인간은 아주 단순하게도 습관을 통해 굳어진 심리적 메커니즘에서 생기는 몇 가지 충동의 노예에 지나지 않는다. 어떤 사람은 인색함의 노예이고, 어떤 사람은 사치의 노예다. 양자는 어느 쪽이나 그 점에 어떤 불쾌감을 느낀다. 양자는 어렴풋하게나마 자기가 콤플렉스를 통해 규정되어 있고 자유롭지 않다는 점을 직관한다. 다시 말해 인격적으로 되기는커녕 스스로가 자신의 인격을 배반하고 있다고 느끼는 것이다. 그들은 언제나 자기를 안심시키고 싶다거나 자기를 정당화하고 싶다는 욕구를 품고 있는 것이 그 증거다.

인색한 사람은 낭비하는 사람을 공격함으로써 스스로의 인색함을 정당화하고, 사치하는 사람은 인색한 사람을 비판함으로써 자신의 낭비를 변명한다. 어떤 한 인격이나 인격의 집단을 편협하게 비판하는 것은 질투나 그 밖의 개인적 콤플렉스가 있다는 징후다.

끝이 없는 부부 싸움의 원인도 여기에 있다. 부부는 각기 상대방의 잘못을 고발할 기회를 갖고 있기 때문이다. 낭비를 일삼는 사람은 자기가 자유롭다고 생각한다. 자기는 기분을 낼 줄 알고 인색함의 노예가 아니라고 생각하기 때문이다. 한편 인색한 사람은 나름대로 자기가 자유롭다고 생각한다. 그는 절약한다는 자유를 갖고 낭비하려는 충동의 노예가 아니라고 생각하기 때문이다.

당연한 말이지만 이러한 일은 모든 분야에서 볼 수 있다. 어떤 사람은 틀이 정해진 낙관론의 노예가 되어 있고, 어떤 사람은 융통성이 없는 비관론의 노예가 되어 있다. 세밀한 점까지 조심하는 사람이 있는가 하면, 대범한 사람도 있다. 신중한 사람이 있는가 하면, 저돌적인 사람도 있다. 어떤 사람은 자기 감정대로 행동하는 버릇을 갖고 있다. 그는 자신의 괴로움을 몇 번씩 되풀이해서 사람들에게 말함으로써 자기 감정을 자극하고 더욱 괴로워한다. 반대로 어떤 사람은 자기 감정을 감추는 경향을 갖고 있다. 그는 감정을 숨기고 비밀로 함으로써 자신의 고통을 더욱 크게 만든다. 순응주의자가 있는가 하면, 모험가도 있다. 언제나 시간을 엄수하는 사람이 있는가 하면, 항상 늦게 오는 사람도다. 나는 환자를 기다리고 있다. 그가 늦게 온다. 나는 마음속으로 이 사람은 적어도 시간의 노예만은 되지 않는 자유인이란 말인가 하고 생각한다. 많은 사람이 지나가는 시간에 대한 끊임없는 아쉬움으로 고뇌하지만 그는 그러지 않는 것처럼 생각되기 때문이다. 그러나 그가 언제나 늦는다면, 나는 오히려 그가 자유롭지 못하다고 생각해야 하고, 왜 그렇게 되었는지 그와 함께 살펴보아야만 한다.

항상 늦는다는 것은 단순한 우연만은 아니다. 예컨대 그것이 일종의 사보타주, 인생의 우연성에 대한 항의, 인생의 조건이나 사회를 받아들이는 데 대한 일종의 거부반응일 수도 있다. 이미 명백하게 살펴본 것처럼 얼핏 보기에 인격의 특징인 것처럼 보이는 특수한 성격이나 결점은 사실은 이차적인 성격에 지나지 않는 것이다.

참으로 인격적으로 된다는 것은 스스로의 행동에 대한 자유를 획득하는 것이고, 적어도 어느 범위 안에서는 자동 작용에 의해 규정됨이 없이 자기 자신을 결정할 수 있다는 것이다. 그것은 때에 따라서 자유로운 확신으로 기분을 낼 줄도 알고 아낄 줄도 안다는 것이다. 또한 그것은 현실감각을 잃지 않고 이상주의자가 되는 것이고 이상을 배반하지 않고 현실주의자가 될 수 있는 것이다. 그리고 그것은 깨끗한 것을 좋아하더라도 약간 난잡한 것을 보고 고통을 느끼지 않는 것이다. 19세기에는 모든 일이 의지의 힘에 달려 있었다. 그러나 현대심리학이 밝혀놓은 것은 이러한 의지의 노력에 도움을 청하는 것이 얼마나 비효과적인지, 아니 때로는 얼마나 해로운지 하는 점이다. 의지의 힘에 모든 것을 맡긴다는 것은 최초의 겉보기 위에 또 하나의 겉보기를 씌우는 것에 지나지 않기 때문이다.

또한 의지의 노력과 결단이 본능의 충동이나 강대한 심리적 결정론에 대항할 때 실패는 처음부터 정해져 있고, 끊임없는 긴장을 강요한 나머지 개인의 힘을 증대시키는커녕 오히려 무로 만들어버리기도 한다. 이는 깨끗하지 못하다는 작은 일에 대해서는 유효할지도 모르지만, 이조차도 새로운 속박을 대상으로 하는 것이다. 다시 말해 일단 결정해 버리면 어떠한 유연성도, 어떠한 상상의 즐거움도 인정하지 못하게 된다. 자기가 얽매여 있는 사물의 질서가 어떤 뜻밖의 일로 문란해지면 초조해져서 견디지 못하는 것이다.

그렇다면 의지나 노력은 쓸데없는가? 물론 그렇지 않다. 단지 의지나 노력은 그것이 유효한 경우에만 사용해야 한다. 방금 내 원고를 읽었다고 한 어떤 여성 환자를 만나고 돌아왔다. 그녀는 "한 가지 이야기에 감동했어요. 인생을 사랑하지 않던 한 노처녀의 이야기예요. 저도 마찬가지입니다. 저도 인생을 사랑하지 않아요. 저도 잘 알고 있지만, 잘못은 제 옳지 못한 자세에 있겠지요. 그러나 이를 바로잡고 인생을 사랑하려고 해도 그렇게 되지 않습니다. 그 노처녀처럼 뜻대로 되지 않습니다"라고 말했다. 나는 다음과 같이 대답했다. "댁의 정원에 사과나무 한 그루가 있다고 가정해보죠. 그 나무에 사과가 열리지 않는다고 해서 사과나무 잘못이라고 비난하지는 않으시겠지요. 인생에 대한 사랑은 생명의 자연적인 결실입니다. 부인이 사과를 만들어서 달아주려고 해서는 안 되고 사과가 자연히 열리도록 해야 하지요. 부인은 사과나무를 조심해서 돌보고 땅에 비료를 주고 기생균을 죽이는 데 전력을 기울여야 합니다. 말하자면 사과나무에 적합한 조건을 만들어주는 겁니다. 자연의 수액, 생명의 흐름을 회복해야 하는 것이지요."

이러한 의미에서 참된 해방은 생명이 용솟음쳐 나오는지 그렇지 않은지에 달려 있다. 앞에서 말한 노처녀에게 일어난 일이 바로 이것이다. 생명과의 화해라는 그녀의 체험이 자연스럽게 그녀 내면에서 일어난 것이다. 그러나 이 환자의 경우에는 이를 유발하려고 헛된 노력을 거듭하고 있을 뿐이다. 우리는 신이나 다른 사람과 인격적으로 접촉하는 쪽으로 의지를 돌려야 한다. 이러한 접촉을 통해서만 생명이 용솟음치고 인격이 나타난다. 그때 마음속 깊은 곳의 문제를 깨닫게 되고, '정신'의 입김에 의해 자동 작용의 모든 먼지도 날아가 버릴 것이다. 인격에 달라붙어서 떨어지지 않는 것으로 생각되었지만 사실은 과거의 침전물에 지나지 않은 자동 작용의 먼지가 흩어지는 것이다.

이처럼 자유를 구하는 우리에게는 대립되는 두 길이 제시되어 있다. 하나는 스스로 노력해서 여는 길인데, 이것은 상당히 인위적인 겉보기 모습을 만들어낸다. 이에 반해 다른 하나는 신뢰에 찬 인격적 만남의 길이다. 한편에는 긴장이 있고, 다른 한편에는 안정이 있다. 한편은 의지를 고양하는 것이고, 다른 한편은 의지를 버리는 것이다. 한편을 스토아학파적(금욕주의적) 방법이라고 한다면, 다른 한편은 현대심리학의 방법이라 할 수 있다.

사실 정신요법의 모든 학파에 공통되는 것은 신뢰에 찬 안정을 요구하고 촉진하며 활용한다는 점이리라. 프로이트 학파의 자유로운 관념의 연합이든, 융 학파나 아들러 학파의 대화든, 드 조와르의 각성몽(覺醒夢)의 방법 ― 이 경우 환자는 자신에게 암시된 이미지나 상징에 따라 자연스럽고 자유롭게 꿈을 꾼다 ― 이든, 모든 자기 억제를 포기함으로써 인격을 발견할 수 있다.

또한 이것은 예수 그리스도를 매개로 인간을 신과 화해시키고 신에 대한 충만한 믿음으로 자기를 버리도록 이끄는 기독교 신앙의 길이기도 하다. 기도, 특히 공동으로 하는 기도, 즉 '교회'를 구성하는 신앙의 공감이 때때로 의학적 치료 효과와 아주 비슷한 심리학적 결과를 일으키는 것도 이 때문이다. 나는 그때 내 존재 전체를 새롭게 하는 생명의 용솟음을 느낀다. 내 인격, 그때까지 억제되고 억압되던 내 참된 감정, 반항, 기호, 소망, 틀림없는 신념을 발견하는 것이다.

그로 인해 매우 진지했다고 생각하던 때도 습관적 생활에 얽매여 참된 자기 자신과 얼마나 멀어져 있었는지 깨닫게 된다. 그때도 하나의 역할, 참된 자기 자신과는 완전히 다른 겉보기 역할을 하고 있었을 뿐인 것이다. 이렇게 은폐물이 제거되고 나면 자기 자신을 재발견하는 동시에 있는 그대로의 자기를 분명하게 보이고 싶다는 강렬한 요구를 갖게 된다.

이러한 감동적 체험을 한 여성 환자가 있다. 그녀는 깊은 생각에 잠겨 있었다. 갑자기 그녀는 마음에 떠오른 의문을 말했다. "제 자신이 된다는 것, 있는 그대로의 저를 분명하게 보여준다는 것은《성서》의 "자기를 버리라"[33]는 말씀과는 정반대되는 것이 아닐까요?" 그녀는 내가 대답하는 동안 이미 생각을 진전시키고 있었다. 그녀의 마음속에 어린 시절의 일이 물결처럼 되돌아오고 있었다. 그녀에게는 여동생 하나가 있었다. 자매는 어릴 적에 장난삼아 가끔 격투를 벌였다. 이 게임은 언제나 똑같은 결과로 끝났다. 여동생이 자기보다 힘이 센 것은 아니었지만, 그녀는 땅바닥에 쓰러지고 여동생의 승리로 끝났던 것이다.

이처럼 어린아이들은 어떤 의식(儀式)처럼 정해진 줄거리에 따라 같은 놀이를 되풀이한다. 그 놀이는 마치 암묵적 계약에 의해 결과가 엄밀하게 정해져 있는 것과도 같아서 각기 자신에게 할당된 역할을 수행하도록 한다. 그런데 어느 날, 왜인지는 분명하지 않았지만 그녀가 계약을 위반했다. 있는 힘을 다해서 여동생을 쓰러뜨린 것이다. 여동생은 큰 소리로 울기 시작했다. 부모가 달려와서 동생에게 심한 짓을 했다고 그녀를 혹독하게 나무랐다.

이제 그녀는 그 사건 이후로 동생의 마음에 상처를 입히지 않도록 어떤 면에서 자기 생활을 제한해왔음을 깨닫게 되었다. 마치 한쪽의 개화와 성장이 다른 쪽의 양보를 조건으로 하고 있는 것처럼 생활한 것이다. 이러한 일은 우리가 생각하는 것보다 자주 일어난다. 특히 사랑하는 상대의 자기주장을 받아들이기 위해서 어느 한편이 숨죽이고 있어야 하는 부부 사이에서 흔히 볼 수 있다. 그 결과는 참담하다. 그것은 이미 결혼이라고 할 수 없는 것이다. 결혼이란 참된 상부상조에 의해 부부가 함께 완전하게 성장해야 하는 것이기 때문이다.

그러므로 한쪽이 자기를 죽이고 있는 경우는 모든 것이 잘못되어 있는 것이다. 한쪽은 자신의 신중한 태도를 기독교적 자기 포기나 희생으로 생각하고 있고, 다른 한쪽은 압제적으로 되고 자신의 독단을 자기 확인으로 착각하고 있다. 사실 이 문제에는 더욱 미묘한 점이 있다. 부부가 모두 상대방의 마음에 상처를 입히지 않기 위해 자기주장을 삼가는 경우가 많은데, 이는 두 사람 모두의 인생을 어중간하게 만들어서 빈약한 부부를 만들고 만다.

내가 이 환자의 여동생을 진찰했다면, 동생도 언니를 생각해서 자기주장을 자주 억제했음을 알아냈을지도 모른다. 이처럼 여러 가정과 단체에서 한 사람 한 사람이 다른 사람에 의해 억압받고 있는 것 같지만, 사실은 각자가 스스로 자기 자신을 억제하고 있는 것이고, 그렇게 함으로써 다른 사람의 성장을 촉진하고 있는 것처럼 생각하고 있는 것이다.

여기서 중대하면서도 흔히 생기는 혼동을 볼 수 있다. 자기 자신을 확인하는 것, 자신의 확신을 말하고 이에 따라 행동하는 것은, 그것이 선의에 바탕을 둔 것인 한, 다른 사람을 불안하게 만드는 것은 아니다. 오히려 그것은 다른 사람에게 자기와 똑같은 일을 하도록 영향을 미치는 것이고, 이미 말한 것처럼 그 사람과 참된 대화를 나누는 것이다. 자기를 부정하는 것은 소극적으로 겉보기 역할을 수행하면서 자신의 신넘은 감춘 채로 자기의 것이 아닌 생각을 자기 생각인 것처럼 보이는 것이 결코 아니다. 자기를 부정하는 것은 기존의 겉보기 역할을 거부하고, 자기의 인생 방향을 신에게 맡겨 신과 대화를 나눔으로써 신의 계획에 따라 자신의 인격을 스스로 깨닫는 것이다. 이것은 신이 바라는 것을 구하고 더 나아가서 이를 주장하는 것이다.

기독교가 언제나 자기 자신을 포기하라고 요구하는 것처럼, 또는 신이 인간의 성장보다는 억압을 바라는 것처럼 생각해 기독교를 부정적으로 바라보는 사람들이 많다. 정말 신이 그러하다면, 그리스도가 부른 '아버지'답다고 할 수 없을 것이다. 어떤 억압된 사람의 인생을 해방시키려고 노력할 때, 나는 신에 대항해서 싸운다기보다는 신과 함께 싸운다. 나무가 잘 자라도록 정원사가 나무 둘레에 있는 잡초를 모두 뽑아버리는 것처럼, 나는 신의 피조물에게 필요한 온갖 배려를 바탕으로 그의 인생 계획을 회복하기 위해 진력하는 것이다.

인간에게 생명을 준 것은 신이다. 그리고 분명히 신은 생명이 꽃피고 열매 맺기를 바란다. 열매 맺는 일에 대해 그리스도가 얼마나 많은 것을 말했는가. 열매를 맺는다는 것은 곧 자기 자신이 되는 것, 자기를 확인하는 것, 신의 계획에 따라 스스로 꽃을 피우는 것이다.

따라서 기독교적 생활에는 적극적이고 긍정적이며 창조적인 일면이 있는데, 많은 기독교도가 이 점을 잘 이해하지 못한다. 나는 기독교적 생활이 어떤 구체적인 체념을 강요한다는 점을 인정한다. 예수는 더 많은 포도가 열리도록 일하는 농부를 예로 들었다. 이 경우 당연한 말이지만, 생명을 죽이는 것이 문제가 아니라 거꾸로 더욱 풍요하고 열렬한 생명의 용솟음을 추구하는 것이 중요하다.

여기에는 자유가 있다. 즉 외부의 영향으로 축적된 장애를 극복하고 인격이 해방된다. 그것은 내부에서 솟아나오는 수액 같은 것이고 신에 의해 인도되는 생명인 것이다. 그것은 기도와 행동의 균형이다. 기도란 신과 대화를 나누며 창조적 영감을 구하는 것이고, 행동이란 용감하게 확신을 갖고 자기를 확인하고 신에게서 받은 영감을 현실화하는 것이다. 겉보기 인간은 자동 현상으로 살아가는 것에 지나지 않고, 스스로의 생활을 압살한 사람이 거짓으로 보이는 체념이지만, 참된 인간은 자유로운 앙가주망이고, 신의 질서의 부흥이라고 할 수도 있다.

이러한 일이 쉽다고 말하는 것은 아니다. 이 책에서 줄곧 말해온 것은 우리가 결코 참된 인간에 도달할 수 없고 겉보기에서 완전히 해방할 수는 없다는 것, 그리고 신과 우리의 대화는 언제나 간헐적이고 게다가 은폐되어 있다는 것이었다. 그러나 신의 지시를 구하는 것이 아무리 어렵고 불충분하더라도, 생명의 원천인 인격을 창조하고 생명과 자유의 새로운 용솟음을 촉구하는 것은 이러한 탐구심밖에 없다.

이러한 태도, 즉 신과 순수하게 대면하는 태도가 있을 때만 인색한 사람도 자기가 인색하다는 것을 순순히 자인하고 이를 정당화하지 않은 채 자기를 구출해낼 수 있다. 그때 그는 기분파도 될 수 있을 것이다. 또한 이 같은 태도로 낭비자도 콤플렉스에서 해방되고 더 현명하게 자기 재산을 관리할 수 있을 것이다. 이러한 태도를 가질 때 생명은 유연성을 회복하고 자동 작용이나 원리에 얽매이지 않을 것이다. 신의 계획을 구한다고 하는 것은 어떤 환경에도 충심으로 적응하고 거기서 생기는 모든 문제와 떳떳하게 대결하는 것이며, 이를 통해서 신이 내게 하려는 말에만 귀 기울이는 것이다.

신에 따라 사는 것은 인간이나 사물이나 자기 자신 모두에게서 자유로워지는 것이다. 어떤 것의 노예가 됨이 없이 신이 주는 모든 것을 누리는 것이다. 때로는 절약을 하는가 하면 때로는 소비를 하고, 말이 많은가 하면 침묵하기도 하고, 행동을 하다가 휴식하기도 하고, 진지해지는가 하면 농담도 하고, 저항하는가 하면 양보도 하는, 온갖 일을 자유롭게 할 수 있는 것을 말하는 것이다.

　어느 날 영광의 절정에 있는 한 예술가가 찾아왔다. 그는 젊은 시절부터 온 정력을 기울여 목적을 향해 정진했고 이제 세계적인 명성을 얻게 되었다. "직업적인 면에서 말한다면 전 이미 더 바랄 게 없습니다. 제 꿈을 실현했으니까요. 그런데 지금 선생님을 만나러 온 것은 제게 뭔가 결여된 것이 있는 듯해서입니다. 이 점이 자꾸 마음에 걸립니다"라고 그는 말했다. 그리고 그가 한 이야기에 따르면, 그의 아버지는 자기 인생을 지킬 수 없을 정도로 약한 사람이었다. 경쟁에 짓눌려버린 사람이었다. 어릴 때 그는 가족 전체를 비참하게 만든 이 시련을 견뎌냈다. 그때 그는 성공할 때까지 불굴의 의지로 싸우리라고 마음속으로 맹세했다.

　그리고 지금 그는 그 목적을 달성했다. 그런데 이번에는 지금까지 취해온 태도의 포로가 되어서 자기의 성공을 도저히 즐길 수 없게 되었다. 일을 쉴 수 없게 된 것이다. 그는 결혼 생활에서도 행복하지 못하다. 그리고 자기에게나 아내에게나 너무나 많은 것을 요구한다는 사실을 잘 알고 있다. "말하자면 당신은 빈둥빈둥 지낼 수가 없단 말이군요"라고 나는 말했다. "그렇습니다. 전 빈둥빈둥 지낼 수가 없어요. 언제나 긴장하고 있습니다." 그러나 게으름과 유효한 휴식의 경계는 어디에 있을까? 지금 소비되고 있는 시간이 안식, 즉 신이 바라고 있는 정당한 휴식인지, 아니면 반대로 신에 대한 불복종인지는 오직 기도를 통해서 알 수 있다.

　신의 뜻에 따라서 사는 것은 우리의 시간을 어떻게 사용하면 신의 뜻을 실현할 수 있는지를 생각하며 사는 것이다. 테오도르 보베 박사는 이 문제에 관해 훌륭한 책을 썼다.[34] 한층 인간적인 의학에 필요한 조용함을 발견하기 위해, 사색과 가정생활에 꼭 필요한 시간을 남기기 위해, 나는 여러 환자의 진찰을 연기하고 글이나 강연을 의뢰하러 오는 사람들을 실망시켜야 했다. 그 때문에 마음이 몹시 아팠다. 아무도 실망시키고 싶지 않았기 때문이다. 그러나 이러한 마음을 알아주기를 바라는 것도 결국은 자기애가 아닐 것인가. 모든 사람의 희망에 따랐다 하더라도, 나는 자유롭고 개인적인 인간이 되는 것이 아니라 '시간과 벌이는 경쟁'의 포로가 될 것이다. 그리고 이것이야말로 현대사회가 고뇌하고 있는 문제다.

　마흔 살 정도 되는 남자와 이야기를 나눈 적이 있는데, 그는 성실하게 자기 인생을 총결산하고자 애쓰고 있었다. 그는 온갖 일을 하고 직업을 차례로 바꾸었지만 만족할 수 없었다. 몇몇 여자와 알고 지냈지만 결합하는 데까지는 이르지 못했다. 그는 모든 사람에게서 남의 일을 생각하지 않는, 협조심이 모자라는 사람이라는 말을 들었다. 그것은 분명 사실이었지만 그것만으로 그치는 문제는 아니었다. 그의 설명에 따르면 그는 언제나 '절대'라는 관념에 사로잡혀 있어서 어느 곳에서나 절대를 추구했다는 것이다. 그는 잘못을 인정할 수가 없었다. 고용주나 감독에게 부당한 취급을 받으면 억울하다고 생각하고 기운을 잃었다. 그러고는 다른 곳에서 자신을 추구하기 위해 조용히 그곳을 떠났다.

나는 이 사람에게 공감한다. 나와 비슷하다는 생각이 들었다. 나도 정열적으로 절대를 추구하고 있기 때문이다. 그러나 그가 추구하고 있는 절대는 옛날이야기에 나오는 절대이고 아무런 상처도 받지 않은 절대다. 그는 거기에 도달하기만 하면 어떠한 환멸도 겪지 않고 아무런 제한도 없이 안주할 수 있으리라고 생각했다. 그런데 지금 그는 자기 인생이 얼마나 빈약한지 깨닫기 시작했다. 그는 곤란과 대결하는 대신에 피해왔다. 그는 인격을 단련할 수 있는 대화를 항상 중단해버렸다. 그러므로 그의 인격은 꽃피기는커녕 시들어가기만 했다. 이제 그는 자기가 원하는 것이 무엇인지조차 모르고, 선택을 하거나 책임을 지는 것도 불가능하다. 그의 인생은 그에게서 떠나가 버린 것이다.

절대 따위는 존재하지 않으니 적어도 무엇인가를 이루기 위해서는 부분적이고 일시적인 즐거움으로 만족해야 한다고 그에게 말하는 사람은 많다. 그러나 그는 이러한 임기응변의 철학으로는 만족할 수가 없다. 나는 절대가 존재하며 이를 느끼고 만질 수 있다는 것을 알고 있다. 가령 이를 소유하지 못하고 그 안에 안주하지는 못하더라도, 생명, 즉 절대적인 생명이 용솟음치는 짧은 동안만이라도 이를 체험하고 그 계시를 받을 수 있다는 것을 알고 있다. 절대는 하나의 상태가 아니다. 그것은 움직임이고 떨림이고 약동이며 안팎의 곤란—우리가 대결해야 할 세계와 우리 자신의 내면의 세계—이 함께 우리에게 강요하는 전투의 정점에서 발견할 수 있는 것이다.

클로드 베르나르는 생명이란 유기체와 외적 환경의 투쟁이라고 정의했다. 새로운 생명은 언제나 투쟁에서 생긴다. 이는 세계가 우리와 마찬가지로 상대적이고 불완전하며 미완성임을 보여주는 것이다. 만족한 인간이란 굳어버린 인간이리라. 인생을 항상 움직이는 것으로, 언제나 충족되지 않는 탐구의 무대로 만드는 것은 만족하지 못하는 마음인 것이다. "우리는 결코 사물을 탐구하고 있는 것이 아니다. 사물에 대해서 탐구하려 하는 것이다"라고 파스칼은 말했다. 바로 이러한 탐구 자체가 절대다. 탐구는 사물의 질서에 속하는 것도 아니며 절대적이고 완성된 사물 속에 있는 것도 아니다. 탐구는 인격의 질서에 속하는 것으로서 사물의 불완전성에 반항하는 것이다.

생명은 상태가 아니라 운동이다. 자연 어느 곳에서나 생명은 부동의 극한이라는 성격이 아니라 하나의 파동, 꿈틀거리는 생명의 물결이라는 성격을 보여준다. 이미 말한 것처럼 진지함도 완성된 상태가 아니라 우리가 성실성을 지니지 못했다고 깨닫는 순간에 체험하는 하나의 운동이다. 사랑도 상태가 아니라 운동이다. 인격적 접촉도 상태가 아니라 일시적 감격이고, 끊임없이 되풀이해서 발견해야 하는 것이다. 결혼도 마찬가지로 끊임없는 모험이다.

정신적 생활 역시 상태가 아니다. 신앙은 신을 향한 운동이며 우리가 이를 갖지 못하고 있다고 스스로 인정할 때 틀림없이 느끼게 되는 신을 향한 귀환 운동이다. 예수 그리스도가 생명을 바람으로 비유한 것도 이 때문이리라. 생명은 어디서 와서 어디로 가는지 모르는, 통과하는 힘이다. 그로 인해 생명은 붙잡아둘 수 없는 것이지만, 그렇더라도 절대를 향한 갈망을 언젠가는 풀어준다.

인격도 파악할 수 없는 미완의 것으로서, 우리의 존재와 신체와 영혼을 움직이고 끊임없이 새롭게 한다. 인격의 개화는 하나의 상태나 도달점이 아니라 영원한 미완성에서 생기는 운동 자체다. 개화는 발전의 최종 단계이면서 동시에 생명의 정지를 뜻한다. 활짝 핀 장미는 바로 시들기 시작한 장미인 것이다. 인격의 개화나 완성은, 많은 사람이 생각하는 것처럼 지식이나 경험의 축적이 아니다. 지식이나 경험을 쌓는 것은 기념비를 만들기 위해 돌을 하나하나 쌓아올리는 것과 같아서, 분명히 웅대한 겉보기를 만들기는 하겠지만 참된 인격을 만들지는 못한다.

인격은 양의 세계가 아니라 질의 세계다. 인격은 강력한 정신 운동 속에서 갑자기 모습을 나타내는데, 이 운동 자체가 절대를 지향한다. 인간이 아무리 사물을 축적하더라도 이 운동을 자기 것으로 만들지는 못할 것이다. 인격은 존재 속에 있는 것이지 소유 속에 있는 것이 아니다. 인격은 어떤 방법을 통해서도 측정되지 않고 검사되지 않으며 정의되지 않는다. 자기를 잘 알고 있다고 주장하는 것은 자기를 잘못 보는 가장 확실한 길이다.

그러므로 병약자, 신경증 환자, 노인들의 경우 그들의 존재를 방해하고 제한하는 것이 많이 있지만, 그들도 인간적 개화를 충분히 경험할 수 있다. 아니, 어쩌면 인생에 싫증을 내고 있는 사람들과 비교하면 경험할 기회가 더 많을 것이다. 리용의 브뤼나 박사는 언젠가 인간의학에 대해 사람들이 너무나 공상적인 이미지를 갖고 있는 것이 아닐까 하는 염려를 비췄다. 즉 인간의 고양과 양적 개화처럼 제한도 고뇌도 없는 인생을 꿈꿀 위험은 없을지 하는 염려였다. 심리학자들이 쓴 많은 책이 이러한 혼란에 부채질을 하고 있다. 마치 모든 문제가 해결되고 모든 장애에서 해방되어야 인간적으로 충실해질 수 있는 것처럼 생각하게 만드는 것이다.

인격이란 최대한으로 부풀어 오른 둥그런 기구가 결코 아니다. 오히려 인격이란 무게도 잴 수 없는 것, 건강할 때나 병을 앓을 때도 경험할 수 있는 내적 체험인 것이다. 인격은 자라나는 싹이다. 한 알의 밀이란 무엇을 의미하는가? 무게를 재고 크기를 재고 화학적 분석이나 현미경 검사를 하더라도 정의를 내릴 수 없는 것이다. 한 알의 밀에는 아직 보지 못한 하나의 식물 전체가 포함되어 있다. 누에고치란 무엇인가? 그 변용을 미리 알고 있지 않는 한, 이를 정의할 수는 없다. 어린아이란 무엇인가? 그가 지금 준비를 하며 대비하고 있는 싱싱한 인간으로서의 전 생애를 생각하지 않는다면, 어떤 것이라고 말할 수 없다.

이미 명백해진 것처럼, 인격에 대해 닫힌 개념이 아니라 열린 개념에 도달했다. 이는 베르그송이 영혼을 닫힌 것과 열린 것으로 구분한 것과 같다.[35] 닫힌 영혼이란 죽은 영혼을 말한다. 이는 앞에서 예로 든 환자가 꿈꾸던 옛날이야기 속의 완전한 절대가 살아 있는 절대가 아니라 죽은 절대였던 것과 다름없다. 이 책 첫머리에 제기한 '나란 누구인가?'라는 질문에 학자나 예언자로서 대답하는 것을 단념해야 한다. 완전하고 정확한 인격의 목록을 작성하는 것을 단념해야 한다. 인격에는 언제나 신비로움이 남아 있다. 인격이 생겼다고 하는 것 자체가 신비인 것이다. 우리는 생명의 용솟음이 인격을 내일 어떻게 바꾸어놓을지 짐작조차 하지 못한다.

인격은 잠재적인 것이다. 인격은 끊임없이 용솟음쳐 나오는 생명의 흐름이고, 생명이 새로이 나타날 때마다 새로운 모습을 보여준다. 신이나 다른 사람과 참된 대화를 나누는 창조적인 순간에 나는 이중의 확신을 갖는다. 즉 '나를 발견했다'는 확신과 '나는 변했다'고 하는 확신을 동시에 갖는 것이다. 나는 내가 생각하던 것과는 완전히 다른 나를 발견하게 된다. 그 순간 이후로 나는 지금까지의 나와는 다르게 된다. 또한 나는 내가 이전과 동일한 인격이라는 확신도 동시에 갖게 된다. 새로이 솟아나오는 생명도 역시 동일한 생명이고, 이 동일한 생명과 인격은 어제의 인격 속에도 틀림없이 포함되어 있었음을 느끼는 것이다. 어제의 존재 속에서는 오늘 내가 발견한 것을 상상하게 하는 것조차 하나 없었음에도.

가장 강렬하게 인격적 생명이나 자기 자신을 발견했다는 인상을 받는 것은 내게서 나온 힘이 아니라 신에게서 받은 힘에 의해 자기 자신을 넘어섰다고 느끼는 순간이다. 그때 우리의 모든 생활은 이러한 사실로 인해 크게 동요할 것이다. 그렇지만 바로 이 순간에 생명의 용솟음을 통해서 참된 인격이 탄생한다. 이것이 바로 철학자 샤르르 스크레턴(스위스의 철학자(1815~1855): 형이상학적 사변을 배척하고 도덕적 책임과 양심을 종교철학의 출발점으로 삼음)이 매우 감동적으로 말하고 있는 것이다. 그는 청년 시절, 몬토르 교회의 테라스 위에서 레이만 호의 아름다운 경치를 보다가 문득 신의 사랑이 위대함을 깨달았다. 그것은 신과 진정 인격적으로 접촉한 순간, 신과 대화하는 한순간으로서, 그 속에는 그가 사색한 자유의 철학의 전부, 그의 전 생애의 일이 모두 포함되어 있었다.

그러나 이는 한 사상가에게만 예외적으로 속한 특권이 아니다. 그것은 인격이 발전하는 정상적 과정이다. 이 과정은 지속적으로가 아니라 간헐적으로 일어난다. 이 과정은 만들어낼 수 있는 것이 아니다. 단지 거기로 통하는 길과 풍토를 준비할 수 있을 뿐이다. 이학적(理學的) 요법에서도 생명을 만들어내는 것이 아니라 단지 적합한 조건을 준비한다. 이와 마찬가지로 인격의 발전도 스스로 이루어지는 것이다.

의사는 이학적·심리학적 기술 모두를 사용해서 환자를 도와줄 수 있다. 그러나 근본적인 도움, 즉 인격과 만나고 인격을 각성하기를 촉구하고 그 개화를 돕는 것은 신에게 기댈 수밖에 없다. 신앙이란 우리가 해결할 수 없는 일을 신이 개입해 해결해주기를 기다리는 것에 지나지 않는다.

어떤 환자와 함께 나는 몇 주일 동안, 아니 어쩌면 몇 개월 동안 깊은 어둠 속에서 노력을 거듭했다. 그러다 갑자기 한줄기 광명이 — 우리에게서 나온 것은 아니지만 — 인생을 비추어주었다. 이는 환자의 신체나 정신 작용에 주의하고 있는 동안 우리 사이에 생긴 인격적 접촉 때문에 또 하나의 대화가 어둠 속에서 진행되고 있었음을 보여준다. 살아 있는 신이 인격적 접촉을 시작해 지도적인 힘에 눈뜨게 함으로써 그 힘이 갑자기 자유롭고 책임 있는 앙가주망 속에 표현되고 거기에 운명을 걸게 된 것이다.

이제 지금까지 말해온 것의 이미지를 다시 발견하고 이를 완전한 것으로 만들 수 있다. 즉 인생은 신이 작곡한 악보라고 할 수 있다. 그리고 인격은 신체와 정신이라는 오케스트라를 지휘하고 성공적으로 연주하도록 하는 지휘자라고 할 수 있을 것이다. 연주하는 동안 작곡가는 옆에서 지휘자를 격려한다. 지휘자의 귓가에 속삭이며 자신의 의도를 이해시켜서 현실화되도록 돕는 것이다.

따라서 인격은 운명과 합치한다. 인격은 인생의 전환점을 맞이할 때마다, 가령 그 전환점이 격렬한 것이든 온건한 것이든 간에, 조금씩 나타난다. 그러나 마지막까지 완전하게 나타나지는 않는다. 인격은 끝까지 눈에 보이지 않고, 우리는 신체나 정신 작용의 표현 속에서 겨우 그 반영을 볼 수 있을 뿐이다. 인격을 상세히 분석하고 파악하려는 노력은 모두 헛된 것이다. 너무 학식이 많으면 인격을 잘못 볼 위험조차 있다.

인격은 이상한 힘으로 신 또는 다른 사람과 결합되어 있는 신비한 정신적 현실이다. 이러한 결합을 생명의 흐름이 새로이 용솟음쳐 오르는 특권적인 순간에 느낄 수 있다. 이 새로운 생명이야말로 겉보기 존재의 억압을 돌파하고 인간의 자유를 표현하며 사랑을 창조한다.

참고 문헌

1. 가면의 인간

1   장 로스탕, 《생명과 그 문제들》.

2   페르디난트 곤세트, 《결정론과 자유의지》 참조.

3   트로폰테느, 〈죽음, 사랑의 시련, 자유의 조건〉, 《죽음》.

4   가브리엘 마르셀, 〈사르트르에 있어서 실존과 인간적 자유〉, 《현대인의 위대한 호소》 참조.

5   마크, 《과학적 의료와 인격의 존중》.

6   《스위스 의학공보》.

7   장 폴 사르트르, 《실존주의란 무엇인가》.

8   〈로마서〉 7장 19절.

9   알퐁소 메다, 《영혼의 치료를 위하여》.

10 조르주 귀스도르프, 《자아의 발견》 참조.

11 칼 구스타프 융, 《영혼을 찾는 인간》.

12 바뤼크, 《실험정신의학》.

13 보두앙, 《우리의 내적인 힘》.

14 융, 앞의 책.

2. 생명

1 귀스도르프,《자아의 발견》.

2 미셸 몽테뉴,《수상록》.

3 알베르 티보데,《문학 감상록》에서 재인용.

4 헨리 프레데릭 아미엘,《일기》.

5 아미엘, 앞의 책.

6 아미엘, 같은 책.

7 클라우델,《프레데릭 루페벨에의 선언》.

8 페젤,《17세기 문학에서의 종교적 동향》에서 재인용.

9 아미엘, 앞의 책.

10 아미엘, 같은 책.

11 프리드리히 니체,《즐거운 학문》.

12 귀스도르프, 앞의 책.

13 슈리 라마크리슈나,《인도의 현실적 사명》.

14 귀스도르프,《언어》참조.

15 레이아,《옛날이야기의 상징주의》.

16 〈창세기〉 3장 7절.

17 〈창세기〉 3장 21절.

18 〈골로새서〉 3장 9~10절.

19 〈에베소서〉 14장 17절.

20 〈로마서〉 12장 8절.

21 앙드레 사라동,《의사의 인격》.

22 《모드 잡보(雜報)》에서 재인용.

23 〈고린도전서〉 13장 12절.

24 앙리 푸앵카레,《과학과 가설》.

25 샤를-유제니 기이,《물리화학적 진화》참조.

26 창크,《창조적 의식》.

27 지베크, 《생명·병·죄·죽음》.

28 바이제커, 《일반의학의 개념》.

29 로스탕, 《생명과 그 문제들》.

30 프리델, 《생물학과 그리스도교 신앙》.

31 로스탕, 앞의 책.

32 기이, 앞의 책.

33 르콩트 뒤 누이, 《인간과 그 운명》.

34 뒤 누이, 《정신의 미래》.

35 뒤 누이, 《시간과 생명》.

36 로스탕, 앞의 책.

37 베르나르, 《생물과 식물에 있어서의 공통 현상》, 창크 박사의 인용에 따름.

38 창크, 앞의 책.

39 베르나르, 《빨간 수첩》.

40 모리스 베르네, 《생명의 문제》.

41 페리에르, 《정신의 진화》.

42 베르나르.

43 뒤 누이, 《시간과 생명》.

44 베르네, 앞의 책.

45 드 루즈몽, 《신체의 생활과 정신의 생활》.

46 창크, 앞의 책.

47 드 루즈몽, 앞의 책.

48 드 루즈몽, 같은 책.

49 베르네, 《유기적 감수성》.

50 베르네, 《생명의 문제》.

51 창크, 앞의 책.

52 창크, 앞의 책.

53 폴 코사, 《반사작용으로부터 심리적인 것으로》.

54 베르나르, 앞의 책.

55 창크, 앞의 책.

56 귀스도르프,《자아의 발견》.

57 앙리 베르그송,《창조적 진화》.

58 귀스도르프, 앞의 책.

59 루비에트, 퐁소아,《생물학적 기본적 힘으로서의 정신》참조.

60 〈창세기〉 1장 27절.

61 〈창세기〉 2장 7절.

62 〈사도행전〉 17장 24절.

63 〈사도행전〉 17장 27~28절.

64 게오르기,《정신물리학적 상관관계》.

65 만케,《경계 없는 의학》.

66 르네 루리슈,《병이란 무엇인가》.

67 휴프슈만,《정신과 결핵병》.

68 이고르 카루조,《정신분석과 실존의 종합》.

69 폴 투르니에,《정신요법과 영혼의 치료의 경계》.

70 메다,《정신요법 실시자로서의 의사의 인격》.

71 메다,《영혼의 치료를 위하여》.

72 스토커,〈인격의 감정적 구조 또는 그 단계〉.

73 미차리,〈과학적 세계 정위에 있어서의 새로운 결과〉.

74 메다,《정신요법에 있어서의 감정적 접촉의 역할》참조.

75 오디에,《정신생활의 의식적 무의식적인 두 원천》.

76 〈누가복음〉 15장 31절.

77 베르네,《유기적 감수성》.

78 〈마태복음〉 4장 17절.

79 〈마태복음〉 5장 48절.

80 〈마태복음〉 7장 16절.

81 〈갈라디아서〉 5장 22~23절.

82 〈요한복음〉 11장 25절.

3. 참된 인간

1 에드먼드 고스,《아버지와 아들》; 장 피아제,《유아에 있어서의 세계 표상》의 인용에 따름.

2 메다,《정신요법 실시자로서의 의사의 인격》.

3 오레리,《개성·자기·개인》.

4 메다,《정신요법에서의 감정적 접촉의 역할》에서 재인용.

5 사르트르,《존재와 무》.

6 귀스도르프,《언어》참조.

7 토렌츠,《의학의 발전과 인간의학의 과제》참조.

8 치린다네스,〈그리스적 문화, 기독교적 신앙과 인간의 인격〉참조.

9 메다,《정신요법 실시자로서의 의사의 인격》.

10 뒤부아,《정신병과 그 정신요법》.

11 〈마태복음〉19장 6절.

12 〈창세기〉2장 24절.

13 드 루즈몽,《신체의 생활과 정신의 생활》.

14 로맹,《선의의 사람들》, 6장〈겸허한 사람〉.

15 포렐,《공포와 공포 정치》.

16 P. W. E,〈건강과 치료를 위해서〉.

17 듀카티옹,〈죄 많은 사람의 위대성〉,《인간과 죄》.

18 샤러,〈의사의 한계와 폴 투르니에 박사〉.

19 듀리앙,《참회》.

20 스토커,《신경증에 있어서의 정신적 요법》.

21 뒤부아,《정신병과 그 정신요법》.

22 〈마태복음〉22장 37~40절.

23 스토커,〈인격의 감정적 구조 또는 그 단계〉.

24 메다,《영혼의 치료를 향하여》.

25 빈트셰들러,《인간의학의 신학적 기초》.

26 〈창세기〉1장 27절.

27 메다, 앞의 책.

28 모리악,《일기》.

29 〈마태복음〉10장 30절.

30 〈이사야〉45장 4절.

31 돈바이스 베르거,《인간의 옹호》.

32 사르트르,《실존주의란 무엇인가》.

33 자크 엘륄,〈우리들의 책임에 대한 성서적 근거〉.

34 〈창세기〉3장 9절.

35 〈창세기〉4장 9절.

36 〈요한복음〉21장 16절.

37 〈요한복음〉19장 5절.

38 앙리 옥센바인,〈건강의 문제와 인간에 대한 성서적 시각〉,《건강과 정신생활》.

39 바뢱,《실험정신의학》.

40 〈마태복음〉3장 2절.

41 〈아모스서〉7장 14~15절.

42 오레리, 앞의 책.

43 〈사도행전〉9장.

44 〈고린도후서〉12장 9절.

45 〈사도행전〉16장 9절.

4. 앙가주망

1 로랑,《신의 존재 체험》.

2 《모드 잡보》,〈무자격 의사〉.

3 베르당,〈진단으로부터 수술까지〉.

4 도레,〈강의를 시작하면서〉.

5 마크,〈강의를 시작하면서〉.

6　노이바우어,《인격에의 길》.

7　오디에, 〈그리스도에 있어서의 두 본성〉.

8　폴 프라트너,《인간의학》.

9　네돈셀,《의식의 상호성》.

10　아르망 방상,《인간 만들기》.

11　메다,《정신요법의 실시자로서의 의사의 인격》을 특히 참조하기 바란다.

12　라몽 레이 아르디트,《인간의학의 종교적 의미》.

13　〈마가복음〉 10장 31절.

14　〈누가복음〉 18장 17절 ; 〈마태복음〉 18장 3절.

15　〈창세기〉 2장 24절.

16　아란디,《사랑》.

17　《로마 교황의 활동》.

18　에마뉘엘 무니에, 〈의학은 제4세력인가〉.

19　레몽 트로트,《신경외과의 인간의 인격》.

20　오타, 〈그리스도에 있어서의 두 가지 본성〉.

21　베르당, 〈진단에서 수술까지〉.

22　〈마가복음〉 8장 53절.

23　쇠렌 키르케고르,《이것이냐, 저것이냐》.

24　폴 프라트너,《인간의학》.

25　〈요한복음〉 3장 5절.

26　〈에베소서〉 4장 24절.

27　〈신명기〉 30장 19절.

28　〈누가복음〉 16장 13절.

29　〈열왕기상〉 18장 21절.

30　〈요한계시록〉 3장 15절.

31　레몽 아르디트,《인간의학의 종교적 의미》.

32　로버트 문, 〈원자력 시대의 안전〉.

33　〈마가복음〉 8장 34절.

34 테오도르 보베,《시간과 자유》.

35 베르그송,《도덕과 종교의 두 원천》.

옮긴이의 말

이 책은 폴 투르니에(Paul Tournier)의《Le Personnage et la Personne》를 완전히 옮긴 것이다.

지은이인 폴 투르니에는 1898년 스위스의 제네바에서 태어나서 정신치료의로서 임상을 계속하는 한편, 정신과 육체를 하나로 파악하는 인간의학을 제창해 현대의학의 방향에 커다란 영향을 미쳤다. 그는 이 책을 비롯해《강자와 약자》,《반항이냐 복종이냐》,《인생의 사계절》,《결혼의 장애》,《삶의 모험》,《인간이란 무엇인가》등 20여 권에 달하는 책을 썼다. 그의 책은 거의 모두가 10여 개 언어로 번역되어 몇백만 명에 달하는 독자가 접했다.

그의 여러 저서 중에서 단연 주저로 꼽히는 것은《인간의 가면과 진실》이다. 그의 말에 따르면 "20여 년 동안 열중해온 인간이라는 문제"를 해명하려는 것이 바로 이 책이다.

그는 인간에게는 두 면, 즉 외면에 나타난 모습으로서 겉보기 인간(가면의 인간)과 인간의 내면을 지탱하고 신과 접촉하게 하는 참된 인간(인격)이 있다고 강조하며, 이 대립을 참으로 집요하게 고찰하고 있다.

인간의 가면과 진실을 파헤치기 위해 온갖 지식과 정보를 동원해 다각적으로 검토하고 있는 것이다.

흔히 우리는 누군가를 대할 때 일상적으로 마주치는 면을 그 사람의 인격이라고 생각한다. 그러나 투르니에는 이것은 생명의 흐름이 멈춘 상태에서 자동적 현상으로 나타나는 것에 지나지 않을 때가 더 많다고 한다. 인격이란 이렇게 표면적인 것이 아니고 또한 어떤 상태도 아니며 항상 끊임없이 움직이고 새로워지는 것이다. 일상적인 생활에서 흔히 쓰고 다니는 가면을 벗어던지고 다른 사람 및 신과 참된 대화를 나눔으로써 다시 생명의 흐름과 연결될 때 인격이 나타나고, 이때 비로소 참된 인간이 될 수 있다.

그러므로 투르니에가 말하는 인격은 도덕적인 의미의 인격이 아니다. 투르니에에게 인격은 일상적인 모든 것을 초월해 있으면서도 우리가 갈구할 때마다 구체적으로 나타나는 신비로운 것이다. 그로 인해 투르니에는 이 책의 끝에서 인격은 운명과 일치하는 것이라는 의미심장한 말을 한다. 아마도 이 책의 의도를 가장 잘 나타내고 있는 곳은 이 책의 가장 마지막 구절이라 할 수 있다. 그는 거기서 다음과 같이 말한다. "인격은 운명과 합치하는 것이다. 인격은 인생의 전환점을 맞이할 때마다, 가령 그 전환점이 격렬한 것이든 온건한 것이든 간에, 조금씩 나타난다. 그러나 마지막까지 완전하게 나타나지는 않는다."(이 책 298쪽)

우리는 이러한 인격과 접촉하기 위해서 다른 사람, 그리고 신과 참된 대화를 나눠야만 한다. 태초에 말씀이 있었다는 《성서》의 말처럼, 대화는 바로 우리가 인격과 만나고 자신의 인격을 깨닫게 되는 가장 확실한 길이다. 대화를 통해 자신의 인격과 접촉했을 때 다음과 같은 사실을 알게 된다. "인생은 신이 작곡한 악보라고 할 수 있다. 그리고 인격은 신체와 정신이라는 오케스트라를 지휘하고 성공적으로 연주하도록 하는 지휘자라고 할 수 있을 것이다. 연주하는 동안 작곡가는 옆에서 지휘자를 격려한다. 지휘자의 귓가에 속삭이며 자신의 의도를 이해시켜서 현실화되도록 돕는 것이다."(이 책 297쪽)

이러한 인격이 바로 참된 인간을 실현한다. 그리고 이러한 인격과 접촉하지 못한 인생은 겉보기 인생, 말하자면 생명의 흐름이 중단되어 물이 썩어가고 있는 상태에 있는 생명이고, 한 개인의 경우에는 가면으로 나타난다. 그러나 이것이 가면임을 모르는 데 현대인의 어리석음이 있고 현대사회의 병리가 있는 것이다.

참된 인간으로 다시 태어나기 위한 진지한 대화를 강조하는 투르니에의 이 책은 구체적인 예를 들어가며 대화하듯 쉽고 유창하게 서술을 진행하고 있어서 누구나 쉽게 이해할 수 있다. 현대인으로서 자신을 반성하기 위해 한번은 읽을 가치가 있다고 옮긴이는 믿는다.

'Personnage'는 대체로 '겉보기 모습', '겉보기 인간' 등으로 옮겼고 'Personne'은 '인격'으로 옮겼다. 그러나 문맥에 따라 전자를 '가면', 후자를 '인간'으로 옮기기도 했다.

주건성

옮긴이 **주건성**

서울대학교와 같은 대학 대학원에서
심리학을 전공했으며,
도쿄대학 대학원 심리학 박사 과정을 수료했다.
서울대학교 의과대학 객원교수를 지냈고,
프로이트신경정신분석원과
한국사회교육진흥원 원장을 역임했다.
저서 및 역서로《낙오자 없는 사회》,《인간의 마음》,
《마음의 세계》,《신경증 해부》등이 있다.

인간의 가면과 진실

지은이 폴 투르니에
옮긴이 주건성
펴낸이 전병석 · 전준배
펴낸곳 (주)문예출판사
신고일 2004. 2. 12. 제 312-2004-000005호
        (1966. 12. 2. 제 1-134호)
주 소 서울특별시 마포구 월드컵북로 6길 30
전 화 393-5681   팩 스 393-5685
이메일 info@moonye.com
블로그 blog.naver.com/imoonye

제1판 1쇄 펴낸날 1979년 12월 25일
제2판 1쇄 펴낸날 2013년 11월 20일

ISBN 978-89-310-0750-3 03180

이 도서의 국립중앙도서관 출판시도서목록(CIP)은
서지정보유통지원시스템 홈페이지(http://seoji.nl.go.kr)와
국가자료공동목록시스템(http://www.nl.go.kr/kolisnet)에서
이용하실 수 있습니다.(CIP제어번호 : CIP2013022276)